本书获以下项目资助：
教育部人文社会科学研究规划基金青年项目（19YJC630185）
广东省教育厅科研项目（2018WTSCX199）
广东省教育科学"十三五"规划项目（2019GXJK113）
电子科技大学中山学院工商管理研究团队培育项目（420YTS01）
电子科技大学中山学院质量工程项目（ZXKC202106）

突发事件下供应链应急管理研究

吴晓志　魏来　著

中国海洋大学出版社

·青岛·

图书在版编目（CIP）数据

突发事件下供应链应急管理研究 / 吴晓志，魏来著
. -- 青岛：中国海洋大学出版社，2023.1
　　ISBN 978-7-5670-3421-1

　　Ⅰ.①突… Ⅱ.①吴… ②魏… Ⅲ.①供应链管理—
—研究 Ⅳ.① F252.1

中国国家版本馆 CIP 数据核字 (2023) 第 002694 号

突发事件下供应链应急管理研究

出 版 人	刘文菁
出版发行	中国海洋大学出版社有限公司
社　　址	青岛市香港东路 23 号　　　　邮政编码　266071
网　　址	http://pub.ouc.edu.cn
责任编辑	郑雪姣　　　　　　　　　　　电　　话　0532-85901092
电子邮箱	zhengxuejiao@ouc-press.com
图片统筹	河北优盛文化传播有限公司
装帧设计	河北优盛文化传播有限公司
印　　制	三河市华晨印务有限公司
版　　次	2023 年 1 月第 1 版
印　　次	2023 年 1 月第 1 次印刷
成品尺寸	170 mm×240 mm　　　　　　印　　张　13.5
字　　数	269 千　　　　　　　　　　　印　　数　1～1000
书　　号	ISBN 978-7-5670-3421-1　　　定　　价　78.00 元
订购电话	0532-82032573（传真）　 18133833353

发现印刷质量问题，请致电 18133833353 进行调换。

自 21 世纪 20 年代以来，全世界都逐渐意识到供应链的重要性。新冠肺炎疫情的影响使得供应链从专业的词汇演变成了老少皆知的话题，各类公司都在仔细研究其供应链及如何运用相关技术和管理措施应对内外部环境的变化。

传统认知下的供应链管理经历了三个发展阶段。第一阶段是 20 世纪 60—70 年代，那时候供应链管理的主要思想是将分离的物流配送和物流管理整合起来。第二阶段是 20 世纪 80—90 年代，主要思想是企业的外部物流管理和企业之间的关系。第三个阶段是在 20 世纪 90 年代之后，开始逐渐关注整个供应链条的价值构成和效率提升。这些阶段的优化策略和供应链决策思维一直停留在平稳供应链状态。经济学家们认为，最终事件会达到平衡点。

然而，2001 年的"9·11"事件打破了大家固有的认知，之后业界和学界才逐渐开始关注突发事件对平稳供应链的影响，且 20 多年来这一主题一直都是研究的热点和难点，而 2020 年以来的新冠肺炎疫情让全球供应链对突发事件下的应急管理有了更加深刻的认识。突发事件会对平稳供应链产生不同程度的影响，同时供应链由于存在竞争和双重边际效应，稳定性不足，所以平稳状态下协调的供应链将发生偏差，无法实现优化，甚至发生成员之间关系破裂的状况。

因此，综合供应链管理优化策略和方法、突发事件扰动管理以及波及效应思想，本书对突发事件下的供应链决策优化进行了一些研究，可以作为管理科学与工程、工商管理、电子商务、物流管理、供应链管理等相关专业本科生、研究生的课外学习参考。

电子科技大学中山学院吴晓志博士完成了本书第一部分到第四部分共八章的撰写工作，累计 21 万字；四川农业大学魏来博士完成了本书第五部分第九、第十章的撰写工作，累计 5.9 万字。

本书的撰写和顺利出版得益于教育部人文社会科学研究规划基金青年项目（19YJC630185）、广东省教育厅科研项目（2018WTSCX199）、广东省教育科学"十三五"规划项目（2019GXJK113）、电子科技大学中山学院工商管理研究团队培育项目（420YTS01）、电子科技大学中山学院质量工程项目（ZXKC202106）的资助。

　　本书的撰写，得到了电子科技大学陈宏教授，电子科技大学中山学院曹细玉教授、陈长彬教授和蒋永宏副教授的指导和大力支持，在此表示感谢。

吴晓志　魏来
2022 年 9 月

目录
contents

第五部分　农产品供应链应急管理篇

第一部分　基础篇

第1章　突发事件供应链应急管理概述

1.1　研究背景

随着经济全球化不断深入及顾客需求日趋个性化，产品的生命周期越来越短，所以为了更好地匹配供应与需求，应对需求变化，需促使供应链上的节点企业相互协调、相互合作以能够快速响应。马丁·克里斯托弗有一句话可以形容供应链的重要性："将来的竞争不是企业与企业之间的竞争，而是供应链与供应链之间的竞争。"

在当今竞争激烈的社会中，企业为了生存和发展，都要花费巨大的人力、物力和财力来制订各种发展战略和运营计划，且这些计划都建立在市场需求、竞争、可利用资源和运作基础之上，旨在实现自己的利润最大化。通常，这些计划的制订要充分考虑当前的运作环境和在此基础上对未来一段时间的预测，同时要运用运作管理工具，而其目的是让企业在执行计划过程中达到成本最小化或利润最大化的目标，平稳地运作这些计划。

近年来，大地震、雪灾、台风等自然灾害，SARS、禽流感等公共卫生事件以及其他人为突发事件频繁发生，我们正处在一个突发事件频发的社会时期。突发事件给整个社会带来了巨大的损失，而对于一条正处于平稳运作期的供应链来说，某个节点产生的突发事件带来的需求、成本或其他的波动将会对整条供应链带来巨大的影响。

2011年7月，甬温线浙江省温州市境内，由北京南站开往福州站的D301次列车与杭州站开往福州南站的D3115次列车发生动车组列车追尾事故。此次事故已确认共有六节车厢脱轨，即D301次列车第1至4节，D3115次列车第15、16节；造成40人死亡、172人受伤，中断行车32小时35分，直接经济损失达19 371.65万元。

2000 年 3 月，飞利浦公司位于美国的一家工厂发生大火，这家工厂向手机巨头诺基亚公司和爱立信公司提供手机芯片。火灾发生之后，这家工厂连续数周无法正常供货，诺基亚公司和爱立信公司在芯片方面都没有其他的供应商。面对如此突发事件，爱立信公司采取的是等待供货策略，结果因部件短缺而造成巨大损失，手机生产不得不陷入停工状态，生产目标落空，到 2001 年 1 月，其移动电话部门就亏损了 16.8 亿美元，以至于最后不得不忍痛割爱将手机制造业务外包，宣布退出手机市场。诺基亚公司面对这个突发事件时，却表现出了敏捷的应变能力。在飞利浦公司报告起火之前，诺基亚公司就经常定期审查供应链的情况并做出应急预案。在飞利浦公司发生火灾之后，其 CEO 就亲自出马，说服飞利浦公司令其所属的其他工厂向诺基亚公司优先供应零部件，此外，诺基亚还对这些芯片进行重新设计，使得日本和美国的生产商也能制造。结果，在发生这次突发事件后，在 2000 年诺基亚的全球移动电话市场份额增加了 3%，即从 27% 上升为 30%，进一步巩固了其手机霸主地位。

2001 年的"9·11"事件对于美国的航空业来说是个双重打击。"9·11"事件发生后，很多乘客出于安全的考虑，放弃乘坐舒适的航空交通工具来出行，而采用诸如汽车、火车之类的替代交通工具。对于航空公司来说，这造成了需求的急剧减少。同时，由于人们担心"9·11"事件会引发战争，国际原油价格也在短时间内急剧上涨，有些航空公司就在"9·11"事件中间承受不了巨大的亏损而破产。

2003 年 8 月，美国中西部和安大略湖地区电力中断，随之而来的电力供应中断持续从几分钟到几天不等。电力中断的影响波及远在加利福尼亚州的苹果公司。苹果公司正准备发布它非常受期待的 G5 计算机。由于 IBM 在纽约的工厂因电力中断而不能按时交付苹果公司所需的全部微处理器，G5 计算机发布不得不推迟。这次电力中断导致了产品的大规模损失。

2011 年 3 月 11 日，日本发生 9 级地震后引起的福岛核电站发生核泄漏等事件，给位于地震灾区的众多支柱产业的供应链网络带来了严重影响，中国企业进口日本机电、光学等设备和零部件受到了波及。

突发事件对于供应链来说不仅会造成原材料和零部件供应的中断，它还会造成需求的巨大波动。2008 年"5·12"汶川大地震后，对帐篷跟板房的需求急剧上升，而此前国内的帐篷企业的生产能力有限，很多生产帐篷的企业都是日夜加班加点赶着生产救灾帐篷。非典时期的口罩、白醋、板蓝根等商品更是需求剧烈波动的典型，在非典发生的时候，需求急剧扩大，在非典得到控制之后，需求又急剧缩小，很多企业不能适应这样的波动，导致了亏损。

造成波动的原因有自然灾害，也有人为和心理因素。美国的次贷危机以"两房"的破产开始，从人的心理因素上波及全球的整体经济，造成了金融危机。另外，一些局域范围内的信息不对称也会造成需求的波动，2008 年汶川大地震后，某一天在网络上突然谣传都江堰的某个化工厂发生爆炸，成都市的饮用水将受到污染，当天下午，成都几乎所有卖场的矿泉水全部售空，第二天早上，能够储存的其他液体产品也都被一抢而空，一年过后有的家庭储藏室内还堆放着当时抢购的纯净水。

2012 年 11 月，21 世纪网记者购买 4 瓶 438 元 / 瓶的酒鬼酒，送往上海天祥质量技术服务有限公司进行检测，检测得出酒鬼酒中的塑化剂（DBP）含量为 1.08 mg/kg。事件曝光后，白酒股纷纷暴跌，11 月 19 日一天市值就蒸发了330 亿元，需求急剧下跌。事件发生后，有不愿意透露姓名的白酒业资深人士认为，这次塑化剂曝光事件并非简单的媒体调查曝光事件，而是有"黑手"在做空整个白酒行业。

突发事件还会带来生产成本的巨大波动，如电子领域内，一项新技术的发明和应用，就有可能在短时间内让一些产品的成本急剧降低，使一些存在大量库存的企业面临成本比其他企业高的压力。2009 年"新劳动法"的颁布在短时间内提高了企业的用工成本，特别是中国南方的一些劳动密集型企业，而产品的生产成本大幅度增加引起了整条产业链的洗牌。

突发事件给整条供应链带来的波动引起了一些学者的关注和研究。陈宏教授把国民经济中直接经济效益变动所引起的间接效应总量的变动，即"波及效应"的概念引入供应链分析中，提出了供应链波及效应，其目的是描述供应链上某个变量或者某些变量在某个节点或者某些节点的变化所引起供应链中所有节点的这些变量变化的波及效应过程。

华裔学者于刚教授的团队在扰动管理研究中做了开创性工作，在 20 世纪90 年代成功地将扰动管理的思想应用于航空业，建立了航空管理中航班延误和取消的模型和求解方法，并开发出针对突发事件的实时决策支持系统，应用于美国的两家航空公司——联合航空公司和大陆航空公司，显著地提高了他们的实时性能，每年为他们节约上千万美元的成本。

2001 年"9·11"事件发生后，大陆航空公司利用实时决策支持系统，仅仅在 20 小时内就重新安排了机群。由于"9·11"事件后情形的严重性，其他未使用应急决策支持系统的航空公司，至少需花费 250 多个小时来研究新方案。大陆航空公司比同行的其他公司提前正常运营，减少损失 3 000 多万美元。

2009 年初，国家提出了实行家电下乡计划，对购买家电下乡产品的农村市场给予 13% 的政策补贴，此补贴类似于农产品补贴，大大提高了农民对彩电、冰箱等消费类电子产品的购买热情，对 2008 年遭遇国际金融风波的中国家电生产企业来说，无疑是注入了一副强心剂。对于家电供应链来说，国家的补贴从理论上分析就是在短时间内提高了市场需求规模。在家电下乡计划实施的过程中，我们发现，中国国内家电厂商的市场销量增长的大部分来源于农村市场，此时，供应商所面对的零售商为国家家电下乡计划确定的销售商，一般为县级代理商。同时，各个家电供应商所在的省、自治区、直辖市根据自己的财力物力，也对当地的家电生产企业给予不等的支助。之后，由于国家政策的支持突然降低，需求和生产成本扰动同时发生了。在经济周期中，2015 年的棚改和 2022 年的房地产政策松动也是如此。

公共卫生事件也是突发事件的重要范畴。公共卫生事件是指突然发生，造成或者可能造成社会公众健康严重损害的重大传染病疫情、群体性不明原因疾病、重大食物和职业中毒以及其他严重影响公众健康的事件。2020 年至 2022 年，全球一直笼罩在新冠病毒的阴影下，可以说接下来的若干时间，新冠病毒将持续威胁全球供应链网络。时间线往前推，2003 年的 SARS 使中国乃至于全世界的供应链网络受到了不同影响。SARS 期间，国内的制造业、交通运输业、旅游业等行业遭受了巨大损失，疫情最严重时，出差去北京、广州等重灾区的人回来后都必须隔离观察，导致大量企业投入高额的成本应对 SARS 带来的问题。口罩、白醋等产品短时间内快速脱销，以至于一些生产企业加大产能，生产出了大量的口罩，当 2003 年夏天 SARS 疫情得到控制后，当时集中生产的口罩、白醋等产品形成了巨大的库存。此后，这些企业经历了长达数年的去库存的过程，严重影响了企业的发展。2009 年，甲型 H1N1 流感迅速蔓延，而网络等使得消费者各种需求信息不断放大，短时间内白醋等物资脱销，板蓝根等最基本的药物成为一药难求的"灵丹妙药"，对这些物资生产企业来说，短时间内又面临着机会和挑战。

随着国家对突发事件应急管理的重视，突发事件应对也得到了国家法律法规的保障。《中华人民共和国突发事件应对法》（2007 年 8 月 30 日第十届全国人民代表大会常务委员会第二十九次会议通过，2007 年 11 月 1 日起实施）自 2007 年公布施行以来，为抗击地震、洪水、雨雪冰冻、新冠肺炎疫情等提供了重要法律制度保障，发挥了重要作用。近年来，突发事件应对管理工作遇到了一些新情况新问题，特别是新冠肺炎疫情对管理带来了新挑战，这些都需要通过修改法律予以解决。2021 年 12 月 20 日，在十三届全国人大常委会第三十二次会议上，受国务院委托，司法部就修订突发事件应对法作了说明。此次修订主要从 6 个方面入手，包括理顺突发事件应对管理工作领导和管理体制、畅通信息报送和发布渠道、完善应急保障制度、加强突发事件应对管理能力建设、保障社会各主体合法权益等。

1.2　问题的提出

随着全球经济的融合和供应链的延伸，供应链中的不确定性因素不断增加，容易受到外部环境和企业内部变革的影响，同时影响环境变化的因素也越来越多，这些突发事件带来的扰动轻则导致销售停滞、成本增加，影响供应链成员的效益，重则影响整个供应链的正常运转，甚至造成整个供应链的解体，导致企业无法进行正常生产经营。常态下供应链与应急非常态下供应链管理具备不同的特点，如表 1-1 所示。常态下供应链管理作为供应链成员企业的日常管理，更多研究事中控制的策略，契约协调的难度较小。虽然突发事件带来非常态供应链是小概率事件，但它一旦发生则可能产生严重后果，供应链协调难度就会变得比较困难。而预案的设立能够使供应链在面临突发事件时及时调整计划，减少突发事件带来的损失，甚至通过突发事件给企业带来新的机会。

表1-1　常态供应链与应急供应链风险的比较

比较项目	常态供应链	应急供应链风险
事件发生的概率	大概率事件	小概率事件
对供应链的影响	相对平稳	可能产生严重后果
主动权的掌握	供应链核心企业	扰动信息的掌握者
供应链协调的难度	相对容易协调	很难协调
控制的关键	事前规避、事中控制	事前预案、事后控制

技术的进步和需求多样化使得产品更新速度越来越快，生命周期不断缩短。短生命周期的产品在市场上越来越多，成为市场中很重要的一部分。所谓的短生命周期产品（short life cycle good），是指一类具有一个相对较短且固定的销售时间的商品，如消费类电子产品等。这类生命周期较短的产品只有一个较短的最佳销售时期，而且此类产品对价格的敏感度会随着产品数量的增加

而降低。零售商单方决定订货量时往往基于自身利润最大化，所以很难使得供应链整体期望利润达到最优，进而也会导致供应链"双重边际化"。针对这种情形，需要采用供应链契约来确保各成员之间的合作与协调。

由于突发事件以及突发事件产生的波及效应会对整条供应链造成巨大的影响，很多专家学者都意识到了供应链应急管理的重要性。突发事件引起的终端顾客需求、汇率、税率、多方信息、供应链节点企业生产成本等因素的扰动，会影响供应链成员之间的博弈行为，从而影响供应链节点企业的绩效和供应链的总利润。

波及效应的存在会使得供应链更加不协调，使供应链匹配供应与需求能力降低。突发事件带来的扰动如何影响供应链成员的博弈行为？如何影响供应链成员的定价和订货策略？如何影响供应链成员之间的利润和供应链的总利润？如何影响各种不同渠道的决策结果？弄清楚这些因素之间的关系，能否设计或者改进原有的契约使供应链能够协调，同时分析突发事件对供应链所产生的波及效应大小如何？解决好这些问题可以更好地、有针对性地设计供应链契约来协调供应链成员的决策，实现供应链的双赢，甚至多赢。此外，不同渠道之间和不同产品的供应链在应急管理优化、措施和方法上也有所不同。因此，从传统农产品供应链、跨境供应链和低碳供应链等不同供应链的视角出发，研究供应链应急管理的行业和渠道拓展，也是供应链应急管理从理论走向实践的重要法则。

因此，供应链应急管理以及应急管理带来的波及效应问题是值得研究的课题，具有较强的现实意义和理论意义。

本书的研究是对前人应急管理研究的一点扩展，并将波及效应研究方法系统地用于应急管理研究。

第二部分　供应链扰动应急管理篇

第 2 章　渠道供应链扰动管理和应急协调

扰动管理这个术语是由丹麦的 Jens Clause（1999）等人首先提出的。这个术语提出以后，被相关研究人员广泛接受。在文章中，他们从运筹学的角度比较明确地给出了扰动管理的定义以及管理原则，并且阐述了扰动管理在造船、航空等领域的应用。

随着扰动管理方法在航空等领域的成功应用，很多学者对其产生了浓厚的兴趣，并开始将该思想成功地应用于其他领域，扰动管理思想逐渐形成。于刚（2003）给出了自己对扰动管理的定义，将扰动管理定义为，"在计划开始阶段，用运筹学的方法得出一个最优或次优的运作计划；计划实施中，由于内外部不确定因素导致了扰动事件的发生，原计划变得不再最优甚至不可行，需要实时地修改原计划，产生新计划。而新计划要考虑到新环境下的约束和目标，同时要使扰动带来的负作用最小化"。Clausen（1999）等也认为突发事件发生后，扰动管理的目标是使新方案相对原方案扰动更小。陈安（2006）等认为，扰动管理是能够使事件回到原始状态的一种管理方法，主要面对的是稍微偏离了原计划状态的事件，而这样的偏离只是一种微小的偏离，没有造成很大负面影响的偏离，且可以通过积极的管理来纠正；同时，还将扰动管理和应急管理进行严格的区分，认为应急管理面对的是一个无法挽回的损失或灾难事件，只能通过努力减少损失或者终止损失事件的蔓延，而无法在成本不增加的情况下使状态恢复到损失之前。扰动管理的英文解释是"disruption management"，而应急管理的英文解释是"emergency management"，二者所研究的问题不同。

关于供应链扰动管理的定量研究，根据所研究模型的性质可分为随机模型和确定性模型。

在随机模型中，Cachon（2002）研究了基于报童模型的批发价格契约、数量折扣契约、回购契约、收益共享契约、数量弹性契约、销售折扣契约以及一对多供应链结构下的供应链协调问题。于辉等（2007）考虑一个供应商与一个零售商组成的短生命周期商品的供应链，认为零售商面对的市场需求是随机的。曹二保等（2008）也证明了在面对不确定需求的情形下，运用利益共享契约可以实现供应链的协调。

由于批发价格契约已经被证明是不可协调的契约，因此在批发价格契约下的供应链模型研究也变得十分有趣。于辉、陈剑和于刚（2005）最先进行了相关研究。研究发现只有在突发事件造成需求规模变化足够大时，供应商才会调整生产计划并实时启动扰动管理。

确定性需求函数下供应链扰动管理研究中，Qi 等（2004）最早研究了由于突发事件造成需求扰动情况下的供应链扰动管理问题。他们研究了一个供应商和一个零售商构成的简单供应链系统中，需求函数为确定的线性需求函数 $Q = D - kp$ 的情形。当需求发生扰动后，供应链该如何协调，以使供应链能够做到整体最优。于辉、陈剑和于刚（2005）研究了线性需求函数中需求扰动由价格对需求的敏感系数 Δk 引起的情况。此外，Xu（2005）、Yang（2009）、Xiao（2008）、雷东（2006）、吴忠和（2012）、曹二保（2010）等都进行了相关研究。

本章讨论一个供应商和一个零售商组成的二阶段供应链。供应商制造一种商品供应给零售商，零售商制定零售价格并销售该商品，零售商所面对的需求函数是非线性函数 $d = Dp^{-2k} \ (k \geqslant 1)$。考虑消费类产品（如彩电）的特点，非线性函数与线性递减函数 $d = D - kp$ 相比较更为贴近现实。在实际的环境中会存在一些复杂的情形，如需求和生产成本扰动同时发生，或者一个扰动还没有结束，另一个扰动就发生的情形。

假设存在一条正处在某个平稳运行状态的消费类电子产品供应链，此时突发事件发生了，需求和生产成本两个因素同时发生了扰动，使得需求变成了 $D + \Delta D$，而生产成本变成了 $c + \Delta c$，我们该如何处理这类的扰动问题呢？此时，零售商会根据需求现实状况来确定新的订货量，如果新的订货量不同于原来计划最优的生产量，供应商必须调整生产计划，这样需求和生产成本的变化在一定状态下会使得实际的生产数量和原来的计划产生偏差，这些偏差将招致一些额外成本。如何在集权型的供应链中面对需求和生产成本同时扰动的情况时进行最优决策，以及如何在分散型供应链中设计契约或者改变原来的契约，且使新契约能够协调分散决策的供应链？

基准的供应链模型可以描述为一个供应商主导的斯塔克尔伯格（Stackelberg）博弈模型。具体供应商先制定一个批发策略（契约），然后零售商根据顾客需求制定零售价格和订货量并向供应商订货，供应商向零售商供货，零售商根据合同支付货款。在此博弈中，由于零售商是斯塔克尔伯格博弈的从方，属于后动方，所以零售商始终会根据供应商的批发策略使得利润最大化。供应商通过制定策略，也就是设计契约，使得供应链处于协调状态，并且可以通过设计契约来控制利润分配的比例。

本章第一小节用数学模型描述确定性的供应链模型以及均衡状态下的产量、批发价格、最优零售价格和能使供应链协调的契约；第二小节讨论突发事件产生后，需求和生产成本同时扰动时集权供应链该如何应对，并给出了最优产量和零售价格；第三小节讨论分权供应链下，由于供应商是博弈的主导方，如何制定批发策略，可使需求和成本同时扰动后供应链还能够协调；第四小节做了一个算例来进行分析，最后进行小结。

2.1　基本模型

我们采用商品零售价格和实际市场需求之间的关系是确定的并且是已知的供应链模型，供应链由一个供应商和一个零售商组成，供应商生产产品并卖给零售商，然后由零售商到市场上去销售，供应商以及零售商都是各自独立的决策者，他们的目标是最大化各自的利润。

假设市场需求 Q 是关于价格 p 的非线性递减函数

$$Q = Dp^{-2k}\,(k \geq 1) \tag{2-1}$$

或者用

$$p = \left(\frac{D}{Q}\right)^{\frac{1}{2k}} \tag{2-2}$$

来表示，假设每个单位的生产成本为 c，则供应链的最优利润为

$$\overline{f}(Q) = Q\left[\left(\frac{D}{Q}\right)^{\frac{1}{2k}} - c\right] \tag{2-3}$$

显而易见，最优利润 $\overline{f}(Q)$ 是关于 Q 的严格凹函数，存在一个唯一的最优点 $\overline{Q}$ 使得供应链的利润最大。求解 $\overline{f}'(Q) = 0$ 可以得到，当

$$\overline{Q} = D\left(\frac{2k-1}{2ck}\right)^{2k} \tag{2-4}$$

时，供应链可以达到整体最优利润，最优的市场价格为

$$\overline{p} = \frac{2ck}{2k-1} \tag{2-5}$$

供应链的最优利润为

$$\overline{f_{max}^{sc}} = \frac{Dc}{2k-1}\left(\frac{2k-1}{2ck}\right)^{2k} \tag{2-6}$$

当供应链利润最大化后，我们要研究采用哪种契约可以使得在确定性模型间分散决策的供应链可以达到协调，还需要确定如何分配供应链利润。有专家证明了采用全单位批发数量折扣契约 $AWQD(w_1, w_2, q_0)(w_1 > w_2)$ 可以达到确定性供应链的协调。

全单位批发数量折扣契约的原理如图 2-1 所示：当零售商订购的数量 Q 小于某个预先的设置值 q_0，则产品单位批发价为 w_1；当零售商的订购数量不小于 q_0 时，单位批发价格为 w_2，供应商公布批发价格，批发价格适用于所有的订购数量，然后零售商根据批发价格策略确定商品的订购数量和零售价格，契约生效后，供应商必须提供零售商所订购的所有商品。

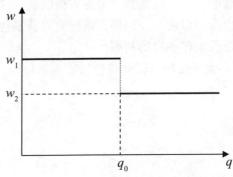

图2-1 全单位批发数量折扣契约原理

假设供应商想获得 $\overline{f^s} = \eta\overline{f_{max}^{sc}}, (0 < \eta < 1)$ 的供应链利润，这里 η 是供应商获得全部供应链利润的比例，此时存在以下定理。

定理 2-1：如果供应商的利润为 $\overline{f^s} = \eta\overline{f_{max}^{sc}}, (0 < \eta < 1)$，供应链能在全单位批发数量折扣契约 $AWQD(w_1, w_2, q_0)(w_1 > w_2)$ 下达到协调，这里：w_1 足够大而

$$\overline{w_2} = c + \frac{c\eta}{2k-1} \tag{2-7}$$

（证明略）

我们可以判断，在批发契约下供应商和零售商各自最优化自己的利润的选择，供应链的总利润将小于协调状态的供应链，我们采用全单位批发数量折扣契约 $AWQD(w_1, w_2, q_0)(w_1 > w_2)$ 后，供应链能够达到协调状态。

2.2　需求和生产成本同时扰动时的供应链集中决策

在上一节中我们讨论了商品价格和实际市场需求之间的关系确定并且已知情况下的供应链模型，而在现实中，真实的需求函数与计划中估计的相差甚远。这一节我们探讨需求和成本同时扰动时的情况，也就是市场规模为 $D + \Delta D$，而单位成本为 $c + \Delta c$ 时。当 $\Delta D > 0$ 时，市场规模增加，反之减少；当 $\Delta c > 0$ 时，生产成本增加，反之减少。从实际角度出发，我们可以发现 $D + \Delta D > 0$ 以及 $c + \Delta c > 0$，因此，我们的研究都基于 $D > -\Delta D$ 和 $c > -\Delta c$ 的条件。在非线性的需求函数下我们得出 $Q = (D + \Delta D)p^{-2k}$ 为市场在需求扰动下的实际需求。或者说价格函数

$$p = \left(\frac{D + \Delta D}{Q} \right)^{\frac{1}{2k}} \tag{2-8}$$

由于市场需求发生扰动，我们可以得出生产量发生变化的数量 $\Delta Q = Q - \overline{Q}$。当 $\Delta Q < 0$ 时，表示会有过剩的原材料，可以在二级市场以较低价格卖掉；当 $\Delta Q > 0$ 时，必须增加产量以满足增加的订货量。因此，我们可以得出关于 Q 的供应链利润函数，描述为

$$f(Q) = Q \left[\left(\frac{D + \Delta D}{Q} \right)^{\frac{1}{2k}} - c - \Delta c \right] - \lambda_1 \left(Q - \overline{Q} \right)^{+} - \lambda_2 \left(\overline{Q} - Q \right)^{+} \tag{2-9}$$

其中 $\lambda_1 > 0$，$\lambda_2 > 0$ 为增加产量时和减少产量时发生的单位额外成本；$(x)^{+} = \max\{x, 0\}$，由于供应商可以在二级市场或者更低级的市场（如彩电行业的农村市场）上卖掉过剩的原材料，因此 $\lambda_2 < c + \Delta c$。

我们讨论需求和成本同时发生扰动时对生产计划的影响，可以判断以下的引理。

引理 2-1: 假设公式（2-9）中的利润函数 $f(Q)$ 在某个最优订购数量 Q^* 处取得最大值，则当

$$\Delta D > D\left[\left(1+\frac{\Delta c}{c}\right)^{2k}-1\right] \tag{2-10}$$

时，$Q^* \geq \overline{Q}$；当

$$\Delta D < D\left[\left(1+\frac{\Delta c}{c}\right)^{2k}-1\right] \tag{2-11}$$

时，$Q^* \leq \overline{Q}$。

证明：设计一个函数

$$g(Q) = Q\left[\left(\frac{D+\Delta D}{Q}\right)^{\frac{1}{2k}}-c-\Delta c\right] \tag{2-12}$$

可以得到

$$g'(Q) = \frac{2k-1}{2k}(D+\Delta D)^{\frac{1}{2k}}Q^{-\frac{1}{2k}}-c-\Delta c \tag{2-13}$$

$$g''(Q) = -\frac{2k-1}{(2k)^2}(D+\Delta D)^{\frac{1}{2k}}Q^{-\frac{1+2k}{2k}}<0 \tag{2-14}$$

假设

$$\Delta D > D\left[\left(1+\frac{\Delta c}{c}\right)^{2k}-1\right] \tag{2-15}$$

但是有 $Q^* < \overline{Q}$，

$$\overline{Q} = D\left(\frac{2k-1}{2ck}\right)^{2k} \tag{2-16}$$

已知

$$\frac{2k-1}{2k}(D+\Delta D)^{\frac{1}{2k}}\overline{Q}^{-\frac{1}{2k}}-c-\Delta c > 0 \tag{2-17}$$

因此，可以得到

$$g'(\overline{Q}) = \frac{2k-1}{2k}(D+\Delta D)^{\frac{1}{2k}}\overline{Q}^{-\frac{1}{2k}}-c-\Delta c > 0 \tag{2-18}$$

以及 $g'(Q^*) > g'(\overline{Q}) > 0$，所以 $g(Q^*) < g(\overline{Q}) = f(\overline{Q})$，

$$f(Q^*) = Q^* \left[\left(\frac{D+\Delta D}{Q^*} \right)^{\frac{1}{2k}} - c - \Delta c \right] - \lambda_2 (\overline{Q} - Q^*)^+ < g(Q^*) < g(\overline{Q}) = f(\overline{Q}) \quad （2-19）$$

这就与 Q^* 最大化（2-9）式中的 $f(Q)$ 相矛盾。因此，当

$$\Delta D > D \left[\left(1 + \frac{\Delta c}{c} \right)^{2k} - 1 \right] \quad （2-20）$$

时，必有 $Q^* \geqslant \overline{Q}$。

类似地，当

$$\Delta D < D \left[\left(1 + \frac{\Delta c}{c} \right)^{2k} - 1 \right] \quad （2-21）$$

时，必有 $g'(Q^*) < g'(\overline{Q}) < 0$，$g(Q^*) < g(\overline{Q}) = f(\overline{Q})$，所以可得 $Q^* \leqslant \overline{Q}$，

证毕。

从引理 2-1 中可以得出，当

$$\Delta D > D \left[\left(1 + \frac{\Delta c}{c} \right)^{2k} - 1 \right] \quad （2-22）$$

时，我们可以把利润函数 $f(Q)$ 的最优化问题简化成最大化严格凹函数

$$f_1(Q) = Q \left[\left(\frac{D+\Delta D}{Q} \right)^{\frac{1}{2k}} - c - \Delta c \right] - \lambda_1 (Q - \overline{Q})^+ \quad （2-23）$$

式中，函数的约束条件为 $Q \geqslant \overline{Q}$，由一阶导数 $f_1'(Q) = 0$ 可知，当不存在函数约束条件时，（2-23）式的最大值点为

$$Q_1 = (D + \Delta D) \left(\frac{2k-1}{2k(c+\Delta c+\lambda_1)} \right)^{2k} \quad （2-24）$$

因此，在约束条件 $Q \geqslant \overline{Q}$ 成立，或者说

$$\Delta D > D\left[\left(1+\frac{\Delta c}{c}\right)^{2k}-1\right] \tag{2-25}$$

成立时，在（2-3）式中 $f(Q)$ 在 Q_1 处达到最优解。

我们对以上结论进行分析，得出两种不同的情形：

情形 2-1

$$\Delta D > D\left[\left(1+\frac{\Delta c+\lambda_1}{c}\right)^{2k}-1\right] \tag{2-26}$$

在此情形中，$Q_1 \geqslant \overline{Q}$ 满足之前设定的约束条件，由于此时 $f_1(Q)$ 是严格凹函数，$f_1(Q)$ 在 Q_1 处取得最大值，此时供应商的最优生产数量为 Q_1，零售商的最优零售价格为

$$p_1^* = \frac{2k\left(c+\Delta c+\lambda_1\right)}{2k-1} \tag{2-27}$$

供应链的总利润为

$$f_1^* = \frac{\left(D+\Delta D\right)\left(c+\Delta c+\lambda_1\right)}{2k-1}\left(\frac{2k-1}{2k\left(c+\Delta c+\lambda_1\right)}\right)^{2k} + D\lambda_1\left(\frac{2k-1}{2ck}\right)^{2k} \tag{2-28}$$

此时，我们表示在生产成本增加时，同时需求增加或者是减少时，在一定范围之外可以通过调整生产产量给供应链带来更大的利润。和原计划的生产数量相比，调整生产计划后所供应链总利润有所增加。

情形 2-2

$$D\left[\left(1+\frac{\Delta c}{c}\right)^{2k}-1\right] < \Delta D \leqslant D\left[\left(1+\frac{\Delta c+\lambda_1}{c}\right)^{2k}-1\right] \tag{2-29}$$

在此情形下，$Q_1 \leqslant \overline{Q}$，由生产函数凹函数的性质可知，在区间 $\left[\overline{Q},\infty\right]$ 内的 $f_1(Q)$ 的最优生产数量为

$$\overline{Q} = D\left(\frac{2k-1}{2ck}\right)^{2k} \tag{2-30}$$

此时产品的零售价格为

$$p_2^* = \frac{2ck}{2k-1}\left(1+\frac{\Delta D}{D}\right)^{\frac{1}{2k}} \tag{2-31}$$

供应链的总利润为

$$f_2^* = D\left(\frac{2k-1}{2ck}\right)^{2k}\left[\left(1+\frac{\Delta D}{D}\right)^{\frac{1}{2k}}\frac{2ck}{2k-1}-c-\Delta c\right] \qquad (2-32)$$

在此情形下，市场规模和生产成本同时发生扰动时，生产计划中所要求的产量并没有变化，仍然是生产 $\overline{Q}$ 数量的产品。但是在此情形中供应链的总利润增加了。需求的增加带来的利润增加，可以超过生产成本增加带来的利润减少；或者是生产成本减少带来的利润的增加，可以超过需求的减少带来的利润的减少。

同理，当

$$\Delta D < D\left[\left(1+\frac{\Delta c}{c}\right)^{2k}-1\right] \qquad (2-33)$$

时，$f(Q)$ 的最大化问题可以简化为严格凹函数

$$f_2(Q) = Q\left[\left(\frac{D+\Delta D}{Q}\right)^{\frac{1}{2k}}-c-\Delta c\right]-\lambda_2\left(\overline{Q}-Q\right)^+ \qquad (2-34)$$

约束条件为 $Q^* \leqslant \overline{Q}$。也有两种情形：

情形 2-3

$$D\left[\left(1+\frac{\Delta c-\lambda_2}{c}\right)^{2k}-1\right] < \Delta D \leqslant D\left[\left(1+\frac{\Delta c}{c}\right)^{2k}-1\right] \qquad (2-35)$$

情形 2-4

$$D \leqslant D\left[\left(1+\frac{\Delta c-\lambda_2}{c}\right)^{2k}-1\right] \qquad (2-36)$$

在这两种情形下，扰动发生后，供应链最优的生产数量为

$$Q^* = \begin{cases} Q_3^* = D\left(\dfrac{2k-1}{2ck}\right)^{2k} \\[4mm] Q_4^* = \left(D+\Delta D\right)\left(\dfrac{2k-1}{2k\left(c+\Delta c-\lambda_2\right)}\right)^{2k} \end{cases} \qquad (2-37)$$

在情形 2-3 中，可以得出最优的价格

$$p_3^* = \frac{2ck}{2k-1}\left(1+\frac{\Delta D}{D}\right)^{\frac{1}{2k}}$$ （2-38）

而供应链最优利润为

$$f_3^* = D\left(\frac{2k-1}{2ck}\right)^{2k}\left[\left(1+\frac{\Delta D}{D}\right)^{\frac{1}{2k}}\frac{2ck}{2k-1}-c-\Delta c\right]$$ （2-39）

此时，若供应链的利润为正值，则有

$$\left(1+\frac{\Delta D}{D}\right)^{\frac{1}{2k}}\frac{2ck}{2k-1} > c+\Delta c$$ （2-40）

在情形 2-4 中，可以得出最优的价格

$$p_4^* = \frac{2k(c+\Delta c-\lambda_2)}{2k-1}$$ （2-41）

而供应链的最优利润为

$$f_4^* = \frac{(D+\Delta D)(c+\Delta c-\lambda_2)}{2k-1}\left(\frac{2k-1}{2k(c+\Delta c-\lambda_2)}\right)^{2k} - D\lambda_2\left(\frac{2k-1}{2ck}\right)^{2k}$$ （2-42）

此时，若供应链的利润为正值，则有

$$\frac{(D+\Delta D)(c+\Delta c-\lambda_2)}{2k-1}\left(\frac{2k-1}{2k(c+\Delta c-\lambda_2)}\right)^{2k} > D\lambda_2\left(\frac{2k-1}{2ck}\right)^{2k} = \lambda_2\overline{Q}$$ （2-43）

对于上面的结论用下面的定理进行总结。

定理 2-2：假设价格需求关系为 $Q = Dp^{-2k}$，当市场需求和生产成本同时扰动时，即市场需求从 D 变为 $D+\Delta D$，同时单位生产成本从 c 变为 $c+\Delta c$ 时，供应链利润达到最大，这里零售商最佳订货量以及供应商的最佳生产数量为

$$Q^* = \begin{cases} (D+\Delta D)\left(\dfrac{2k-1}{2k(c+\Delta c+\lambda_1)}\right)^{2k} & \text{当}\Delta D > D\left[\left(1+\dfrac{\Delta c+\lambda_1}{c}\right)^{2k}-1\right] \\[4mm] D\left(\dfrac{2k-1}{2ck}\right)^{2k} & \text{当}D\left[\left(1+\dfrac{\Delta c-\lambda_2}{c}\right)^{2k}-1\right] < \Delta D \leqslant D\left[\left(1+\dfrac{\Delta c+\lambda_1}{c}\right)^{2k}-1\right] \\[4mm] (D+\Delta D)\left(\dfrac{2k-1}{2k(c+\Delta c-\lambda_2)}\right)^{2k} & \text{当}\Delta D \leqslant D\left[\left(1+\dfrac{\Delta c-\lambda_2}{c}\right)^{2k}-1\right] \end{cases}$$

（2-44）

零售商最优的零售价格为

$$
p^* = \begin{cases} \dfrac{2k(c+\Delta c+\lambda_1)}{2k-1}, & \text{当}\ \Delta D > D\left[\left(1+\dfrac{\Delta c+\lambda_1}{c}\right)^{2k}-1\right] \\[4mm] \dfrac{2ck}{2k-1}\left(1+\dfrac{\Delta D}{D}\right)^{\frac{1}{2k}}, & \text{当}\ D\left[\left(1+\dfrac{\Delta c-\lambda_2}{c}\right)^{2k}-1\right] < \Delta D \leqslant D\left[\left(1+\dfrac{\Delta c+\lambda_1}{c}\right)^{2k}-1\right] \\[4mm] \dfrac{2k(c+\Delta c-\lambda_2)}{2k-1}, & \text{当}\ \Delta D \leqslant D\left[\left(1+\dfrac{\Delta c-\lambda_2}{c}\right)^{2k}-1\right] \end{cases}
$$

$$\text{（2-45）}$$

供应链的利润为

$$
f^{sc^*} = \begin{cases} \dfrac{(D+\Delta D)(c+\Delta c+\lambda_1)}{2k-1}\left(\dfrac{2k-1}{2k(c+\Delta c+\lambda_1)}\right)^{2k}+D\lambda_1\left(\dfrac{2k-1}{2ck}\right)^{2k}, & \text{当}\ \Delta D > D\left[\left(1+\dfrac{\Delta c+\lambda_1}{c}\right)^{2k}-1\right] \\[4mm] D\left(\dfrac{2k-1}{2ck}\right)^{2k}\left[\left(1+\dfrac{\Delta D}{D}\right)^{\frac{1}{2k}}\dfrac{2ck}{2k-1}-c-\Delta c\right], & \text{当}\ D\left[\left(1+\dfrac{\Delta c-\lambda_2}{c}\right)^{2k}-1\right] < \Delta D \leqslant D\left[\left(1+\dfrac{\Delta c+\lambda_1}{c}\right)^{2k}-1\right] \\[4mm] \dfrac{(D+\Delta D)(c+\Delta c-\lambda_2)}{2k-1}\left(\dfrac{2k-1}{2k(c+\Delta c-\lambda_2)}\right)^{2k}-D\lambda_2\left(\dfrac{2k-1}{2ck}\right)^{2k}, & \text{当}\ \Delta D \leqslant D\left[\left(1+\dfrac{\Delta c-\lambda_2}{c}\right)^{2k}-1\right] \end{cases}
$$

$$\text{（2-46）}$$

2.3　需求和生产成本同时扰动时的供应链协调

此节中，我们研究当供应链不存在集中决策，而是由供应商跟零售商分别根据自己的利润函数做最优决策时的供应链协调问题，而对于上节我们做出的集中决策要进行调整，使得需求跟生产成本同时扰动的时候，零售商能接受以 Q^* 的数量来订购产品，并且供应链的最大利润可得以实现。假设供应商作为博弈的主导方，想得到的利润为 f^s，而零售商作为斯塔克尔伯格博弈的跟随者，获得供应链的剩余利润 f^r。

我们主要从四个情形来分别讨论在这种分权情形下供应链采用何种策略进行协调。

（1）情形 2-5

$$
\Delta D > D\left[\left(1+\dfrac{\Delta c+\lambda_1}{c}\right)^{2k}-1\right] \tag{2-47}
$$

此时供应链最优利润为

$$f_{sc}^* = \frac{(D+\Delta D)(c+\Delta c+\lambda_1)}{2k-1}\left(\frac{2k-1}{2k(c+\Delta c+\lambda_1)}\right)^{2k} + D\lambda_1\left(\frac{2k-1}{2ck}\right)^{2k} \quad (2-48)$$

我们考虑两种情况，且首先考虑 $f^s \geq \lambda_1\overline{Q} = \lambda_1 D\left(\dfrac{2k-1}{2ck}\right)^{2k}$ 的情况。

此时，供应商的利润 f^s 可以表示成

$$f^s = \eta\frac{(D+\Delta D)(c+\Delta c+\lambda_1)}{2k-1}\left(\frac{2k-1}{2k(c+\Delta c+\lambda_1)}\right)^{2k} + D\lambda_1\left(\frac{2k-1}{2ck}\right)^{2k}, (0 \leq \eta < 1) \quad (2-49)$$

定理 2-3：当

$$\Delta D > D\left[\left(1+\frac{\Delta c+\lambda_1}{c}\right)^{2k} - 1\right] \quad (2-50)$$

且

$$f^s \geq \lambda_1\overline{Q} = \lambda_1 D\left(\frac{2k-1}{2ck}\right)^{2k} \quad (2-51)$$

时，供应链能够在全单位批发数量折扣契约 $AWQD(w_1,w_2,q_0)(w_1 > w_2)$ 下得到

协调，其中 w_1 足够大，而

$$w_2 = c+\Delta c+\lambda_1 + \eta\frac{c+\Delta c+\lambda_1}{2k-1} \quad (2-52)$$

证明：

若零售商选择批发价格 w_2，他必须订购不小于 Q^* 的商品，则零售商的利润函数为

$$f_1^r(Q) = Q\left[\left(\frac{D+\Delta D}{Q}\right)^{\frac{1}{2k}} - w_2\right] \quad (2-53)$$

其在

$$Q_1 = (D+\Delta D)\left(\frac{2k-1}{2w_2 k}\right)^{2k} \quad (2-54)$$

时达到最优。由于 $Q_1 < Q^*$，所以零售商不能够通过订购 Q_1 和批发价格 w_2 来达到利润最大化的目标，根据 $f_1^r(Q)$ 凹函数的性质可知，如果选择批发价格 w_2 的情况下，零售商必须订购 Q^* 的产品来达到利润最大化的目标。

此时，零售商的利润为

$$
\begin{aligned}
f_1^r(Q^*) &= Q^*\left[\left(\frac{D+\Delta D}{Q^*}\right)^{\frac{1}{2k}} - w_2\right] \\
&= Q^*\left[\left(\frac{D+\Delta D}{Q^*}\right)^{\frac{1}{2k}} - (c+\Delta c + \lambda_1)\left(1 + \frac{\eta}{2k-1}\right)\right] \\
&= (1-\eta)\frac{(D+\Delta D)(c+\Delta c + \lambda_1)}{2k-1}\left(\frac{2k-1}{2k(c+\Delta c + \lambda_1)}\right)^{2k}
\end{aligned}
$$ （2-55）

若零售商选择订购少于 Q^* 数量的产品，他必须接受更高的批发价格 w_1，此时供应商的利润函数可以表示为

$$
f_2^r(Q) = Q\left[\left(\frac{D+\Delta D}{Q}\right)^{\frac{1}{2k}} - w_1\right]
$$ （2-56）

在

$$
Q_2 = (D+\Delta D)\left(\frac{2k-1}{2w_1 k}\right)^{2k}
$$ （2-57）

处利润最大化，只要我们将批发价格 w_1 设置成足够大，显而易见

$$
f_2^r(Q_2) = Q_2\left[\left(\frac{D+\Delta D}{Q_2}\right)^{\frac{1}{2k}} - w_1\right] < f_1^r(Q^*)
$$ （2-58）

因此，零售商就会倾向于选择订购 Q^* 的产品，使得自己的利润最大化。这样，供应商设计了契约，使得整个供应链在分散决策时也可以达到集中决策的效果。

证毕。

我们在设计全单位批发数量折扣契约 $\text{AWQD}(w_1, w_2, q_0)(w_1 > w_2)$ 时，如果供应商的批发价格 w_2 给定，那么总是存在到一个足够大的批发价格 w_1 使得供应链利润在采用批发价格 w_2 时候比采用批发价格 w_1 的时候要来得大。所以，

我们在讨论中只说明 w_1 足够大，而不给出 w_1 下界的明确值。

另外一种是

$$f^s < \lambda_1 \overline{Q} = \lambda_1 D \left(\frac{2k-1}{2ck} \right)^{2k} \tag{2-59}$$

的情况，此时供应商的利润应该为

$$f^s = \eta D \lambda_1 \left(\frac{2k-1}{2ck} \right)^{2k} \tag{2-60}$$

引理 2-2： 当

$$\Delta D > D \left[\left(1 + \frac{\Delta c + \lambda_1}{c} \right)^{2k} - 1 \right] \tag{2-61}$$

且

$$f^s < \lambda_1 \overline{Q} = \lambda_1 D \left(\frac{2k-1}{2ck} \right)^{2k} \tag{2-62}$$

时，供应链不能在全单位批发数量折扣契约 $\mathrm{AWQD}(w_1, w_2, q_0)(w_1 > w_2)$ 下得到协调。

证明：

假设供应链在某个数量折扣契约 $\mathrm{AWQD}(w_1, w_2, q_0)$ 下得到协调，那么此时零售商应该订购

$$Q^* = (D + \Delta D) \left(\frac{2k-1}{2k(c + \Delta c + \lambda_1)} \right)^{2k} \tag{2-63}$$

数量的产品，此时供应商的利润函数为

$$f^s = (w_2 - c - \Delta c)(D + \Delta D) \left(\frac{2k-1}{2k(c + \Delta c + \lambda_1)} \right)^{2k} \tag{2-64}$$

再根据集中决策的利润函数，供应商最优利润应该为

$$f^s = \eta D \lambda_1 \left(\frac{2k-1}{2ck} \right)^{2k} \tag{2-65}$$

我们可以求出

$$w_2 = \lambda_1 \left[1 + (\eta - 1)(\frac{D}{D + \Delta D})(\frac{c + \Delta c + \lambda_1}{c})^{2k} \right] + c + \Delta c \tag{2-66}$$

此时，零售商的利润函数可以描述为

$$f^{\mathrm{r}}(Q) = Q\left[\left(\frac{D+\Delta D}{Q}\right)^{\frac{1}{2k}} - w_2\right] \qquad (2\text{-}67)$$

对 $f^{\mathrm{r}}(Q)$ 求导，得最优订货量为

$$\overline{Q}_1 = (D+\Delta D)\left(\frac{2k-1}{2w_2k}\right)^{2k} \qquad (2\text{-}68)$$

我们研究在这情形下的 $\overline{Q}_1$ 和 Q^* 的比较，可以看出，当 $\overline{Q}_1 > Q^*$ 时候，也就是当

$$(D+\Delta D)\left(\frac{2k-1}{2w_2k}\right)^{2k} > (D+\Delta D)\left(\frac{2k-1}{2k(c+\Delta c+\lambda_1)}\right)^{2k} \qquad (2\text{-}69)$$

即：$w_2 < c + \Delta c + \lambda_1$，或者

$$\left[1 + (\eta-1)(\frac{D}{D+\Delta D})(\frac{c+\Delta c+\lambda_1}{c})\right]^{2k} < 1 \qquad (2\text{-}70)$$

时，$\overline{Q}_1 > Q^*$。我们考虑到供应链双方都需要利润，所以 $0 \leqslant \eta < 1$，那么 $\overline{Q}_1 > Q^*$ 成立，用全单位批发数量折扣契约 $\mathrm{AWQD}(w_1, w_2, q_0)(w_1 > w_2)$ 将无法控制零售商的订货量，此时全单位批发数量折扣契约 $\mathrm{AWQD}(w_1, w_2, q_0)(w_1 > w_2)$ 将无法协调供应链。

证毕。

在此情形下，我们可以采用能力约束线性定价策略 $\mathrm{CLPP}(w, Q^*)$ 来协调此时的供应链。能力约束线性定价策略 $\mathrm{CLPP}(w, Q^*)$ 的运作机制为：单位批发价格为 w，但是零售商的订购数量被限制在 Q^* 以下。

定理 2-4：当

$$\Delta D > D\left[\left(1 + \frac{\Delta c + \lambda_1}{c}\right)^{2k} - 1\right] \qquad (2\text{-}71)$$

且

$$f^s < \lambda_1 \overline{Q} = \lambda_1 D\left(\frac{2k-1}{2ck}\right)^{2k} \qquad (2\text{-}72)$$

时，供应链在能力约束线性定价策略$\text{CLPP}(w,Q^*)$下可以协调。其中

$$w_2 = \lambda_1\left[1+(\eta-1)(\frac{D}{D+\Delta D})(\frac{c+\Delta c+\lambda_1}{c})\right]^{2k}+c+\Delta c \qquad (2-73)$$

证明：

从引理 2-2 的证明可以看出，零售商的利润在

$$\overline{Q}_1 = (D+\Delta D)\left(\frac{2k-1}{2w_2 k}\right)^{2k} \qquad (2-74)$$

处取得最大值，但是供应链整体最优的订购数量为

$$Q^* = (D+\Delta D)\left(\frac{2k-1}{2k(c+\Delta c+\lambda_1)}\right)^{2k} \qquad (2-75)$$

而且在$\overline{Q}_1 > Q^*$条件下，零售商必定会订购$\overline{Q}_1$数量的产品来达到利润最大化，此时，能力约束线性定价策略$\text{CLPP}(w,Q^*)$本身特点决定了零售商订购的数量不能大于Q^*。由于凹函数的性质，零售商只能订购Q^*的商品，使得约束条件下的自身利润最大化，使供应链得到协调。

证毕。

（2）情形 2-6

$$D\left[\left(1+\frac{\Delta c}{c}\right)^{2k}-1\right] < \Delta D \leqslant D\left[\left(1+\frac{\Delta c+\lambda_1}{c}\right)^{2k}-1\right] \qquad (2-76)$$

首先我们可以知道，此时的供应链利润函数为

$$f_{\text{sc}}^* = D\left(\frac{2k-1}{2ck}\right)^{2k}\left[\left(1+\frac{\Delta D}{D}\right)^{\frac{1}{2k}}\frac{2ck}{2k-1}-c-\Delta c\right] \qquad (2-77)$$

当

$$\left(1+\frac{\Delta D}{D}\right)^{\frac{1}{2k}}\frac{2ck}{2k-1}-c-\Delta c > 0 \qquad (2-78)$$

时，供应链的利润才是正的，也就是说，当

$$\Delta D < D\left[\left(\frac{(c+\Delta c)(2k-1)}{2ck}\right)^{2k}-1\right] \qquad (2-79)$$

时，供应链整体利润为负，整条供应链不可能协调，而我们可以算出

$$D\left[\left(1+\frac{\Delta c}{c}\right)^{2k}-1\right] > D\left[\left(\frac{(c+\Delta c)(2k-1)}{2ck}\right)^{2k}-1\right] \quad (2-80)$$

那么供应链在

$$D\left[\left(1+\frac{\Delta c}{c}\right)^{2k}-1\right] < \Delta D \leqslant D\left[\left(1+\frac{\Delta c+\lambda_1}{c}\right)^{2k}-1\right] \quad (2-81)$$

情形下还是有整体利润的。

假设供应商在此时的利润为

$$f^s = \eta D\left(\frac{2k-1}{2ck}\right)^{2k}\left[\left(1+\frac{\Delta D}{D}\right)^{\frac{1}{2k}}\frac{2ck}{2k-1}-c-\Delta c\right], (0<\eta<1) \quad (2-82)$$

可以得到以下定理。

定理 2-5： 当

$$D\left[\left(1+\frac{\Delta c}{c}\right)^{2k}-1\right] < \Delta D \leqslant D\left[\left(1+\frac{\Delta c+\lambda_1}{c}\right)^{2k}-1\right] \quad (2-83)$$

时，如果

$$\eta \geqslant \frac{\left(1+\frac{\Delta D}{D}\right)^{\frac{1}{2k}}-1-\frac{\Delta c}{c}}{\left(1+\frac{\Delta D}{D}\right)^{\frac{1}{2k}}\frac{2k}{2k-1}-1-\frac{\Delta c}{c}} \quad (2-84)$$

供应链在全单位批发数量折扣契约 $AWQD(w_1,w_2,q_0)(w_1>w_2)$ 中可以协调，如果

$$\eta < \frac{\left(1+\frac{\Delta D}{D}\right)^{\frac{1}{2k}}-1-\frac{\Delta c}{c}}{\left(1+\frac{\Delta D}{D}\right)^{\frac{1}{2k}}\frac{2k}{2k-1}-1-\frac{\Delta c}{c}} \quad (2-85)$$

供应链不能在全单位批发数量折扣契约 $AWQD(w_1,w_2,q_0)(w_1>w_2)$ 中达到协调，但是可以在能力约束线性定价策略 $CLPP(w,Q^*)$ 下达到协调，其中 w_1

足够大, 而

$$w_2 = c + \Delta c + \eta \left[\left(1 + \frac{\Delta D}{D} \right)^{\frac{1}{2k}} \frac{2ck}{2k-1} - c - \Delta c \right] \quad (2\text{-}86)$$

证明: 类似于引理 2-2 和定理 2-4 的证明, 假设供应链在某个数量折扣契约 AWQD(w_1, w_2, q_0) 下得到协调, 那么此时零售商应该订购

$$Q^* = (D + \Delta D) \left(\frac{2k-1}{2ck} \right)^{2k} \quad (2\text{-}87)$$

的数量, 此时供应商的利润函数为

$$f^s = (w_2 - c - \Delta c)(D + \Delta D) \left(\frac{2k-1}{2ck} \right)^{2k} \quad (2\text{-}88)$$

再根据集中决策的利润函数, 供应商最优利润应该为

$$f^s = \eta D \lambda_1 \left(\frac{2k-1}{2ck} \right)^{2k} \quad (2\text{-}89)$$

我们可以求出

$$w_2 = c + \Delta c + \eta \left[\left(1 + \frac{\Delta D}{D} \right)^{\frac{1}{2k}} \frac{2ck}{2k-1} - c - \Delta c \right] \quad (2\text{-}90)$$

此时, 零售商的利润函数可以描述为

$$f^r(Q) = Q \left[\left(\frac{D + \Delta D}{Q} \right)^{\frac{1}{2k}} - w_2 \right] \quad (2\text{-}91)$$

对 $f^r(Q)$ 求导, 得最优订货量为

$$\overline{Q}_1 = (D + \Delta D) \left(\frac{2k-1}{2w_2 k} \right)^{2k} \quad (2\text{-}92)$$

当 $\overline{Q}_1 > Q^*$ 时, 零售商订购数量将大于 Q^*, 也就是说, 当

$$\eta < \frac{\left(1 + \frac{\Delta D}{D} \right)^{\frac{1}{2k}} - 1 - \frac{\Delta c}{c}}{\left(1 + \frac{\Delta D}{D} \right)^{\frac{1}{2k}} \frac{2k}{2k-1} - 1 - \frac{\Delta c}{c}} \quad (2\text{-}93)$$

时，$AWQD(w_1, w_2, q_0)$ 将不能协调供应链，我们用 $CLPP(w, Q^*)$ 就可以将零售商的订货量控制在 Q^*，供应链得到协调。

同理，当

$$\eta \geq \frac{\left(1 + \dfrac{\Delta D}{D}\right)^{\frac{1}{2k}} - 1 - \dfrac{\Delta c}{c}}{\left(1 + \dfrac{\Delta D}{D}\right)^{\frac{1}{2k}} \dfrac{2k}{2k-1} - 1 - \dfrac{\Delta c}{c}} \quad (2\text{-}94)$$

时，由于 $\overline{Q}_1 \leq Q^*$，根据凹函数性质，零售商必定会采购 Q^* 来使得供应链的利润最大化，供应链可以通过全单位批发数量折扣契约 $AWQD(w_1, w_2, q_0)$ 得到协调。

（3）情形 2-7

$$D\left[\left(1 + \frac{\Delta c - \lambda_2}{c}\right)^{2k} - 1\right] < \Delta D \leq D\left[\left(1 + \frac{\Delta c}{c}\right)^{2k} - 1\right] \quad (2\text{-}95)$$

此时存在

$$D\left[\left(\frac{(c + \Delta c)(2k-1)}{2ck}\right)^{2k} - 1\right] > D\left[\left(1 + \frac{\Delta c - \lambda_2}{c}\right)^{2k} - 1\right] \quad (2\text{-}96)$$

的可能，计算得到当

$$\lambda_2 > \frac{c + \Delta c}{2k} \quad (2\text{-}97)$$

在

$$D\left[\left(1 + \frac{\Delta c - \lambda_2}{c}\right)^{2k} - 1\right] < \Delta D < D\left[\left(\frac{(c + \Delta c)(2k-1)}{2ck}\right)^{2k} - 1\right] \quad (2\text{-}98)$$

时，供应链利润小于零。

首先考虑整体供应链的利润为正时，

$$f^s = \eta D\left(\frac{2k-1}{2ck}\right)^{2k}\left[\left(1 + \frac{\Delta D}{D}\right)^{\frac{1}{2k}} \frac{2ck}{2k-1} - c - \Delta c\right], (0 < \eta < 1) \quad (2\text{-}99)$$

和定理 2-4 和定理 2-5 相仿，可以得到以下定理。

定理 2-6 ：当

$$D\left[\left(1+\frac{\Delta c-\lambda_2}{c}\right)^{2k}-1\right]<\Delta D \leqslant D\left[\left(1+\frac{\Delta c}{c}\right)^{2k}-1\right] \quad （2-100）$$

时，供应链在全单位批发数量折扣契约 $\text{AWQD}(w_1,w_2,q_0)(w_1>w_2)$ 中可以协调，此时 w_1 足够大，而

$$w_2=c+\Delta c+\eta\left[\left(1+\frac{\Delta D}{D}\right)^{\frac{1}{2k}}\frac{2ck}{2k-1}-c-\Delta c\right] \quad （2-101）$$

证明：同定理 2-5。

特别要注意的是，我们考虑

$$D\left[\left(\frac{(c+\Delta c)(2k-1)}{2ck}\right)^{2k}-1\right]>D\left[\left(1+\frac{\Delta c-\lambda_2}{c}\right)^{2k}-1\right] \quad （2-102）$$

的时候，

$$f_{\text{sc}}^*=D\left(\frac{2k-1}{2ck}\right)^{2k}\left[\left(1+\frac{\Delta D}{D}\right)^{\frac{1}{2k}}\frac{2ck}{2k-1}-c-\Delta c\right]<0 \quad （2-103）$$

用定理 2-6 的方法不能达到协调，因为销售商在没有利润的情况下是不会去订购产品的。此时，供应商只能将他原来计划生产的 $\overline{Q}$ 产品销售到二级市场并且利润为 $-\lambda_2\overline{Q}$ 。

在理论中，供应商此时应该停止生产，但是在实践生产活动中，停止生产并不是一个通用的应对亏损的方法，而且已经计划生产的产品 $\overline{Q}$ 很难直接停产。在考虑不停产的情况下，由于供应商是博弈的主导方，知道关于需求和成本同时扰动的相关信息，为了减低自己的损失，其必须采用一些办法，给零售商一些利润，并最大限度地减少自己的损失。

考虑零售商对批发价格的期望，我们假设零售商的利润已经确定，为

$$f^{\text{r}}=-\mu D\left(\frac{2k-1}{2ck}\right)^{2k}\left[\left(1+\frac{\Delta D}{D}\right)^{\frac{1}{2k}}\frac{2ck}{2k-1}-c-\Delta c\right],(\mu>0) \quad （2-104）$$

然后，我们可以算出供应商的利润为

$$f^{\text{s}}=f^{\text{sc}}-f^{\text{r}}=(1+\mu)D\left(\frac{2k-1}{2ck}\right)^{2k}\left[\left(1+\frac{\Delta D}{D}\right)^{\frac{1}{2k}}\frac{2ck}{2k-1}-c-\Delta c\right],(\mu>0) \quad （2-105）$$

当零售商要求的利润太高，也就是 μ 值太大时，供应商宁可选择到二级市场去卖掉 $\overline{Q}$ 的产品，所以供应商的利润水平应该控制在 $f^s > -\lambda_2 \overline{Q}$ 的合理范围，此时我们可以算出

$$\mu < -\frac{\lambda_2 + \left(1+\dfrac{\Delta D}{D}\right)^{\frac{1}{2k}}\dfrac{2ck}{2k-1} - c - \Delta c}{\left(1+\dfrac{\Delta D}{D}\right)^{\frac{1}{2k}}\dfrac{2ck}{2k-1} - c - \Delta c}$$

所以我们可以得到以下定理。

定理 2-7：在

$$D\left[\left(\frac{(c+\Delta c)(2k-1)}{2ck}\right)^{2k} - 1\right] > \Delta D > D\left[\left(1+\frac{\Delta c - \lambda_2}{c}\right)^{2k} - 1\right] \qquad （2-106）$$

的时候，零售商要求利润

$$f^r = -\mu D\left(\frac{2k-1}{2ck}\right)^{2k}\left[\left(1+\frac{\Delta D}{D}\right)^{\frac{1}{2k}}\frac{2ck}{2k-1} - c - \Delta c\right], (\mu > 0) \qquad （2-107）$$

当

$$0 < \mu \leqslant -\frac{\dfrac{1}{2k-1}\left(1+\dfrac{\Delta D}{D}\right)^{\frac{1}{2k}}}{\left(1+\dfrac{\Delta D}{D}\right)^{\frac{1}{2k}}\dfrac{2k}{2k-1} - 1} \qquad （2-108）$$

供应链可以通过全单位批发数量折扣契约 $\mathrm{AWQD}(w_1, w_2, q_0)(w_1 > w_2)$ 来协调。

当

$$-\frac{\dfrac{1}{2k-1}\left(1+\dfrac{\Delta D}{D}\right)^{\frac{1}{2k}}}{\left(1+\dfrac{\Delta D}{D}\right)^{\frac{1}{2k}}\dfrac{2k}{2k-1} - 1} < \mu < -\frac{\lambda_2 + \left(1+\dfrac{\Delta D}{D}\right)^{\frac{1}{2k}}\dfrac{2ck}{2k-1} - c - \Delta c}{\left(1+\dfrac{\Delta D}{D}\right)^{\frac{1}{2k}}\dfrac{2ck}{2k-1} - c - \Delta c} \qquad （2-109）$$

时，供应链不能在全单位批发数量折扣契约 $\mathrm{AWQD}(w_1, w_2, q_0)(w_1 > w_2)$ 中达到协调，但是可以在能力约束线性定价策略 $\mathrm{CLPP}\left(w, Q^*\right)$ 下达到协调。

当

$$\mu \geqslant -\frac{\lambda_2 + \left(1 + \dfrac{\Delta D}{D}\right)^{\frac{1}{2k}} \dfrac{2ck}{2k-1} - c - \Delta c}{\left(1 + \dfrac{\Delta D}{D}\right)^{\frac{1}{2k}} \dfrac{2ck}{2k-1} - c - \Delta c} \quad (2\text{-}110)$$

时，供应商选择在二级市场卖掉 $\overline{Q}$ 的产品并且利润为 $-\lambda_2 \overline{Q}$。

证明：同定理 2-4 和定理 2-5 的证明。

（4）情形 2-8

$$\Delta D \leqslant D\left[\left(1 + \frac{\Delta c - \lambda_2}{c}\right)^{2k} - 1\right] \quad (2\text{-}111)$$

此时供应链的最优利润为

$$f_{sc}^* = \frac{(D + \Delta D)(c + \Delta c - \lambda_2)}{2k-1}\left(\frac{2k-1}{2k(c + \Delta c - \lambda_2)}\right)^{2k} - D\lambda_2\left(\frac{2k-1}{2ck}\right)^{2k} \quad (2\text{-}112)$$

假设零售商的目标利润为

$$f^r = \frac{(D + \Delta D)(c + \Delta c - \lambda_2)}{2k-1}\left(\frac{2k-1}{2k(c + \Delta c - \lambda_2)}\right)^{2k} - \mu D\lambda_2\left(\frac{2k-1}{2ck}\right)^{2k} \quad (2\text{-}113)$$

那么供应商的利润为

$$f^s = (\mu - 1)D\lambda_2\left(\frac{2k-1}{2ck}\right)^{2k} \quad (2\text{-}114)$$

只考虑到供应商跟零售商的利润都应该是正值的情形，因此有

$$1 < \mu < \frac{(D + \Delta D)}{(2k-1)D\lambda_2}\left(\frac{c}{(c + \Delta c - \lambda_2)}\right)^{2k-1} \quad (2\text{-}115)$$

那么有以下定理。

定理 2-8： 当

$$\Delta D \leqslant D\left[\left(1 + \frac{\Delta c - \lambda_2}{c}\right)^{2k} - 1\right] \quad (2\text{-}116)$$

$$1 < \mu < \frac{(D + \Delta D)}{(2k-1)D\lambda_2}\left(\frac{c}{(c + \Delta c - \lambda_2)}\right)^{2k-1} \quad (2\text{-}117)$$

时，供应链在全单位批发数量折扣契约 AWQD(w_1,w_2,q_0)($w_1 > w_2$) 下得到协调，其中 w_1 足够大，而

$$w_2 = c + \Delta c - \lambda_2 + \frac{\mu \lambda_2 D}{D + \Delta D}\left(\frac{c + \Delta c - \lambda_2}{c}\right)^{2k} \qquad (2\text{-}118)$$

证明：若零售商选择批发价格 w_2，他必须订购不小于 Q^* 的商品，则零售商的利润函数为

$$f_1^r(Q) = Q\left[\left(\frac{D + \Delta D}{Q}\right)^{\frac{1}{2k}} - w_2\right] \qquad (2\text{-}119)$$

其在

$$Q_1 = (D + \Delta D)\left(\frac{2k-1}{2w_2 k}\right)^{2k} \qquad (2\text{-}120)$$

时达到最优。由于 $Q_1 < Q^*$，所以零售商不能够通过订购 Q_1 数量的产品和承受批发价格 w_2 来达到利润最大化的目标。根据 $f_1^r(Q)$ 凹函数的性质我们可知，如果选择批发价格 w_2，零售商必须订购 Q^* 的产品来达到利润最大化的目标。

此时

$$1 < \mu < \frac{(D + \Delta D)}{(2k-1)D\lambda_2}\left(\frac{c}{(c + \Delta c - \lambda_2)}\right)^{2k-1} \qquad (2\text{-}121)$$

零售商的利润为

$$f_1^r(Q^*) = Q^*\left[\left(\frac{D + \Delta D}{Q^*}\right)^{\frac{1}{2k}} - w_2\right]$$

$$= Q^*\left[\left(\frac{D + \Delta D}{Q^*}\right)^{\frac{1}{2k}} - c + \Delta c - \lambda_2 + \frac{\mu \lambda_2 D}{D + \Delta D}\left(\frac{c + \Delta c - \lambda_2}{c}\right)^{2k}\right]$$

$$= \frac{(D + \Delta D)(c + \Delta c - \lambda_2)}{2k-1}\left(\frac{2k-1}{2k(c + \Delta c - \lambda_2)}\right)^{2k} - \mu D \lambda_2\left(\frac{2k-1}{2ck}\right)^{2k} \qquad (2\text{-}122)$$

若零售商选择订购少于 Q^* 的产品，他必须接受批发价格 w_1，此时供应商的利润函数可以表示为

$$f_2^r(Q) = Q\left[\left(\frac{D+\Delta D}{Q}\right)^{\frac{1}{2k}} - w_1\right] \qquad (2\text{-}123)$$

在

$$Q_2 = (D+\Delta D)\left(\frac{2k-1}{2w_1k}\right)^{2k} \qquad (2\text{-}124)$$

处利润最大化。只要我们将批发价格 w_1 设置得足够大，显而易见

$$f_2^r(Q_2) = Q_2\left[\left(\frac{D+\Delta D}{Q_2}\right)^{\frac{1}{2k}} - w_1\right] < f_1^r(Q^*) \qquad (2\text{-}125)$$

因此，零售商就会倾向于选择订购 Q^* 数量的产品使得自己的利润最大化，而供应商可设计契约使整个供应链在分散决策时也可以达到集中决策的效果。

证毕。

另外，当

$$\mu \geq \frac{(D+\Delta D)}{(2k-1)D\lambda_2}\left(\frac{c}{(c+\Delta c-\lambda_2)}\right)^{2k-1} \qquad (2\text{-}126)$$

时，供应链的整体利润为负。

当 $\mu < 0$ 的时候，供应商宁可选择在二级市场卖掉 $\overline{Q}$ 的产品，且供应商的利润为 $-\lambda_2\overline{Q}$。

2.4 算例分析

当市场规模和生产成本同时发生扰动时，原有的生产计划就可能需要进行调整。假设利润的分成比例不变，偏离原计划的单位成本 $\lambda_1 = \lambda_2 = 1$，考虑 20 个不同的扰动水平发生后供应商和零售商采用新的契约和不改变契约所得到的利润，结果如表 2-1 所示。

表2-1　不同扰动情形下的协调策略以及其对利润的影响

扰动水平	扰动方向	需求扰动 ΔD	成本扰动 Δc	供应链利润 原策略	供应链利润 新策略	供应商利润 原策略	供应商利润 新策略	零售商利润 原策略	零售商利润 新策略	新策略 w_2	新策略 Q^*
1	$\Delta D>0$ $\Delta c>0$	1 000	1	249.4	249.4	100	124.7	149.4	124.7	16.99	25
2		1 000	4	174.4	186.54	25	93.27	149.4	112.5	17.05	16.27
3		8 000	1	395.82	400	100	200	295.82	200	19.5	31.25
4		8 000	4	320.82	320.82	25	160.4	295.82	160.4	20.42	25
5	$\Delta D>0$ $\Delta c<0$	1 000	-1	299.4	300	150	150	149.4	150	15	27.5
6		1 000	-4	374.4	417.86	225	208.93	149.4	208.93	10.5	56.12
7		8 000	-1	445.82	475	150	237.5	295.82	237.5	15	45
8		8 000	-4	520.82	667.86	225	333.93	295.82	333.93	10.5	91.84
9	$\Delta D<0$ $\Delta c>0$	-1 000	1	199.34	200	100	100	99.34	100	15.56	22.5
10		-1 000	4	124.34	148.08	25	74.04	99.34	74.04	20.44	13.31
11		-4 000	1	112.3	125	100	62.5	12.3	62.5	15.83	15
12		-4 000	4	37.3	90.38	25	45.19	12.3	45.19	20.91	8.88
13		-8 000	1	-51.39	25	100	12.5	-151.39	12.5	17.5	5

续 表

扰动水平	扰动方向	需求扰动 ΔD	成本扰动 Δc	供应链利润		供应商利润		零售商利润		新策略	
				原策略	新策略	原策略	新策略	原策略	新策略	w_2	Q^*
14	$\Delta D<0$ $\Delta c>0$	-8 000	5	-151.39	10.71	0	5.36	-151.39	5.36	25.9	2.55
15		-8 000	6	-184.31	8.33	-25	4.17	-151.39	4.17	28.12	2.22
16		-8 000	12	-326.39	-1.19	-175	-1.19	-151.39	0	42	1.13
17	$\Delta D<0$ $\Delta c<0$	-1 000	-1	249.34	249.34	150	124.67	99.34	124.67	13.99	25
18		-1 000	-4	324.34	425	225	212.5	99.34	212.5	7.64	60
19		-4 000	-1	162.3	162.5	150	81.25	12.3	81.25	15.72	23.43
20		-4 000	-4	237.3	239.29	225	119.64	12.3	119.64	10.5	30.61

　　我们把扰动方向分成需求和成本同时增加、需求和成本同时减少、需求增加且成本减少和需求减少且成本增加四种情形。从表 2-1 中可以看出，在需求与成本同方向扰动时，一定的范围内（扰动水平 1 和 17）并不会对生产计划产生影响，两者存在一些互相抵消的作用，此时供应链的总利润没有变化，但是协调策略产生变化的时候可以调节供应链的利润分配情况，使得供应链上下游利益均匀；而当需求和成本同方向扰动，并且之间的关系超过一定范围时（扰动水平 2 ～ 4、18 ～ 20），供应商对生产计划和协调策略进行调整，从而使得供应链能够获取最大的利润，并且通过控制协调策略，可以使得利润分配的比例不变。供应链双方的利益都得到提高。

　　扰动水平 5 ～ 8 是需求增加而成本减少的例子，也是人们非常愿意看到的例子，当然这种状态往往在现实中被认为不是扰动的情形。此时，随着扰动幅度的增大，供应商通过调整生产计划和协调策略，可以使得供应商和零售商的利润都大幅提高。这种状态下，供应商往往很少愿意去改变新的策略，所以我们发现，在大家看来似乎很有利润空间的协调状态其实并不是科学的协调状态，往往有更大的利润提升空间，这就需要博弈的主导方，即供应商去不断发现信息并改变策略。

　　在需求减少而成本增加的例子中（扰动水平 9 ～ 16），我们发现，这类的扰动例子一般都会引起企业的警觉和反应，促使供应商改变策略，使双方的利润水平都得到提高。值得注意的是扰动水平 15 和 16。扰动水平 15 体现了在改变协调策略前供应链双方的利润都为负，按照思路应该停产，可是通过改变协调策略，能够使得供应链双方都获得利润；扰动水平 16 是比较特殊的例子，供应链在改变协调策略后仍然亏损，但是供应商如果不愿意关门大吉的话，也就是在短时间里愿意承受一些亏损，相比较把东西卖到二级市场去，供应商保证零售商不亏损的情况下，可以通过改变策略使得自身的亏损额降到最低，所以扰动水平 16 中就不是采用亏损分配的思路来设计策略。由于零售商是后决策，所以供应商在制定策略的时候应该考虑零售商的利润不小于零。在扰动水平 16 中，还有一种方法，就是供应商和零售商因为无利可图退出供应链，双方都不会亏损。

2.5　本章小结

　　在本章中，我们研究了在一个供应商和一个零售商组成的供应链中，面临一个非线性需求函数 $d = Dp^{-2k}(k \geqslant 1)$ 时，供应商为斯塔克尔伯格博弈的主导方，需求和生产成本同时扰动的情形。在此过程中，得到了供应链最优生产计划，最优销售价格和利润最大的解析解和调整生产计划的条件，并且给出了各种不同扰动水平下供应链的协调策略，以使得在供应商和零售商分散决策的同时，供应链的整体利润能够达到集中决策的效果，而供应商和零售商都可以通过新的计划和策略改善自己的状况，最后通过数值算例来证明扰动管理的作用。研究还发现，在需求和生产成本同时发生扰动时，原来的生产计划具有一定的鲁棒性，但是协调策略应该随着扰动的大小进行调整。

第 3 章 税率和汇率扰动下跨境供应链应急管理

经济全球化时代,跨境供应链具有开拓海外市场、降低采购成本等优势,使得许多企业将跨境供应链当作一项重要的企业战略进行规划,促成了以粮食、钢铁为代表的跨境单渠道供应链体系,以及以服装、奶粉等为代表的跨境(电商)双渠道供应链体系。和传统供应链优化方式一样,跨境供应链主导企业设计各种合同(契约)来减少供应链中的双边际现象,各种类型的跨境供应链合同在相对稳定发展的生产贸易格局中发挥了协调的作用。

跨境供应链(图 3-1)中,主要存在三种模式。第一种模式下的渠道供应链条相对较长,其中国内出口商和国外进口商为主要参与者。另外两种模式主要是以生产商(制造商)在跨境电商平台的自营电商为基础的供应模式,包括跨境 B2B 模式和跨境 B2C 模式,跨境电商平台企业也是供应链的核心成员,平台定位对跨境供应链结构起到了重要作用。

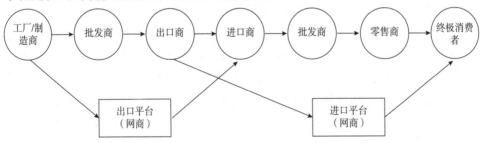

图 3-1 主要跨境供应链模式

跨境电子商务的火热也支撑起了一批有代表性的电子商务平台企业。B2B出口跨境电商主要有阿里巴巴国际站、敦煌网等平台;B2B进口跨境电商主要是一些原材料进口平台,如易木世界(木材跨境进口 B2B 平台)、MFG(模具及纺织等产品制造商和加工平台)等。B2C模式下,出口跨境电商平台有阿里巴巴速卖通、亚马逊等,进口跨境电商平台有亚马逊、天猫国际等,洋码头则是 C2C 跨境进口电商的典型代表。除了相关的跨境电商平台，跨境供应链运营商也是跨境电商供应链的重要组成部分，在提供跨境供应链服务的企业中，涌现出了海豚供应链、海欢网、启明星、心怡物流等优质企业。这些不同的平台、不同的商务模式，构成了多方主体参与、多种渠道并行的跨境供应链模式，为各类型的生产商 / 制造商提供了优质服务和广阔的空间。

世界经济并非一路健康有序发展。2018 年以来，土耳其等国货币突然大幅贬值，汇率战的导火索引爆经济地雷，美国突然宣布对从中国进口的约 600亿美元商品大规模加征关税，且此后的半年时间里，整个国际市场出现了各种突发扰动事件。除了沸沸扬扬的汇率税率战，近两年各个国家纷纷出台了针对电商平台的新税率政策，使得企业在传统渠道和海外代购等新渠道面临着新的不确定性。突发事件带来的汇率和税率剧烈扰动给经济全球化带来了不利影响，且这些扰动导致的高额风险给跨境供应链管理带来了严峻的挑战。如何协调应对突发的税率和汇率扰动，将成为每一条跨境供应链所面临的棘手问题。

国内外关于跨境供应链的研究主要集中在针对汇率风险的跨国供应链管理上。Kazaz 等（2012）考虑通过跨国供应链模型实现对冲运作，而其他研究内容还包括生产对冲和选址对冲、用柔性的生产应对汇率波动，以及当存在汇率风险时，可以通过均值方差（MV）分析供应链和信息更新问题，运用模糊CVaR 来处理汇率的不确定性等情形。在考虑汇率和需求随机的跨国供应链协调机制研究中，还有一些学者研究了批发价格合同、汇率风险分担契约、收益共享契约、期权契约等契约协调问题。

跨境企业的运营主体在不同的国家和地区，纳税已经成为当前跨境企业单项最大的开销，而根据不同国家和地区的税率政策，跨境企业一般在低税率的地区建立采购中心，并通过制定转让价格合理规避税收，这也引发了一系列的问题。相关文献研究内容主要有通过税务集成的混合整数规划模型，主要用于各个阶段 FDI 外包方案优化（Balaji，2008），中国出口导向的税收和关税规则下的最佳供应链设计和运营（Hsu，2011），由海外采购中心和一（多）个部门组成的国际采购供应链税收利益和不同结构中涉及的协调机制设计（Wu，2018），基于物流系统税收制度对供应链管理的影响（Henkow，2011）。这些研究主要从国际税收不平衡的角度提出了优化手段，且充分考虑供应链在平稳状态下的运作行为。

随着应急管理研究的不断发展，各类供应链应急管理相关研究纷纷涌现，而具体研究内容包括零售商主导的模式（Chen，2013），以及更为复杂的渠道结构模式，如一个供应商对应两个零售商（Xiao，2008）模式中存在 Bertrand

均衡（吴忠和等，2012）和古诺均衡（Cao，2010）、双渠道供应链应急协调（Huang，2013）等。由于渠道间的双边际效应，多渠道供应链本身协调就有一定的难度，供应链应急契约主要是设计相关的转移支付，主要采用收益共享契约（曹二保等，2015）、两部定价契约（Dan，2017）等。在跨境渠道供应链应急管理研究中，考虑了汇率、国际运输成本分担比例等因素，采用了数量折扣契约协调汇率变化时的供应链（赵正佳等，2012），或采用中断管理的思想研究了供应侧汇率扰动时的供应链应急管理问题（于辉等，2017；刘会民等，2016；Kano，2013），而他们的研究充分考虑了汇率作为外生变量发生扰动的情形，提出了供应链的应急优化措施。

综合以上所述，本章研究跨境供应链存在汇率和关税税率同时扰动时的决策问题，比较批发价格契约的决策参数，并设计收益共享契约和一次性转移支付协调供应链系统，以实现帕累托改善。

3.1 基本模型

假设存在一条两阶段跨境供应链，供应链成员有一个境内制造商和一个境外销售商，制造商以本币进行财务核算，销售商和消费者为境外（外币）的供应链成员，制造商将生产好的产品卖给销售商，以汇率 e 进行结算，境内供应商的供应和关税单位成本为 c_t，消费需求函数为 $D = a - bp(a,b>0)$。

产品需求函数为 $q = a - bp$，因此可以得到供应链的利润目标函数为

$$\Pi(p) = (a - bp)(ep - c_t) \tag{3-1}$$

因此，求解一阶方程可以得到最优产量和最优市场价格

$$\bar{q} = \frac{a}{2} - \frac{bc_t}{2e}, \quad \bar{p} = \frac{a}{2b} + \frac{c_t}{2e} \tag{3-2}$$

此时，供应链利润为

$$\bar{\Pi} = \frac{(ae - bc_t)^2}{4be} \tag{3-3}$$

3.2 扰动时跨境供应链集中决策

供应链集中决策即境内供应商集中决策，同时境内供应商在跨境销售中实现直销（无销售商），而当产品的计划产量定好后，突发国际事件通常会导致供应链突发波动，导致关税和跨境汇率发生扰动。假设单位关税成本扰动为 Δc_t，汇率扰动为 $\Delta e(\Delta e > -e)$，扰动发生后的境内供应商生产数量为 $\tilde{q}$，境内供应商总生产数量变化为 $\tilde{q} - \bar{q}$，境内供应商增加和减少产量的单位成本为 k_1、$k_2(0 < k_1, k_2 < c_m)$。

可以构建产品的需求函数为

$$q = a - b\tilde{p} \tag{3-4}$$

扰动下供应链集中决策目标利润函数为

$$\widetilde{\Pi}(\tilde{p}) = [(e + \Delta e)\tilde{p} - c_t - \Delta c_t](a - b\tilde{p}) - k_1(\tilde{q} - \bar{q})^+ - k_2(\bar{q} - \tilde{q})^+ \tag{3-5}$$

其中 $(x)^+ = \max(x, 0)$。

此时，存在三种情形。

情形 3-1：当 $\Delta e > e(\Delta c_t + k_1)/c_t$ 时，供应链利润函数为

$$\widetilde{\Pi}_1(\tilde{p}) = [(e + \Delta e)\tilde{p} - c_t - \Delta c_t](a - b\tilde{p}) - k_1(\tilde{q} - \bar{q})^+$$

$$s.t.\tilde{q}_1 > \bar{q} \tag{3-6}$$

境内供应商增加产品生产计划，此时境内供应商的最优产量和最优市场价格为

$$\tilde{p}_1^* = \frac{a}{2b} + \frac{c_t + \Delta c_t + k_1}{2(e + \Delta e)} \ , \quad \tilde{q}_1^* = \frac{a}{2} - \frac{b(c_t + \Delta c_t + k_1)}{2(e + \Delta e)} \tag{3-7}$$

情形 3-2：当 $\Delta e < e(\Delta c_t - k_2)/c_t$ 时，供应链利润函数为

$$\widetilde{\Pi}_2(\tilde{p}) = [(e + \Delta e)\tilde{p} - c_t - \Delta c_t](a - b\tilde{p}) - k_2(\bar{q} - \tilde{q})^+$$

$$s.t.\tilde{q}_2 < \bar{q} \tag{3-8}$$

境内供应商减少产品生产计划，此时境内供应商的最优产量和最优市场价格为

$$\tilde{p}_2^* = \frac{a}{2b} + \frac{c_t + \Delta c_t - k_2}{2(e + \Delta e)} \ , \quad \tilde{q}_2^* = \frac{a}{2} - \frac{b(c_t + \Delta c_t - k_2)}{2(e + \Delta e)} \tag{3-9}$$

情形 3-3：当 $e(\Delta c_t - k_2)/c_t \le \Delta e \le e(\Delta c_t + k_1)/c_t$ 时，供应链利润函数为

$$\widetilde{\Pi}_3(\widetilde{p}) = [(e + \Delta e)\widetilde{p} - c_t - \Delta c_t](a - b\widetilde{p})$$

$$s.t.\widetilde{q}_3 = \overline{q} \qquad\qquad (3\text{-}10)$$

境内供应商不改变生产计划，此时境内供应商的最优产量和最优市场价格为

$$\widetilde{p}_3^* = \frac{a}{2b} + \frac{c_t + \Delta c_t}{2(e + \Delta e)}, \quad \widetilde{q}_3^* = \overline{q} = \frac{a}{2} - \frac{bc_t}{2e} \qquad\qquad (3\text{-}11)$$

在鲁棒区间内，不需要改变生产计划和减排投入，只需要调整单位售价即可实现优化。

定理 3-1：当二阶段跨境供应链面临集中决策时，需求函数如（3-4）所示，而假设存在曲线 $\Delta e = e(\Delta c_t + k_1)/c_t$ 和曲线 $\Delta e = e(\Delta c_t - k_2)/c_t$，两条曲线将供应链划分成三个决策区间，即 D_1、D_2、D_3，如图 3-2 所示。当供应链面临突发事件带来的市场汇率和关税成本发生扰动，且当扰动范围如 D_1 所示，境内供应商增加产品生产计划，最优产量和最优市场价格如（3-7）所示；当扰动范围如 D_2 所示，境内供应商减少产品生产计划，最优产量和最优市场价格如（3-9）所示；当扰动范围如 D_3 所示，境内供应商不改变产品生产计划，最优产量和最优市场价格如（3-11）所示。

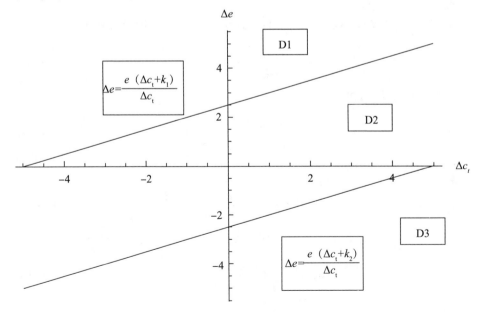

图 3-2　跨境供应链境内供应商集中决策区域

3.3 跨境供应链批发价格分散决策

假设供应链中存在境内供应商为主导的斯塔克尔伯格博弈情形，则跨境供应链存在分散决策。此时，由于供应链成员是境内外企业，分别考虑自身利益最大化，供应链扰动发生（当汇率和关税成本扰动值为 0，则供应链处于平稳状态）时，供应链采用不同的契约将达到不同的决策结果。当考虑到境内供应商采用批发价格策略时，境内供应商以批发价格 w（外币）销售给跨国销售商，销售商再以市场价格 p（外币）进行销售。根据主从博弈原理，供应链面临关税成本和国际市场汇率扰动时，境外销售商的利润函数（以外币计算）为

$$\pi_r(\widetilde{p}) = (\widetilde{p} - w)(a - b\widetilde{p}) \tag{3-12}$$

可以计算出销售商的最优销售数量反应函数为

$$\widetilde{p}(w) = \frac{a}{2b} + \frac{w}{2} \tag{3-13}$$

将（3-13）式代入境内供应商的利润函数

$$\widetilde{\pi}_m(w) = [w(e + \Delta e) - c_t - \Delta c_t][a - b\widetilde{p}(w)] - k_1(\widetilde{q} - \overline{q})^+ - k_2(\overline{q} - \widetilde{q})^+ \tag{3-14}$$

此时，存在三种情形。

情形 3-4：当 $\Delta e > e(\Delta c_t + k_1)/c_t$ 时，境内供应商最优批发价格为

$$\widetilde{w}_1 = \frac{1}{2}\left(\frac{a}{b} + \frac{c_t + \Delta c_t + k_1}{e + \Delta e}\right) \tag{3-15}$$

销售商的最优销售价格为

$$\widetilde{p}_1 = \frac{1}{4}\left(\frac{3a}{b} + \frac{c_t + \Delta c_t + k_1}{e + \Delta e}\right) \tag{3-16}$$

境外销售商的最优订货量为

$$\widetilde{q}_1 = \frac{1}{4}\left[a - \frac{b(c_t + \Delta c_t + k_1)}{(e + \Delta e)}\right] \tag{3-17}$$

情形 3-5：当 $\Delta e < e(\Delta c_t - k_2)/c_t$ 时，境内供应商最优批发价格为

$$\widetilde{w}_2 = \frac{1}{2}\left(\frac{a}{b} + \frac{c_t + \Delta c_t - k_2}{e + \Delta e}\right) \tag{3-18}$$

销售商的最优销售价格为

$$\tilde{p}_2 = \frac{1}{4}\left(\frac{3a}{b} + \frac{c_t + \Delta c_t - k_2}{e + \Delta e}\right) \tag{3-19}$$

境外销售商的最优订货量为

$$\tilde{q}_1 = \frac{1}{4}[a - \frac{b(c_t + \Delta c_t - k_2)}{(e + \Delta e)}] \tag{3-20}$$

情形 3-6：当 $e(\Delta c_t - k_2)/c_t \leq \Delta e \leq e(\Delta c_t + k_1)/c_t$ 时，境内供应商最优批发价格为

$$\tilde{w}_3 = \frac{1}{2}\left(\frac{a}{b} + \frac{c_t + \Delta c_t}{e + \Delta e}\right) \tag{3-21}$$

销售商的最优销售价格为

$$\tilde{p}_3 = \frac{1}{4}\left(\frac{3a}{b} + \frac{c_t + \Delta c_t}{e + \Delta e}\right) \tag{3-22}$$

境外销售商的最优订货量为

$$\tilde{q}_3 = \frac{1}{4}\left(a - \frac{b(c_t + \Delta c_t)}{e + \Delta e}\right) \tag{3-23}$$

3.4　跨境供应链收益共享契约协调

3.4.1　收益共享策略

境内供应商根据销售商订货量以批发价格 w 销售给跨国销售商，销售商再以市场价格 p 进行销售，同时境外销售商向境内供应商转移支付外币 $T(\tilde{p}) = \phi \tilde{p}(a - b\tilde{p})$，根据主从博弈原理，供应链面临关税成本和国际市场汇率扰动时，境外销售商的利润函数（以外币计算）为

$$\pi_r(\tilde{p}) = (\tilde{p} - w)(a - b\tilde{p}) - T(\tilde{p}) \tag{3-24}$$

可以计算出销售商的最优销售数量反应函数为

$$\tilde{p}(w) = \frac{a(1 - \phi) + bw}{2b(1 - b\phi)} \tag{3-25}$$

为了实现跨境供应链协调，契约设计要使得境外销售商优化后的零售价格等于集中决策时的零售价格。

求解

$$\tilde{p}(w) = \frac{a(1-\phi)+bw}{2b(1-b\phi)} = \tilde{p}^*$$ （3-26）

因此，存在三种情形。

情形 3-7：当 $\Delta e > e(\Delta c_t + k_1)/c_t$ 时，境内供应商最优批发价格为

$$\tilde{w}_1 = \frac{(1-\phi)(c_t + \Delta c_t + k_1)}{e + \Delta e}$$ （3-27）

此时，境外销售商的最优订货量为

$$\tilde{q}_1^* = \frac{a}{2} - \frac{b(c_t + \Delta c_t + k_1)}{2(e + \Delta e)}$$ （3-28）

供应链实现协调。

情形 3-8：当 $\Delta e < e(\Delta c_t - k_2)/c_t$ 时，境内供应商最优批发价格为

$$\tilde{w}_2 = \frac{(1-\phi)(c_t + \Delta c_t - k_2)}{e + \Delta e}$$ （3-29）

此时，境外销售商的最优订货量为

$$\tilde{q}_2^* = \frac{a}{2} - \frac{b(c_t + \Delta c_t - k_2)}{2(e + \Delta e)}$$ （3-30）

供应链实现协调。

情形 3-9：当 $e(\Delta c_t - k_2)/c_t \leqslant \Delta e \leqslant e(\Delta c_t + k_1)/c_t$ 时，境内供应商最优批发价格为

$$\tilde{w}_3 = \frac{(1-\phi)(c_t + \Delta c_t)}{e + \Delta e}$$ （3-31）

此时，境外销售商的最优订货量为

$$\tilde{q}_3 = \frac{1}{2}\left(a - \frac{b(c_t + \Delta c_t)}{e + \Delta e}\right)$$ （3-32）

供应链实现协调。

3.4.2 帕累托改进策略

为了使设计的契约更好地促进跨境供应链协同战略的形成，可考虑由境内供应商通过加盟费、代理费、折扣、奖励等政策手段形成一次性转移支付，

这将使得供应链上下游企业实现帕累托改进，因此可以把转移支付改进设计为一次性转移支付（境外销售商向境内供应商支付外币 T_m（若 $T_m < 0$，则为向境内供应商境外零售商支付一次性转移支付）和收益共享比例（境外销售商向境内供应商支付外币 $T(\tilde{p})$）混合改进策略。在此策略下：

境外销售商的利润函数（以外币计算）为

$$\tilde{\pi}_r^{RSC} = (\tilde{p} - w)(a - b\tilde{p}) - T(\tilde{p}) - T_m \qquad (3-33)$$

境内供应商的利润函数（以本币计算）为

$$\tilde{\pi}_m^{RSC} = [w(e + \Delta e) - c_t - \Delta c_t][a - b\tilde{p}(w)] + (e + \Delta e)[T(\tilde{p}) + T_m] - k_1(\tilde{q} - \bar{q})^+ - k_2(\bar{q} - \tilde{q})^+$$

$$(3-34)$$

由于一次性支付，所以只改变利润分配的大小，其他决策参数不变。因此，利润分配的原则为

$$\begin{cases} \tilde{\pi}_r^{RSC} \geq \pi_r^{WP}(\tilde{p}) \\ \tilde{\pi}_m^{RSC} \geq \pi_m^{WP}(\tilde{p}) \end{cases} \qquad (3-35)$$

通过比较批发价格契约和收益共享契约中境内供应商和境外零售商利润，结合分配原则，可以算出 T_m 的取值范围为 $[\pi_r^{WP}(\tilde{p}) - \pi_r^{RS}(\tilde{p}), \pi_m^{RS}(\tilde{p}) - \pi_m^{WP}(\tilde{p})]$。

定理 3-2：当跨境供应链需求函数如式（3-4）所示，当面临突发事件导致跨境供应链面临汇率和关税成本同时扰动时，分散决策下通过改进收益共享契约 (w, ϕ, T_m) 可以实现跨境供应链供应链的协调，其中

$$\tilde{w}^{RS} = \begin{cases} \dfrac{(1 - \phi)(c_t + \Delta c_t + k_1)}{e + \Delta e} \\[2mm] \dfrac{(1 - \phi)(c_t + \Delta c_t - k_2)}{e + \Delta e} \\[2mm] \dfrac{(1 - \phi)(c_t + \Delta c_t)}{e + \Delta e} \end{cases}$$

$$T_m \in [\pi_r^{WP}(\tilde{p}) - \pi_r^{RS}(\tilde{p}), \pi_m^{RS}(\tilde{p}) - \pi_m^{WP}(\tilde{p})] \qquad (3-36)$$

3.5　本章小结

突发经济制裁、突发公共卫生事件和突发货币贬值等跨境供应链中较为常见的突发事件为供应链带来了汇率和关税成本扰动。本章基于供应链环境，

构建了基于汇率的跨境需求模型，研究了境内供应商集中决策模型，通过和批发价格契约进行比较，设计出了协调汇率和关税成本同时扰动下的跨境供应链收益共享契约，设计了帕累托改进策略，旨在进行改善。研究表明，跨境供应链存在鲁棒性，在供应链分散决策下，传统批发价格契约无法协调该供应链，而境内供应商作为主导方设计的收益共享契约可以协调汇率和关税成本同时扰动下的跨境供应链。

第 4 章　低碳减排下的供应链应急管理

近年来，全球气候持续变暖，政府间气候变化专门委员会于 2018 年呼吁各国进行紧急和前所未有的改变，减少碳排放的数量，以将气温上升的数值控制在高于工业化前水平的 1.5℃以下，以减少气候变暖为全球可持续发展带来的风险。公众对于"低碳"这个名词的熟悉度和认同度在持续提高，消费者认识到低碳将使自己的生活更健康、更愉悦，这体现出消费者已经构建了"低碳"和"高品质生活"之间的关联，因此更多的消费者愿意为低碳产品支付溢价，这种行为转变不仅适用于环保意识强的客户，而且适用于主流市场。有关气候变化问题的持续性政治辩论和媒体曝光，进一步提高了公众的低碳环保意识。企业在制定有效的绿色战略以提高企业竞争力时，必须考虑低碳经济对供应链的影响。

低碳经济的本质就是用最小的环境代价换取可持续发展。低碳供应链管理是供应链管理中一个非常重要的议题，气候变化、环境污染、工厂废气等都是低碳供应链研究的范畴，其决定了全球未来可持续发展的动力。苏州工业园区进行低碳转型，三星、小米等企业基于低碳打造产品等都为环境可持续发展提供了良好的范本。正是由于企业以利益为基础来进行优化，在低碳供应链管理研究中，陈剑（2012）对低碳供应链管理几个重要的研究方向进行了综述，Ji 等（2017）调查制造商和零售商之间的合作，并考虑在线和离线商店，同时他们还关注总量管制和贸易政策如何通过模拟供应链公司的减排行为影响经济绩效和社会福利。李友东等（2014）研究了基于政府补贴博弈模型的制造商和零售商合作减排投入问题。王勇（2019）计算了考虑 3PL 的三级供应链在不同决策模型下的合作减排效果。王道平等（2019）则改变了方法，采用微分对策对合作减排和政府补贴下的低碳供应链进行了研究。

平稳的供应链可以通过政府补贴、碳排放投入等要素实现供应链优化，然而平稳供应链会面临各种突发事件带来的扰动，如 SARS、COVID-19 等突发公共卫生事件，"5·12"汶川地震、天鸽台风等突发自然灾害，重度雾霾等突发灾害性天气，这些都给低碳供应链带来了巨大的影响。当市场预测的消费者需求和制造商的生产成本发生较大变化时，供应链中的制造商和零售商都应调整原有的计划，以应对这些扰动带来的成本偏差，如果他们在决策时考虑到这些扰动对计划的影响，将增强供应链应对扰动的能力。在供应链扰动管理相关研究中，很多经典文献涌现。Qi 等（2008）考虑成本偏差和需求发生扰动，率先设计了全单位数量折扣合同来协调供应链；Xu 等（2010）则研究了生产成本发生扰动时的情形，并将问题扩展到了多零售商供应链。Lei 等（2012）考虑了供应链成员间的信息不对称，分析了同时存在需求和成本扰动的供应链决策机制问题。Huang 等（2012，2013）将渠道拓展到了双渠道供应链，研究了需求扰动和生产成本扰动情况下制造商主导的双渠道供应链的定价和生产决策问题。此后又有研究将扰动管理的思想用于 O2O 供应链的协调。

综上所述，低碳供应链管理中有大量的研究基础，可为供应链提供理论保障，而供应链扰动管理研究长期以来都是研究的热点问题，但是基于低碳供应链应对突发事件带来的扰动管理研究文献相对较少。本章研究了存在低碳偏好的消费者，同时政府拥有碳配额权的供应链模型，探索了突发事件带来的应急减排时的供应链优化和协调策略，制定了考虑应急减排时制造商产量、应急减排量的最优决策值，并且设计了制造商作为斯塔克尔伯格博弈的主导方时的供应链数量折扣策略。

4.1　基本模型

假设存在一条两阶段供应链（图 4-1），消费者存在低碳偏好，供应链成员有一个制造商和一个零售商，在生产中存在碳排放约束，且政府会免费发放一部分碳配额。当制造商的碳排放低于碳配额时，其可以在市场上交易多余的碳配额；而当制造商碳排放高于碳配额时，其必须到碳交易市场上购买碳配额。制造商可以通过对低碳技术进行投资，降低单位产品的碳排放量，在碳交易市场交易多余的配额获利的同时也可以增加消费者对产品的需求。雾霾等应急事件发生时，政府要响应应急条例，降低生产企业的免费碳排放权，而消费者由于存在碳偏好，会增加对低碳投入产品的购买。

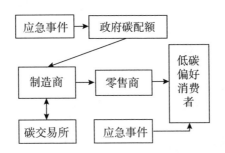

图 4-1 低碳环境下两级供应链概念模型

4.1.1 模型假设

假设该供应链生产一种一次性销售的易逝品，零售商产品市场销售价格为 p，供应链中的消费者存在低碳偏好，参考 Yousefi（2018）的模型假设，消费者对低碳产品的逆需求函数为 $p = a - bq + \alpha (a, b > 0)$，其中 $\alpha(\alpha > 0)$ 为低碳努力带来的消费溢价。

制造商作为碳减排的主体单位，单位制造成本为 c_m，计划碳减排的数量为 e_m，减排投入的成本 $C(e_m) = \eta e_m^2 / 2$。为研究方便，假设投入系数 η 足够大 $(\eta > p_c^2 / 2b)$，制造减排投入不影响单位产品的生产成本。

相关模型参数变量见表 4-1 所示。

表4-1 模型参数表

变量符号	含义
e_m	制造商计划单位碳减排量
p	单位产品市场价格
w	制造商批发价格
p_c	单位碳交易价格
q	产品市场需求量
α	低碳消费溢价
e_0	制造商初始单位碳排放量
g	制造商碳配额

续 表

变量符号	含义
Δg	应急配额波动
$\Delta \alpha$	应急消费溢价波动

4.1.2 基本模型

当考虑了消费者低碳偏好，产品价格的逆需求函数为 $p = a - bq + \alpha$，因此，可以得到供应链的利润目标函数为

$$\Pi(q, e_m) = (a - bq + \alpha - c_m)q - \eta e_m^2 / 2 + p_c[g - (e_0 - e_m)q] \qquad (4-1)$$

$\Pi(q, e_m)$ 的海塞矩阵为 $\begin{bmatrix} -2b & p_c \\ p_c & -\eta \end{bmatrix}$，是负定矩阵，因此 $\Pi(q, e_m)$ 是关于 (q, e_m) 的严格可微凹函数。

因此，求解联立一阶方程可以得到最优产量和最优单位减排量

$$\bar{q} = \frac{\eta(a + \alpha - c_m - e_0 p_c)}{2b\eta - p_c^2} \qquad (4-2)$$

$$\bar{e}_m = \frac{p_c(a + \alpha - c_m - e_0 p_c)}{2b\eta - p_c^2} \qquad (4-3)$$

4.2 应急减排时供应链集中决策

当产品的计划产量定好后，由于突发气候事件或者社会、政治方面的一些要求，政府可能会采取应急减排措施，具体应急减排措施包括完全禁止生产、配额临时减少等。考虑政府的公信力，应急禁止生产措施更多用于硫等高污染物的治理，更多地采用降低碳配额的方式来约束碳排放，同时突发事件也增加了低碳偏好消费者对低碳产品的购买力度。假设碳配额扰动为 $\Delta g(\Delta g < g)$，应急减排导致碳市场交易价格扰动为 $\Delta p_c(-p_c < \Delta p_c)$，低碳产品导致低碳消费溢价变化为 $\Delta \alpha(-\alpha < \Delta \alpha)$。扰动发生后的制造商生产数量为 $\tilde{q}$，制造商总生产数量变化为 $\tilde{q} - \bar{q}$，制造商增加和减少产量的单位成本为 k_1、$k_2(0 < k_1, k_2 < c_m)$。

可以构建产品价格的逆需求函数为

$$p = a - b\tilde{q} + \alpha + \Delta\alpha \tag{4-4}$$

扰动下供应链集中决策目标利润函数为

$$\widetilde{\Pi}(\tilde{q}, \tilde{e}_m) = (a - b\tilde{q} + \alpha + \Delta\alpha - c_m)\tilde{q} - \eta \tilde{e}_m^2 / 2 + (p_c + \Delta p_c)[g - \Delta g - (e_0 - \tilde{e}_m)\tilde{q}] - k_1(\tilde{q} - \bar{q})^+ - k_2(\bar{q} - \tilde{q})^+ \tag{4-5}$$

其中，$(x)^+ = \max(x, 0)$。

函数（4-4）中第四部分和第五部分分别为增加产量和减少产量带来的成本。

令 $A = \dfrac{(a + \alpha - c_m - e_0 p_c)}{2b\eta - p_c^2}$，存在三种情形。

情形 4-1：当 $\Delta\alpha > \Delta p_c[e_0 - A(2p_c + \Delta p_c)] + k_1$ 时，供应链利润函数为

$$\widetilde{\Pi}_1(\tilde{q}_1, \tilde{e}_{m1}) = (a - b\tilde{q}_1 + \alpha + \Delta\alpha - c_m)\tilde{q}_1 - \eta \tilde{e}_{m1}^2 / 2 + (p_c + \Delta p_c)[g - \Delta g - (e_0 - \tilde{e}_{m1})\tilde{q}_1] - k_1(\tilde{q}_1 - \bar{q})$$

$$\text{s.t.} \tilde{q}_1 > \bar{q} \tag{4-6}$$

制造商增加低碳产品生产计划，增加低碳投入，此时制造商的最优产量和最优单位碳减排量为

$$\tilde{q}_1^* = \frac{\eta[a + \alpha + \Delta\alpha - c_m - k_1 - e_0(p_c + \Delta p_c)]}{2b\eta - (p_c + \Delta p_c)^2} \tag{4-7}$$

$$\tilde{e}_{m1}^* = \frac{(p_c + \Delta p_c)[a + \alpha + \Delta\alpha - c_m - k_1 - e_0(p_c + \Delta p_c)]}{2b\eta - (p_c + \Delta p_c)^2} \tag{4-8}$$

情形 4-2：当 $\Delta\alpha < \Delta p_c[e_0 - A(2p_c + \Delta p_c)] - k_2$ 时，供应链利润函数为

$$\widetilde{\Pi}_2(\tilde{q}_2, \tilde{e}_{m2}) = (a - b\tilde{q}_2 + \alpha + \Delta\alpha - c_m)\tilde{q}_2 - \eta \tilde{e}_{m2}^2 / 2 + (p_c + \Delta p_c)[g - \Delta g - (e_0 - \tilde{e}_{m2})\tilde{q}_2] - k_2(\bar{q} - \tilde{q}_2)$$

$$\text{s.t.} \tilde{q}_2 < \bar{q} \tag{4-9}$$

制造商减少低碳产品生产计划，减少低碳投入，此时制造商的最优产量和最优单位碳减排量为

$$\tilde{q}_2^* = \frac{\eta[a + \alpha + \Delta\alpha - c_m + k_2 - e_0(p_c + \Delta p_c)]}{2b\eta - (p_c + \Delta p_c)^2} \tag{4-10}$$

$$\tilde{e}_{m2}^* = \frac{(p_c + \Delta p_c)[a + \alpha + \Delta\alpha - c_m + k_2 - e_0(p_c + \Delta p_c)]}{2b\eta - (p_c + \Delta p_c)^2} \tag{4-11}$$

情形 4-3：当 $\Delta p_c[e_0 - A(2p_c + \Delta p_c)] - k_2 \leqslant \Delta\alpha \leqslant \Delta p_c[e_0 - A(2p_c + \Delta p_c)] + k_1$ 时，供应链利润函数为

$$\tilde{\Pi}_3(\tilde{q}_3, \tilde{e}_{m3}) = (a - b\tilde{q}_3 + \alpha + \Delta\alpha - c_m)\tilde{q}_3 - \eta\tilde{e}_{m3}^2/2 + (p_c + \Delta p_c)[g - \Delta g - (e_0 - \tilde{e}_{m3})\tilde{q}_3]$$

$$\text{s.t.} \tilde{q}_3 = \bar{q} \tag{4-12}$$

如果制造商不改变低碳产品生产计划和减排投入，此时制造商的最优产量和最优单位碳减排量为

$$\tilde{q}_3^* = \frac{\eta(a + \alpha - c_m - e_0 p_c)}{2b\eta - p_c^2} = \bar{q} \tag{4-13}$$

$$\tilde{e}_{m3}^* = \frac{p_c(a + \alpha - c_m - e_0 p_c)}{2b\eta - p_c^2} = \bar{e}_m \tag{4-14}$$

需要调整该低碳产品定价为 $\tilde{p}_3^* = a - b\bar{q} + \alpha + \Delta\alpha$，因此在鲁棒区间内不需要改变生产计划和减排投入，只需要调整单位售价即可实现优化。

定理 4-1：当二阶段低碳供应链面临集中决策时，逆需求函数如（4-4）所示，面临着突发事件带来的应急减排导致市场发生扰动情况，而当扰动范围如情形 4-1 所示，供应链增加低碳产品产出，最优产量和最优单位减排量如（4-8）所示；当扰动范围如情形 4-2 所示，供应链减少低碳产品产出，最优产量和最优单位减排量如（4-11）所示；当扰动范围如情形 4-3 所示，供应链不改变低碳产品产出，最优产量和最优单位减排量如（4-13）及（4-14）所示。

通过定理 4-1 可以得到以下启示：

（1）政府通过碳配额约束无法应急控制供应链碳排放，因此碳配额工具一般用于平稳状态下的低碳管理，在突发事件使得政府需要引导企业应急减排时，降低碳配额的方式带来的效果并不明显。

（2）消费者的低碳偏好和碳交易价格的增加会使得制造商增加减排投入，增加低碳投入，扩大低碳产品的生产。

（3）当扰动在一定范围内，制造商不会改变计划，增加碳投入，企业生产的鲁棒性依然存在，此时可以通过影响碳市场的交易价格使得波动超过鲁棒边界，并通过宣传引导增加消费者的低碳偏好，促使制造商增加低碳投入，从而增加低碳产品供给。

（4）当消费者碳偏好减弱（降低）时，政府也可以通过影响碳交易市场价格，使得扰动范围在鲁棒区间内，防止制造商减少低碳投入。

4.3　应急减排时供应链分散决策

4.3.1　批发价格契约决策

当供应链面临着分散决策时，假设供应链上下游之间存在制造商主导的斯塔克尔伯格博弈，制造商以批发价格 w 销售给零售商，零售商再以市场价格 p 进行销售，根据主从博弈原理，当制造商不作为，供应链面临应急减排扰动时，零售商的利润函数为

$$\pi_r(\tilde{q}) = (a - b\tilde{q} + \alpha + \Delta\alpha - w)\tilde{q} \qquad (4-15)$$

可以计算出零售商的最优销售数量反应函数为

$$\tilde{q}(w) = \frac{a - w + \alpha + \Delta\alpha}{2b} \qquad (4-16)$$

将（4-12）式代入制造商的利润函数，求解得出三种情形。

$$令\ B = \frac{(a + \alpha - c_m - e_0 p_c)}{4b\eta - p_c^2} \qquad (4-17)$$

情形 4-4：当 $\Delta\alpha > \Delta p_c[e_0 - B(2p_c + \Delta p_c)] + k_1$ 时，

制造商最优批发价格和最优减排量为

$$\tilde{w_1} = \frac{2b\eta(a + \alpha + \Delta\alpha + c_m + k_1) + (p_c + \Delta p_c)[2b\eta e_0 - (a + \alpha + \Delta\alpha)(p_c + \Delta p_c)]}{4b\eta - (p_c + \Delta p_c)^2} \quad (4-18)$$

$$\tilde{e}_{m1} = \frac{(p_c + \Delta p_c)[a + \alpha + \Delta\alpha - c_m - k_1 - e_0(p_c + \Delta p_c)]}{4b\eta - (p_c + \Delta p_c)^2} \qquad (4-19)$$

零售商的最优订货量为

$$\tilde{q_1} = \frac{\eta[a + \alpha + \Delta\alpha - c_m - k_1 - e_0(p_c + \Delta p_c)]}{4b\eta - (p_c + \Delta p_c)^2} \qquad (4-20)$$

情形 4-5：当 $\Delta\alpha < \Delta p_c[e_0 - B(2p_c + \Delta p_c)] - k_2$ 时，制造商最优批发价格和

最优减排量为

$$\tilde{w_2} = \frac{2b\eta(a + \alpha + \Delta\alpha + c_m - k_2) + (p_c + \Delta p_c)[2b\eta e_0 - (a + \alpha + \Delta\alpha)(p_c + \Delta p_c)]}{4b\eta - (p_c + \Delta p_c)^2} \quad (4-21)$$

$$\tilde{e}_{m2} = \frac{(p_c + \Delta p_c)[a + \alpha + \Delta\alpha - c_m + k_2 - e_0(p_c + \Delta p_c)]}{4b\eta - (p_c + \Delta p_c)^2} \quad (4-22)$$

零售商的最优订货量为

$$\tilde{q}_2 = \frac{\eta[a + \alpha + \Delta\alpha - c_m + k_2 - e_0(p_c + \Delta p_c)]}{4b\eta - (p_c + \Delta p_c)^2} \quad (4-23)$$

情形 4-6：当 $\Delta p_c[e_0 - B(2p_c + \Delta p_c)] - k_2 \leqslant \Delta\alpha \leqslant \Delta p_c[e_0 - B(2p_c + \Delta p_c)] + k_1$ 时，制造商最优批发价格和最优减排量为

$$\tilde{w}_3 = \frac{2b\eta(\Delta\alpha + c_m + e_0 p_c) - (a + \alpha + \Delta\alpha)p_c^2}{4b\eta - p_c^2} \quad (4-24)$$

$$\tilde{e}_{m3} = \frac{p_c(a + \alpha - c_m - e_0 p_c)}{4b\eta - p_c^2} \quad (4-25)$$

零售商的最优订货量为

$$\tilde{q}_3 = \frac{\eta(a + \alpha - c_m - e_0 p_c)}{4b\eta - p_c^2} \quad (4-26)$$

比较批发契约与集中决策的数值，可以得出存在分散决策的低碳供应链时，当采取批发价格契约，制造商作为斯塔克尔伯格博弈的主导方，批发价格契约 $\tilde{w}_1$、$\tilde{w}_2$、$\tilde{w}_3$ 无法实现供应链协调。

4.3.2　数量折扣契约决策

当供应链面临着分散决策时，设计供应链上下游之间的数量折扣契约，制造商以批发价格 $w = w_0 - rq$ 销售给零售商，零售商订购 q 数量的产品再以市场价格 p 进行销售，根据主从博弈原理，当供应链面临应急减排扰动时，零售商的利润函数为

$$\pi_r(\tilde{q}) = [a - b\tilde{q} + \alpha + \Delta\alpha - (w_0 - r\tilde{q})]\tilde{q} \quad (4-27)$$

可以计算出零售商的最优销售数量反应函数为

$$\tilde{q}(w) = \frac{a - w_0 + \alpha + \Delta\alpha}{2(b - r)} \quad (4-28)$$

情形 4-7：当 $\Delta\alpha > \Delta p_c[e_0 - A(2p_c + \Delta p_c)] + k_1$ 时，可以得到数量折扣契约 $w = w_0 - rq$。

其中

$$w_0 = \frac{2\eta(b-r)[c_{\mathrm{m}} + k_1 + (p_{\mathrm{c}} + \Delta p_{\mathrm{c}})e_0] + (a + \alpha + \Delta\alpha)[2\eta r - (p_{\mathrm{c}} + \Delta p_{\mathrm{c}})^2]}{2b\eta - (p_{\mathrm{c}} + \Delta p_{\mathrm{c}})^2} \quad (4\text{-}29)$$

同时，制造商的最优减排量为

$$\tilde{e}_{\mathrm{m}1} = \frac{(p_{\mathrm{c}} + \Delta p_{\mathrm{c}})[a + \alpha + \Delta\alpha - c_{\mathrm{m}} - k_1 - e_0(p_{\mathrm{c}} + \Delta p_{\mathrm{c}})]}{2b\eta - (p_{\mathrm{c}} + \Delta p_{\mathrm{c}})^2} = \tilde{e}_{\mathrm{m}1}^* \quad (4\text{-}30)$$

零售商的最优订货量 $\tilde{q}_1 = \dfrac{\eta[a + \alpha + \Delta\alpha - c_{\mathrm{m}} - k_1 - e_0(p_{\mathrm{c}} + \Delta p_{\mathrm{c}})]}{2b\eta - (p_{\mathrm{c}} + \Delta p_{\mathrm{c}})^2} = \tilde{q}_1^*$ 供应链实

现协调。

情形 4-8：当 $\Delta\alpha < \Delta p_{\mathrm{c}}[e_0 - A(2p_{\mathrm{c}} + \Delta p_{\mathrm{c}})] - k_2$ 时，可以得到数量折扣契

约 $w = w_0 - rq$。

其中

$$w_0 = \frac{2\eta(b-r)[c_{\mathrm{m}} - k_2 + (p_{\mathrm{c}} + \Delta p_{\mathrm{c}})e_0] + (a + \alpha + \Delta\alpha)[2\eta r - (p_{\mathrm{c}} + \Delta p_{\mathrm{c}})^2]}{2b\eta - (p_{\mathrm{c}} + \Delta p_{\mathrm{c}})^2} \quad (4\text{-}31)$$

同时，制造商的最优减排量为

$$\tilde{e}_{\mathrm{m}2} = \frac{(p_{\mathrm{c}} + \Delta p_{\mathrm{c}})[a + \alpha + \Delta\alpha - c_{\mathrm{m}} + k_2 - e_0(p_{\mathrm{c}} + \Delta p_{\mathrm{c}})]}{2b\eta - (p_{\mathrm{c}} + \Delta p_{\mathrm{c}})^2} = \tilde{e}_{\mathrm{m}2}^* \quad (4\text{-}32)$$

零售商的最优订货量 $\tilde{q}_2 = \dfrac{\eta[a + \alpha + \Delta\alpha - c_{\mathrm{m}} + k_2 - e_0(p_{\mathrm{c}} + \Delta p_{\mathrm{c}})]}{2b\eta - (p_{\mathrm{c}} + \Delta p_{\mathrm{c}})^2} = \tilde{q}_2^*$ 供应实现

协调。

情形 4-9：当 $\Delta p_{\mathrm{c}}[e_0 - A(2p_{\mathrm{c}} + \Delta p_{\mathrm{c}})] - k_2 \leqslant \Delta\alpha \leqslant \Delta p_{\mathrm{c}}[e_0 - A(2p_{\mathrm{c}} + \Delta p_{\mathrm{c}})] + k_1$ 时，

可以得到数量折扣约 $w = w_0 - rq$。

其中

$$w_0 = \frac{r(a + \alpha + \Delta\alpha) + (b-r)(c_{\mathrm{m}} + (e_0 - \bar{e}_{\mathrm{m}})(p_{\mathrm{c}} + \Delta p_{\mathrm{c}}))}{b} \quad (4\text{-}33)$$

同时，制造商产量和减排量为

$$\tilde{q}_3^* = \frac{\eta(a + \alpha - c_{\mathrm{m}} - e_0 p_{\mathrm{c}})}{2b\eta - p_{\mathrm{c}}^2} = \bar{q} \quad (4\text{-}34)$$

$$\tilde{e}_{m3}^{*} = \frac{p_c(a + \alpha - c_m - e_0 p_c)}{2b\eta - p_c^2} = \bar{e}_m \qquad (4-35)$$

定理 4-2：当二阶段低碳供应链面临分散决策时，逆需求函数如（4-4）所示，面临着突发事件带来的应急减排导致市场发生扰动情况，当扰动范围如情形 4-7 所示，制造商可以通过数量折扣契约实现供应链协调，契约参数如（4-29）所示；当扰动范围如情形 4-8 所示，制造商可以通过数量折扣契约实现供应链协调，契约参数如（4-31）所示；当扰动范围如情形 4-9 所示，制造商可以通过数量折扣契约实现供应链协调，契约参数如（4-33）所示。

通过定理 4-2 可以得到以下启示：

（1）政府通过碳配额约束无法应急控制分散供应链，因此碳配额工具一般用于平稳状态下的低碳管理，在突发事件导致政府需要引导分散供应链应急减排时，采用降低碳配额的方式不会带来明显的效果。

（2）数量折扣契约可以协调应急减排的低碳供应链，该契约需要制造商提前进行预判，并在不同的扰动区间采取不同的契约参数。

4.4 数值算例

假设 $a = 200$，低碳消费溢出 $\alpha = 100$，制造商初始碳配额 $g = 100$，政府给予制造商碳配额变化 $\Delta g = 30$，制造商初始碳排放的数量为 $e_0 = 10$，制造商单位生产成本 $c_m = 10$，低碳投入系数 $\eta = 300$，偏离计划的单位成本 $k_1 = k_2 = 5$，需求系数 $b = 1$。

供应链在发生扰动后沿用批发价格策略的供应链利润和数量折扣契约下低碳供应链利润由表 4-2 给出。

表 4-2 扰动时制造商分散决策和集中决策对比

Δa	Δp_c	情形	$\tilde{q}$	$\tilde{e}_m$	w_0	r	$\tilde{\Pi}^{QD}$
0	0	3	114*	3.8*	186*	0.5	11 530*
20	3	1	125.29	5.28	198.19	0.5	12 138
−20	−3	2	108.89	2.6	163.39	0.5	11 361

Δa	Δp_c	情形	$\tilde{q}$	$\tilde{e}_m$	w_0	r	$\tilde{\Pi}^{QD}$
5	1	3	114	3.8	191.6	0.5	11 463
40	2	1	134.87	5.39	205.13	0.5	15 234
−40	−2	2	97.95	2.61	162.05	0.5	8 560

（备注：＊是平稳下的供应链决策结果）

从表 4-2 中可以看出，未发生扰动（平稳状态）时供应链的契约参数也可以给出，此时扰动协调的契约也可以完全适用于平稳状态下的低碳供应链，实现了低碳供应链柔性。

4.5　本章小结

随着政府加大对低碳的补贴力度和宣传力度，社会中涌现出了大量低碳消费者，商家们也致力于给消费者提供更好的低碳产品，以获得更高的商业价值。当供应链存在政府碳配额约束时，碳交易价格、消费者低碳偏好都将影响供应链的集中决策。当突发事件导致供应链需面临政府碳配额、消费者碳偏好和碳交易价格扰动时，基于供应链环境，可构建基于应急减排的供应链模型，研究制造商集中决策下的低碳供应链应急决策机制，并通过批发契约进行比较，设计能够协调应急减排的数量折扣契约。研究表明，碳配额扰动不影响供应链成员决策，政府应该通过引导碳交易价格和消费者低碳行为来影响供应链成员企业的低碳投入，在供应链分散决策下，传统批发价格契约无法协调该供应链，而制造商作为主导方设计的数量折扣契约可以协调低碳供应链。

第三部分　集群供应链应急管理篇

第 5 章　产业集群与集聚供应链应急管理

　　关于产业集聚模式，马歇尔在 1890 年出版的《经济学原理》中提出了两个重要概念即"内部规模经济"和"外部规模经济"。马歇尔所说的外部规模经济是指在一定范围内某种产业集聚发展引起该区域内生产企业的整体成本下降。他认为企业集聚现象是基于外部规模经济而形成的。企业集聚在"产业区"内可以降低劳动力的搜寻成本和辅助生产成本，信息的共享以及溢出可以使集聚企业的生产效率高于单个的分散的企业，特别是人与人之间的关系会促进知识在该地区的溢出。协同创新的环境也促进了集聚区域内企业的发展。

　　集聚供应链作为一种非常有效的组织形式，在其运作过程中也必然受到很多不确定扰动因素的影响，这些不确定扰动因素可能源于集聚供应链系统的外部，如市场需求变化以及政策环境的不确定性，也可能来源于系统的内部，如产品传递时间的不确定性、链条上各个环节衔接和协调的不确定性。这些不确定性因素会给集群供应链运作带来风险，同时供应链的集聚程度也会加大（减少）扰动的影响，与此同时也增加了集聚供应链管理的难度。

　　我们正处在一个突发事件频发的社会时期。突发事件给整个社会带来了巨大的损失，而对于一条平稳运作的供应链来说，某个节点的突发事件带来的波动将会对整条供应链带来巨大的影响。由于供应链某个节点的中断，上游或下游企业无法在没有任何准备的情况下继续生产或销售，为整个企业的经营带来了巨大的问题。同时，产业转型升级与集聚非常需要一个突破口，且一些方法和措施的改变都可能带来供应链风险。当出现了突发事件后，有应急预案的企业会及时调整企业的运作方式和生产速度，适应全球供应链的变化需要，而没有应急预案的企业，将不能在短时间内正确处理突发事件为企业带来的影响。

　　扰动管理（disruption management）是 Jens Clausen 等（2001）在 *OR/MS Today* 上提出的，之后此术语被相关研究人员广泛接受。在相关文章中，他们从运筹学的观点比较明确地给出了应急管理的定义以及管理原则，并且描述了应急管理在造船、航空、电信等领域的应用。随着这几年国家的重视及科研的深入，政府层面有了一些相关的预案和应对突发事件的流程，而在微观层面上，供应链成员企业往往没有意识到应急预案在企业生产经营中的作用，很多企业特别是中小企业、私营企业，觉得应急预案不是很重要，关键时候由老板个人决策就好，并没有用科学的方法来提高企业应对突发事件的能力。新技术的不断运用也使得很多企业产品成本在一夜之间急剧下降，那么这些技术进步在产业聚集的情况下将会产生什么影响呢？从以往的经验来看，技术进步在产业聚集地区的传播速度将会大大超过产业不聚集的地区，而企业的共同进步又将提高产业聚集地区的市场竞争力，同时导致产业的进一步聚集。

供应链扰动管理和产业集聚融合研究是鲜有的，但将是未来应急管理领域研究的一个热门。中国的珠三角和长三角作为产业集聚的典型地区，有着良好的研究基础和迫切需求。

5.1 核心概念界定

5.1.1 集聚与产业集群

一个多世纪前马歇尔首次提出著名的产业空间集聚的三个原因，他认为空间集聚促进专业化投入和服务的发展、为具有专业化技能的工人提供集中的市场、使公司从技术溢出中获益。经济学者和经济地理学者对产业集聚理论进行了不懈的探索，他们从不同的视角对产业集聚理论进行了研究。在产业集聚理论不断发展完善的过程中，出现了三次产业集聚研究高潮。

集聚经济根植于生产过程，某一地理区域中公司、机构和基础设施间的联系可引起规模经济和范围经济：一般劳动力市场的发展、专业化技能的集中、地方供应者和消费者间增加的相互作用、共享的基础设施以及其他的地方化外部性等（Dicken 等，1990；Enright，1994；Hoover，1948）。按照现代经济学的观点，第一个原因集中在产业集聚出现过程中的路径依赖和累积因果关系上；第二个原因强调地方联系对相联系的活动的集聚绩效发挥重要作用；第三个原因认为集聚的学习含意是最重要的，可将集聚与地方环境在促进创新中的作用问题联系起来。

我国产业集聚的五种主要类型包括自发成长型产业集聚、企业扩张型产业集聚、市场带动型产业集聚、科技驱动型产业集聚以及外资带动型产业集聚。

自发成长型产业集聚一般都是依托历史较为悠久的传统产业或本地优势资源，在较长时期的发展过程中，形成专业化分工与协作的格局，逐步演进为具有综合优势的产业集群。比如，江苏省 S 市 W 区的丝绸产业历史悠久，清朝时期即号称"日出万匹，衣被天下"，改革开放后更是快速集聚壮大，目前已成为全国三大纺织产业集群之一。广东省 D 市、Z 市部分专业镇的产业集聚模式也是来源于此，如 H 镇童装产业集群、G 镇的灯饰产业集群、D 镇的红木家具产业集群。

企业扩张型产业集群是在一个或若干个规模较大、产业带动力较强并且技术处于领先地位的企业主导下，抓住市场和政策机遇，迅速扩张裂变为一个产业集群。例如，江苏省 J 市以一家上市公司（S 集团）为启引点，吸引同类产品和配套产品投资商进入，逐步成为"亚洲包装中心"；河南省 X 市以 R 公司为龙头，汇集了 L 公司、S 公司等具有一定规模的发制品企业 112 家、个体生产专业户 900 多家，发制品产业链上从业人员近 15 万人，成为全球最大的发制品生产加工基地。

市场带动型产业集群是通过专业市场的带动发展而形成的产业集群。从带动效应来看，市场对产业集聚的作用最大，可以使市场信息、产品制造、销售渠道、服务产业等都有机地结合在一起。例如，浙江省 Y 市就是以小商品城为核心，带动形成了 11 个专业市场、14 条专业街，目前已形成集运输、产权、劳动力等要素相配套的市场体系，成为全球最大的小商品集散地。

科技驱动型产业集聚是在实力较强的科研机构、大学的作用下，在某个区域、产业或产品上依托技术方面的领先优势和人才优势逐步发展形成产业集群。例如，北京的中关村科技园区内有清华大学、北京大学等高科院校 39 所，中国科学院等各级各类科研机构 213 家，先后吸引了联想、方正、微软、IBM、诺基亚等国内外知名高新技术企业万余家，成为国际知名科技、智力、人才和信息资源的密集区域。

外资带动型产业集聚是我国产业集聚中发展最快的类型，大多是在近十年内，由外商以及我国台商等投资企业逐步发展而成。这方面有两种基本模式：一种是外商或台商先投资零配件企业，然后通过再投资和吸引其他同行业，逐步形成产业集群；一种是境外大企业投资兴办规模较大的终端产品企业，拉动国内外配套企业跟进投资，形成产业集群。前者多在开放的早期，后者主要是近几年较多。这些产业集群主要集中在长三角地区，以电子信息、精细化工和精密机械产业等为重点。这些产业集群形成较大规模后，当地技术研发力量以及配套企业的数量也逐年增长。

5.1.2　集群（集聚）供应链

美国哈佛商学院著名教授迈克尔·波特分别在《竞争优势》和《国际竞争优势》中对价值链和产业集群进行了详细描述，为供应链理论和产业集群理论的发展做出了重要的贡献。首先明确地将产业集群与供应链联系起来研究的是Humphrey 和 Schmitz（2002），他们对墨西哥、泰国、巴西等发展中国家和美国等发达国家劳动密集型和知识密集型行业进行了研究，发现产业集群内的企业在交易合作层次上存在四种形式——短距离市场（arm-length market）、层级（hierarchy）、准层级（quasi hierarchy）和网络（network），并在此基础上把集群内的供应链分为了相应的四类，即短距离市场供应链、层级供应链、准层级供应链以及网络供应链。每种供应链的结构类型特点不同，其合作模式也不尽相同。

国内学者结合中国特色产业集群的特点，将产业集群和供应链结合起来进行的研究也比较多，具体有：浙江大学的葛昌跃、顾新建、韩永生等对产业集群中的供应链网进行了系统的研究，论证了供应链管理思想和方法在产业集群构建中的重要作用；武汉理工大学的夏德、程国平从产业集群和供应链在具体运作过程中相互依存、共同发展的角度出发，对二者协调发展的共生性机理进行了系统的研究；武汉理工大学的朱燕君认为集群网络式供应链是介于市场和企业之间的一种网络组织形式，并对集群网络式供应链的具体协调机制进行了研究；浙江大学的何炳华从浙江"块状经济"的角度论述了集群式供应链是提升块状经济竞争力的一个有效途径。

真正提出"集群式供应链"概念的是学者蔡根女及其学生黎继子（2004），他们认为集群的发展依赖核心企业的加入和成长，核心企业的差异性以及差异化分工导致了集群式供应链的不同。根据集群内核心企业在供应链上所处环节与位置的不同，他们将集群式供应链分为三种：以营销企业为核心企业的 Need（需求）型集群式供应链、以技术研发企业为核心企业的 Seed（种子）型集群式供应链以及以服务型企业或机构为核心企业的 Feed 型集群式供应链。

5.2　集群供应链扰动与风险

集群供应链波动具有传递性、关联性、动态性、复杂性等特点。传递性是指某个环节的风险在集群供应链上下游企业之间具有传递和扩散作用，从而影响整个集群供应链网络运作；关联性是指风险之间往往是相互关联的，一种风险的减轻同时可能减轻或者加剧另一种风险；动态性是指由于供应链成员企业经常变化以及其他不确定性因素，在集群供应链各环节运作过程中，风险发生频率、强度以及作用的范围会随着环境的变化而变化；复杂性是指由于供应链节点企业彼此间错综复杂的竞争合作关系以及系统外部各因素的影响，集群供应链风险因素变得复杂多样。

扰动本身是风险从概念变成现实的一种推动力，往往整个集聚供应链中暗藏的系统风险都是由一种或者几种扰动因素带来的，如 SARS 对湖北省襄阳市及周边的无纺布产业集群造成了很大的影响。具体来说，由于 SARS 的出现，其开始面临需求扰动，市场规模急剧扩大，且由于缺货，整个产业集聚地区面临着牛鞭效应，库存也不断增加；但 2003 年夏天，SARS 的传染性突然下降，随着温度升高突然远去，口罩以及相关的无纺布产业突然需求下降，库存无法处理，整个产业受到了巨大打击，一大部分集聚供应链企业倒闭。

如果地区经济对于某一个产业过于依赖的话，当出现问题时，整个地区受到的影响将是巨大的，特别是产业链波动性比较大的产业往往会出现问题。

底特律 1701 年建城，许多荣耀属于这个城市：铺设人类史上第一条柏油路、水泥公路的城市，第一个安装交通信号灯的城市，等等。在 20 世纪 60 年代以前，底特律一直是个不断发展扩大的城市，被称为"汽车城"，极负盛名。

然而底特律兴也汽车业，败也汽车业。美国汽车工人是劳工界的"天王"，工会权力膨胀，劳工权利绝对化，使工业成本大幅提高，企业竞争力逐渐消减。20 世纪 60—70 年代后，来自日本、韩国及欧洲的廉价而优质汽车的竞争，最终使底特律竞争优势逐步失色。从 2008 年全球金融危机以来，底特律的几大汽车巨头面临着重大危机，底特律单一集中的产业布局无法在短时间内进行改善，甚至一些专家建议利用闲置社区土地种菜，把"汽车城"转型为"都市农场"，这些传统单一产业集群无法持续的问题最终显露了出来，2013 年底特律政府申请破产保护。

5.3 产业集群的集聚供应链机理

供应链集聚是一种兼顾产业集群和供应链组织特征于一体的复杂系统，如果不对其微观层面上个体间的相互作用进行深入研究，通常无法了解其整体规律性。它既有传统单链式供应链的特征，也有其自身复杂性、开放性、灵活性、协同性和竞争性等特点。

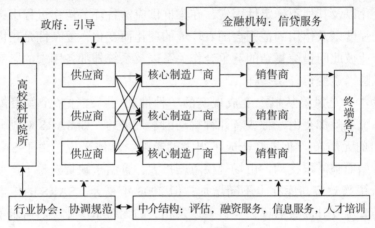

图 5-1 集聚供应链成员企业

产业集群内部企业在地理位置上的临近性，和共同的文化、语言等形成的人文关系使得企业之间更容易产生相互信任的关系。这不仅降低了企业运营的各种成本，而且使企业之间或者供应链之间形成了各种跨链的正式或非正式合作，以及形式多样化的竞合关系，提升了企业、供应链以及整个产业集群的竞争能力。

表5-1 集群供应链与传统单链的比较分析

集群（集聚）式供应链	传统单链式供应链
网络式供应链	单链式供应链
存在多个核心企业	存在一个核心企业
不同产品供应链纵横交错，跨链运作	不同产品供应链之间几乎没有联系

集群（集聚）式供应链	传统单链式供应链
合作企业空间分布集中	合作企业空间分布相对分散，跨区域
企业之间保持动态合作，不够稳定	企业保持紧密长期合作
企业沟通基于本地化	企业沟通基于网络技术和信息技术
分工合作明显，兼有纵向一体化、横向合作特征	节点企业纵向一体化的特征更为突出

产业集聚供应链的度量指标可以分为两大类。第一类是供应链能力，即产业集聚供应链是否具有敏捷性、客户导向和较好的管理水平，具体的表现在于新产品上市时间短、产量和产品交付具有柔性、客户服务水平高，有较高的满意度和客户忠诚度、产品合格率高、成本低、周转速度快等。第二类是产业集群的整体竞争力，其包含两方面内容：一方面，供应链中的核心企业必须具备很好的盈利能力和市场控制能力，具有良好的企业文化和信息沟通能力，能够很好地糅合节点企业；另一方面，通过良好的供应链管理和价值链的分工合作体系，激发集群的内在价值，使供应链上各节点企业不断发展壮大，而且增强自主创新能力。

5.4　集群供应链风险的范围

集聚供应链是依托产业集群但又不限于集群地域限制的若干单链式供应链的集合体。集聚供应链风险研究是从供应链视角对产业集群风险问题进行深入认识和探讨的过程，同时也将对供应链的研究范畴从传统单链式供应链扩展到了供应链网络。因此，集聚式供应链风险并不等同于产业集群风险，也与传统单链式供应链风险有所区别。

依据国内外学者的相关研究成果，一般将风险形式归结为外部和内部两个方面。外部风险中，产业集群风险主要为周期性风险和结构性风险，而单链式供应链中主要为环境风险和市场风险；内部风险中，产业集群风险主要为网络性风险与系统风险，而单链式风险主要为合作风险、信息风险、技术风险以及资金风险。集聚式供应链中包括产业集群风险和单链式供应链风险等所有风险因素。具体比较如表 5-2 所示。

表5-2 产业集群风险、单链式供应链风险、集群供应链风险具体问题

风险类型	风险主体	风险因素	风险事件	风险损失
结构性风险	产业集群风险、集聚供应链风险	产品同质化严重，产品单一；产业结构调整	产品生命周期完结，被市场淘汰	区域经济衰退；供应链节点企业退出解散
周期性风险	产业集群风险、集聚供应链风险	宏观经济环境周期波动；产品技术寿命短暂，质量不稳定	突发的，不能控制的经济危机；产品市场需求快速降低	丧失聚集效应，企业外迁，区域经济不稳定
网络性风险	产业集群风险、集聚供应链风险	网络结构脆弱；技术溢出、泄露技术机密；网络僵化	核心企业外迁、倒闭；竞争失控；柠檬市场现象频频发生；群外政府企业干扰	产品销量下降；产品生命周期短，网络联结受到严重的破坏；集群失去弹性，衰败
系统风险	产业集群风险、集聚供应链风险	本地政府政策、管理体制不稳定；中介、行业协会、辅助企业等组织功能单一；路径依赖惯性	"搭便车"现象发生；"柠檬市场"现象频频发生；利益分配不均；核心技术遭泄露	创新节点企业因为产品报价高而被淘汰；创新节点企业外迁，供应链解体
环境风险	单链供应链风险、集聚供应链风险	自然灾害；社会纷争；国家经济政策不稳定	地震等突发自然灾害，公共卫生事件；恐怖主义事件，战争；通货膨胀、产品价格不稳定，需求减少	企业运营受阻；供应链运作中断
市场风险	单链供应链风险、集聚供应链风险	产品需求预测存在偏差；产品定位不准确；能源、人力等资源供应不确定	顾客需求波动大；产品生产中断	产品滞销；产品缺货；产品被淘汰

风险类型	风险主体	风险因素	风险事件	风险损失
合作风险	单链供应链风险、集聚供应链风险	合作伙伴诚信度不高；合作伙伴企业文化差异大；合作伙伴缺乏相互信任	利益分配不均；合作发生冲突，合作成本过高；泄露合作伙伴企业机密	合作终止；合作弱势企业利益严重受损
信息风险	单链供应链风险、集聚供应链风险	逆向选择行为；败德行为；牛鞭效应	产品质量不合格；产品供大于求现象	产品满意度下降；供应链运作受阻；供应链节点企业利益受损
技术风险	单链供应链风险、集聚供应链风险	技术标准缺乏统一性；产品技术效果不确定	技术衔接困难；产品声誉下降	终止合作协议；合作伙伴被淘汰
资金风险	单链供应链风险、集聚供应链风险	融资环境不确定；投资不能得到合理使用；资金不能按时到位	节点企业出现财务困难；三角债问题波及整个链条	供应中断

5.5　集群供应链扰动波及效应数学模型

5.5.1　一般的集群供应链模型

假设某产业集聚供应链中有 n 个生产商、m 个销售商，生产商只生产一种代表着自己厂家的产品，此种产品多家销售商面临着共同的顾客需求 D，销售商 j 对生产商 i 供应的某种产品进行销售的价格为 P_{ij}，生产商的单位成本为 C_j，针对批发价格契约，生产商给予销售商 j 的批发价格为 W_{ij}，销售商 j 销售生产商 i 的产品的数量为 Q_{ij}。

可以得到整个集聚供应链中的销售商 j 的利润为 $\pi_{2j}=\sum_i^n Q_{ij}\left(P_{ij}-W_{ij}\right)$。

整体销售商利润为 $\pi_2=\sum_j^m\sum_i^n Q_{ij}\left(P_{ij}-W_{ij}\right)$。

供应链中生产商 i 的利润为 $\pi_{1i}=\sum_j^m Q_{ij}\left(W_{ij}-C_i\right)$。

生产商的整体利润为 $\pi_1=\sum_j^m\sum_i^n Q_{ij}\left(W_{ij}-C_i\right)$。

集聚供应链的整体利润 $\pi=\sum_j^m\sum_i^n Q_{ij}\left(P_{ij}-C_i\right)$。

5.5.2 以利润度量多因素扰动的集群供应链模型

不同因素扰动下的供应链模型如图 5-2 所示：

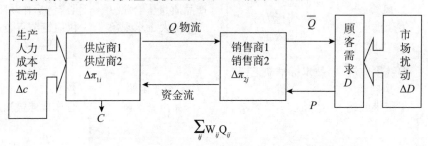

图 5-2 集聚供应链生产人力成本扰动与市场扰动模型

集聚供应链中各个级别不同供应商 i 和销售商 j 的利润要素 π 的值分别为 π_{1i}、π_{2j}。当需求和生产成本扰动同时发生时（记为 ΔD、Δc），ΔD 首先对零售商的利润 π_2 产生影响，然后通过供应商和零售商两节点间的技术经济联系波及供应商，而使供应商利润发生变化首先影响到的是生产商的利润 π_1，然后波及零售商，导致零售商利润发生变化。从绝对值来看，$|\Delta\pi_1|$ 与 $|\Delta\pi_2|$ 比较，有三种可能的结果：

$$|\Delta\pi_1|>|\Delta\pi_2|,\ |\Delta\pi_1|=|\Delta\pi_2|,\ |\Delta\pi_1|<|\Delta\pi_2| \tag{5-1}$$

它们分别表示需求波动和生产成本波动同时发生时，利润变化从销售商传递到生产商的情形，当然也可以呈现从生产商传递到销售商的情形，而本节考察供应链下游往上游波及的情况（如果考虑上游往下游波及，波及效应的值正好是从下游往上游波及的倒数）。此时要素 π 被放大、不变或缩小。如果不考虑绝对值，$\Delta\pi_1$ 与 $\Delta\pi_2$ 的比较还有正号和负号之分，当 $|\Delta\pi_1|>|\Delta\pi_2|$ 时，有正

号表示正的放大效应，有负号表示负的放大效应。或者用

$$\mathrm{ARE}_{12} = \frac{|\Delta \pi_1|}{|\Delta \pi_2|} \qquad (5\text{-}2)$$

来表示供应链波及效应的大小，当 $\mathrm{ARE}_{12} > 1$、$\mathrm{ARE}_{12} = 1$、$\mathrm{ARE}_{12} < 1$ 时，分别表示利润放大效应、不变效应和缩小效应。

传导系数放大效应越大，说明供应链市场因素扰动对上游的影响越大；系数越小，说明供应链扰动对上游的影响越小。反之，如果是成本因素扰动，则是系数越小，对下游的影响越大；系数越大，对下游的影响越小。

# 第6章 产业集群供应链扰动应急风险评价

珠三角是全球制造业的一个重要基地，经过改革开放以来的不断发展，珠三角 Z 市已经形成了 15 个专业镇产业集聚，拥有国家级产业基地 27 个，电子、装备制造、灯具、五金等产业在全球供应链中占据着一定的地位，形成了一些产业集聚，在一定程度上可以称为灯具、五金等产业集群所在地。但是，Z 市的企业也有自己的问题，如大部分企业以代工的形式存在，主要订单来自国外，企业自身对风险的控制能力非常薄弱，从全球供应链的角度看，Z 市的产业集群企业往往处于弱势。

6.1 Z 市部分专业镇的产业集聚现象

6.1.1 G 镇——灯饰专业镇及周边镇区灯饰产业集聚现象

一般来说，新经济地理理论运用区位优势理论和交通运输成本理论印证很多产业集聚在某地形成的原因，从而使得该地成为制造业中心，但是从地图上看，G 镇所处的地理位置相比其他相同条件的镇区是没有优势的。G 镇位于 Z 市的西北边陲，远离市中心。而 Z 市位于珠三角西岸，没有东岸 D 市和 S 市靠近香港等地理优势，也没有 F 市和省会 E 市关系紧密的优势。在交通设施方面，G 镇既没有国道，也没有高速公路，更没有铁路，机场也在 E 市等，尽管靠近河道，但河道狭浅，不适合航运。虽然 G 镇在交通上（海陆空）都没有比较优势，但是外围的乡村如今变成了"世界灯都"。因此，产业集聚的形成主要归根于两个动因——历史与偶然，G 镇周边、F 市的陶瓷和纺织等产业都是由于具有历史传统而扩展成型的。

20 世纪 70 年代末，G 镇一家镇属生产电热杯的企业——G 镇家用电器厂

的几个供销员在差旅中接触到灯饰产品，发现了市场对灯饰产品的需求，于是率先生产起灯饰产品。当时的产品是一种十分简易的台灯，由一根电线、一条弯管儿、一个灯泡和一个灯座构成，然而这样简易的台灯却适应那个时代的市场需求，因此获得成功。此后，出现了越来越多的灯饰企业，经过 10 年的缓慢发展，到 20 世纪 90 年代初，形成了约有 300 家灯饰门市部的灯饰一条街，至此，G 镇灯饰产业集群初步形成。从 G 镇灯饰产业集群形成的历史来看，其形成模式属于市场自发型。

从 20 世纪 70 年代末 G 镇灯饰产业兴起到 20 世纪 90 年代初灯饰一条街的形成，灯饰产业集群形成的历史清晰地表明，其形成模式是内源 - 生产创造型。G 镇灯饰专业市场是其灯饰产业集群发展的产物，而它的出现又反过来促进了灯饰产业的发展，增强了灯饰产业的集群效应。20 世纪 90 年代中期以后，台湾地区的灯饰产业向 G 镇转移，台商带来了资金、先进的技术设备、管理经验、销售渠道。台商的进入和 G 镇政府对灯饰产业的支持政策，吸引了大量的温州商人。目前，在 G 镇的灯饰产业中，温州人的投资占了相当大的比重。同 G 镇的灯饰专业市场一样，"外源"也是 G 镇灯饰产业集群发展的产物，它也极大地促进了 G 镇灯饰产业的发展，增强了 G 镇灯饰产业的集群效应。

2002 年，"中国灯饰之都"地位的确立对 G 镇灯饰产业的发展产生了深远的影响。经过几年的努力，G 镇技术创新服务体系建设逐步完善。近几年来，G 镇政府组建了 Z 市（G 镇）照明工程技术研究开发中心、Z 市（G 镇）企业技术中心、Z 市（G 镇）照明电器协会、广东省技术监督灯具产品质量监督检验站、广州电气安全检验所、G 镇技术服务站等服务、支持机构和组织。G 镇政府的政策措施，对 G 镇灯饰产业的技术进步、创新和质量的提高，乃至整个灯饰产业的健康发展，发挥了重要的作用。

G 镇的灯饰产业是一个存在着专业分工的产业。G 镇的个体私营经济非常活跃，灯饰企业绝大多数是中小企业，还有很多是家族个体企业。G 镇生产灯饰成品与配件的企业都很多，在 G 镇配件市场可以购买到组装市面上绝大多数款式灯饰所需要的全部配件，这里的配件不仅品种齐全，而且价格便宜。G 镇的灯饰产业是一个竞争性的产业，既存在内部中小企业与大企业之间的竞争、大企业与大企业之间的竞争、中小企业之间的竞争，也存在内部企业与外部企业、国外企业之间的竞争，并且竞争越来越激烈。

中小企业与大企业之间的竞争别具特色，中小企业通过模仿大企业的产品跟大企业争夺市场，而大企业则通过对港台地区、外国产品的模仿和创新同中小企业争夺市场。创新保护与模仿始终伴随着它们之间的竞争，即创新保护与模仿是它们之间进行竞争的重要手段。从产业组织形式来讲，G镇的灯饰产业集群是竞争性的。政府支持、促进灯饰产业发展的各种行为，并没有削弱企业之间的竞争。

6.1.2 X镇——五金专业镇及产业集聚现象

五金制品行业是广东省Z市X镇的传统产业。从20世纪50年代起，X镇本地五金产品生产就由手工制作过渡到了机械生产，产品种类更加丰富，20世纪70年代X镇的民用制锁业不断发展，到20世纪80年代，X镇就被誉为中国"南方锁城"。经过30多年的发展，X镇五金制品行业已形成以锁具、燃气具为龙头，上下游产品及各类配件品类齐全的10类五金产业群。

2002年，中国五金制品协会命名X镇为"中国五金制品产业基地"。获此称号后，X镇积极推动五金制品产业的集聚发展和优化升级，促使产品不断升级换代，附加值持续上升，国内市场占有率不断提高。目前，"固力""华锋"两个锁具品牌的市场占有率连续多年居行业榜首；"圣雅伦"被评为"中国指甲钳行业第一品牌"；华帝公司的燃气具连续13年在国内同行业销量排名第一；长青公司的燃气阀门生产标准被定为行业标准。目前，X镇的五金产业已由锁具为主导的五金产业扩展至包括锁类、燃气具类、脚轮类、铰链类、金属压铸类、喷涂电镀类、模具类、卫浴制品类和其他五金制品类以及五金配件类等的较为完备的五金产业链条，成为X镇工业经济的主导产业。

建立和健全各种科技和中介服务机构，为推动产业升级提供了服务平台。X镇成立了"生产力促进中心"，而该中心自建立以来，已孵化科技服务实体40多个，成为产业集群中的"大明星"。

6.1.3 D镇——红木家具专业镇及周边镇区产业集聚现象

D镇并不是红木的原产地。我国除了海南岛的热带雨林尚有少量的红木出产外，从古到今主要还是靠从东南亚进口。D镇也不是传统的红木雕刻工艺中心，现在在D镇的红木家具厂从事雕刻工艺的没有几个是土生土长的D镇人。然而，为什么偏偏是D镇在红木家具生产中闯出了一条新路，并且创出了自己响亮的品牌呢？究其原因，是D镇人具有敏锐的市场洞察力与先进的现代经营意识。

然而，仅仅有以上这两点还不够，还需要一个历史的机缘。

对D镇人说来，这个机缘在20世纪70年代已经隐约出现了。20世纪70年代正是全国上下热火朝天地大办农田水利的年代。广东由于地缘与经济、技术实力较为雄厚的缘故，走在了全国的前面，即主要从靠人力操控的农田排灌，发展到了机械化、电力化排灌。于是，原先用作水闸、水窦挡板的大量坤甸木料就从农田及排灌系统中取回，成了弃置物。这些木料部分改制成了农具，但一时间却也用不了那么多。精明的 D 镇农民就把这些木料打造成家具出售。红木家具在我国本就有悠久的历史，结实、耐用、美观，夏季尤有清爽的舒适感。而且，这些农民打造的红木家具尽管比较粗糙、简朴，仍然很受消费者欢迎。到了改革开放之初，D 镇人决定放手大干，于是他们从江浙请来雕刻师傅，从外地购进红木，由作坊式生产、家族式经营起步，经过 20 多年的发展，终于使红木家具成为 D 镇的区域性特色产业和支柱产业，"红木家具名店街"蜚声中外，名不虚传。

就在常住人口不足 8 万的 D 镇，有着至少 600 家与红木产业相关的企业。在这片土地上，人们凭借着自己的勤劳智慧创造着物质财富，同时也给全国各地的人们带来了一件件精致的堪称艺术品的红木家具。而今，令当地企业家头疼的事情莫过于产能与规模、人手与质量的极大矛盾。

D 镇红木家具产业发展至今已有 30 多年的历史，且经过自由生长、市场选择、稳步发展三个阶段后，已经成为当地两大支柱性产业之一。D 镇红木文化产业集聚区若打造起来，在一定程度上则可带动 D 镇红木家具产业转型升级。

6.2　扰动风险评价方法

6.2.1　层次分析法

层次分析（AHP）法是一种实用的多准则决策方法。它把一个复杂的问题表示为有序的递阶层次结构，通过人们的判断对决策方案的优劣进行排序。具体地讲，它把复杂的问题分解为各个组成因素，并将这些因素按支配关系分组形成有序的递阶层次结构，再通过两两比较的方式确定层析中诸因素的相对重要性，然后综合人的判断以决定决策因素相对重要性总的顺序。

6.2.2　模糊综合评判法

模糊综合评判法是利用模糊集理论进行评价的一种方法。具体地说，该方法是应用模糊关系合成的原理，基于多个因素对评判事物隶属等级状况进行综合性评判的一种方法。模糊评价法不仅可按综合分值的大小对评价对象进行评价和排序，而且还可根据模糊评价集上的值按最大隶属原则去评定对象所属的等级。这样就克服了传统数学方法结果单一性的缺陷，且使结果包含丰富的信息量。这种方法简易可行，在一些用传统观点看来无法进行数量分析的问题上，显示了它的应用前景，它很好地解决了判断的模糊性和不确定性问题。由于模糊的方法更接近于东方人的思维习惯和描述方法，因此它更适应于对社会经济系统问题进行评价。

6.2.3 多层次模糊评价法

对于一些类似于产业集群风险的复杂系统，需要考虑的因素很多，这时会出现两方面的问题：一方面是因素过多，对它们的权数分配难于确定；另一方面，即使确定了权数分配，由于需要归一化条件，每个因素的权值都很小，再经过算子综合评判，常会出现没有价值的结果。针对这种情况，我们需要采用多级（层次）模糊综合评价的方法。根据因素或指标的情况，要将它们分为若干层次，先进行低层次各因素综合评价，接着基于评价结果再进行高一层次的综合评价。另外，为了从不同的角度考虑问题，我们还可以先把参加评判的人员分类。按模糊综合评判法的步骤，给出每类评判人员对被评价对象的模糊统计矩阵，计算每类评判人员对被评价者的评判结果，通过"二次加权"来考虑不同角度评委的影响。

本文综合考虑多层次模糊评价法，对Z市D镇红木家具产业集聚供应链风险进行评价。

6.3 集聚供应链扰动概念模型

从Z市及珠三角地区众多产业集群的特点入手，分析集聚供应链与产业集群以及单链供应链，设计集聚供应链扰动概念模型。Z市集聚供应链中所涉及的扰动因素主要为环境扰动因素、技术变革扰动因素、信息扰动因素、人力成本扰动因素、市场需求扰动因素以及资金链扰动因素。

环境扰动因素：主要包括供应链政策制度扰动因素和供应链产业扰动因素。

供应链政策制度扰动因素是指集聚供应链新产业政策推出，或者某个福利性的产业政策突然取消，如某地突然增加环境保护要求、必须短时间内进行某项改造、产业税收优惠政策结束等，都是为集聚供应链企业带来波动的政策因素。产业扰动因素是指集聚地区的核心产业突然由于技术变革，整体竞争力下降，因此企业必须进行技术革新，不然销售的产品将没有市场，如 VCD 市场就是在短时间内突然消失的，同时产业集聚地区企业必须铺设更为先进的 DVD 生产线，否则其将会退出市场。当然，也有某些企业走在老产品里深耕的路线，把目标定位在二级市场，短时间内还有出路，但是这样的路线决定了其根本不会做大做强。

技术变革扰动因素：主要包括创新扰动因素和技术外泄扰动因素。

创新扰动因素是指在供应链运作过程中，集群创新技术和产品产出的速度和质量突发变化。此外，集聚供应链企业的核心技术也有外泄的扰动风险。具体因为企业有着集聚特性，技术趋同且地理接近，所以供应链企业合作的过程中，很有可能因技术共享、信息共享、模仿等，在某个事件中使关键技术被合作者模仿或剽窃，从而给创新企业带来损失，造成供应链的不稳定。比如，G 镇的 QL 灯饰作为灯饰集群中的核心企业，其创新设计了众多灯饰产品，但是一旦有市场叫座的某个产品问世，便被附近的小企业模仿，其中包括网上可以买到的仿天鹅灯，然而小企业由于没有创新成本，其价格就是 QL 的一半乃至于更低。由于在供应链中间直接面对采购方和市场，这样对于整个集聚供应链的创新风险就是一个干扰因素。

信息扰动因素：主要包括信息不对称与信息共享的扰动因素。

信息扰动是指某些事件导致集聚供应链的信息突发不对称或不能充分共享，进而对集聚供应链上的企业信息获取和知识交流产生的负面影响。集聚供应链的一个典型特征就是非核心业务的外包和富有竞争力的市场采购与销售，而外包必然存在信息不对称问题。Z 市一些产业集聚区的企业，往往由于信息失真在链条中被市场信息、成本信息等所影响，导致库存增加，竞争力下降。

人力成本扰动因素：主要包括人力资源供给扰动和人力资源素质扰动。

集聚供应链人力成本优势是指在某个产业集聚地区，由于人才的集中和大量各种劳动力的集聚，产生了较低的人力成本或者是创新成本，但是由于劳动力的集中，某些人力相关重大突发事件发生后，将会引起产业集聚区整个产业的重大变革。如 2009 年劳动法修正以来，珠三角的集聚产业区企业劳动力成本突增，导致部分企业迁入内地，使得内地的就业岗位增加，那么珠三角的工资优势就无法体现了，出现了从 2009 年以来一直反复提到的民工荒问题。

此外，人力资源的素质也是集聚供应链风险的重要影响因素，一个产业集聚区内人力供应链中人员的素质、受教育程度、技能状况决定了该产业集聚区的发展路径和发展潜力。从近 10 年的长三角、珠三角产业集群比较研究中发现，珠三角的发展方式和企业的人力资源素质一直不如长三角地区，以至于发展后劲不足。

市场扰动因素：主要是由市场供求波动或节点企业供应中断引起的风险。

市场需求扰动对集聚供应链的影响主要是指市场供求关系的波动会影响产品的需求和价格，从而影响供应链上下游合作企业选择、生产流程、质量控制、产品市场营销目标，市场需求的不确定越大，对供应链的影响越大，对供应链快速响应能力的要求越高。当市场供求产生波动，其在集聚供应链中就会被放大，同时链条越长，放大的程度越明显。学者们针对供应链需求波动对整个供应链的影响进行了深入研究，也分析出了相关对策，但是基本上还是处于理论探讨阶段，当集聚供应链中的鲁棒性无法控制市场波动，其快速的传递机制将使得问题快速扩大，最后影响整个供应链。在供应中断问题上，集聚供应链中的某个创新企业，或者是重要的节点企业出现突发事件引起供应中断，将导致整个供应链系统瘫痪，其他依附企业生存的集聚企业将迅速瓦解，此时供应链所在地政府必须用行政手段进行干预和快速修复，否则整个供应链的地位和产业影响力将下降。

资金链扰动因素：主要包括整个融资环境扰动风险和节点企业财务危机扰动。

资金链扰动风险是集聚供应链中非常重要的一个风险源，很多产业的危机都源于一家企业倒闭或者跑路引起整个供应链的波动。Z 市在集聚供应链资金风险中也有着沉痛的教训，就在产业最为典型和集中的 G 镇，近几年就发生多起由供应链资金断裂带来整个系统危机的案例。2010 年供应链系统物流环节中 SD 托运部的倒闭引起了轩然大波，并使 SQ 灯饰等核心企业陷入了危机。另外，JS 灯饰等企业相继倒闭，而其倒闭的主要原因是多年的资金链问题，积重难返。但企业负责人也并非一无可取，如重视人才，其中高层的管理人员平均服务时间都在 4 年左右，门市也清一色是本科毕业生。居上灯饰高峰期拥有 400 余名员工，其中大专以上就占 40%，也不乏硕士学位的人才。企业负责人的质量管理意识也很不错。2002 年就通过 ISO9001：2000 认证；2003年通过 3C 认证；2005 年还通过了欧洲 CE 认证。2013 年 7 月 2 日，LED 产业中产值过亿的雄记灯饰负责人跑路，使整个 G 镇和 X 镇的 LED 产业集聚区陷入惶恐不安。雄记的倒闭有外部环境问题、市场竞争问题、信息不对称问题，但是使事件扩大的引子是资金链断裂和三角债无法处理，应该引起重视。

6.4　产业集群供应链扰动风险评价指标

基于集聚供应链扰动风险因素概念模型，遵循指标设计原则，对 Z 市集聚供应链扰动风险关键因素进行分类，设计相关评价指标见表 6-1。

表6-1　Z市产业集聚供应链扰动风险评价指标体系

评估目标	一级指标	二级指标	三级指标
产业集聚供应链扰动风险 A1	供应链环境扰动风险 B1	供应链政策制度扰动风险 C1	相关政策法规的健全程度 D1
			集群制度的规范程度 D2
		供应链产业扰动风险 C2	产业链的完整程度 D3
	供应链技术扰动风险 B2	供应链创新扰动风险 C3	技术的先进性 D4
			新产品周期 D5
			合作伙伴运营能力 D6
		供应链技术外泄扰动风险 C4	知识产权保护能力 D7
			合作伙伴的模仿能力 D8
	供应链信息扰动风险 B3	供应链信息不对称扰动风险 C5	信息不对称程度 D9
		供应链信息共享扰动风险 C6	信息共享程度 D10
	供应链人力扰动风险 B4	供应链人力供给扰动风险 C7	高端人才供应情况 D11
			农民工供应情况 D12
		供应链人力资源素质扰动风险 C8	技术人员的流动性 D13
			人力资源受教育程度 D14

续　表

评估目标	一级指标	二级指标	三级指标
产业集聚供应链扰动风险 A1	供应链市场扰动风险 B5	供应链市场需求的扰动风险 C9	市场需求波动程度 D15
		供应链节点企业供应中断扰动风险 C10	供应中断的情况 D16
	供应链资金扰动风险 B6	供应链融资环境扰动风险 C11	融资平台的建设程度 D17
		供应链节点企业财务扰动风险 C12	出现财务问题的程度 D18

6.5　Z市D镇红木家具产业集聚供应链扰动风险评价

专业镇产业集聚发展作为Z市经济发展的重要模式，本身具有较强的风险抵御能力，但是专业镇内企业经营的产业具有同质性，受经济周期、市场季节性等因素影响较大，企业资金外来密切，因此集群内一旦发生扰动风险，则容易产生多米诺骨牌效应，再加上融资平台的发展，使得集群风险进一步放大，从而造成了整个区域内的财务危机和信誉危机。

针对供应链扰动风险的研究中，最重要和实用的就是识别扰动因素和测度供应链风险，具体针对Z市D镇红木家具产业集聚供应链扰动风险，自然也需要用科学的方法进行测度，本节通过管理科学中的专家问卷模糊评价等评价Z市D镇红木家具产业集聚供应链相关风险的程度。

6.5.1　指标设计

考虑到指标数相对并不烦琐，可设计并简化三级指标为二级指标，进而结合课题组设计出Z市红木家具产业集聚供应链风险评价指标体系（表6-2）。

表6-2　红木家具产业集聚供应链风险评价指标体系

评估目标	一级指标	二级指标
D镇红木家具产业集聚供应链扰动风险 U	红木家具供应链环境扰动风险 U_1	政府针对红木家具产业所制定相关政策法规的健全程度 U_{11}
		红木家具产业集群制度的规范程度 U_{12}
		红木家具产业链的完整程度 U_{13}
	红木家具供应链技术扰动风险 U_2	红木家具企业技术的先进性 U_{21}
		红木家具新产品周期 U_{22}
		红木家具企业合作伙伴运营能力 U_{23}
		红木家具产业知识产权保护能力 U_{24}
		红木家具产业集群内合作伙伴的模仿能力 U_{25}
	红木家具供应链信息扰动风险 U_3	红木家具产业信息不对称程度 U_{31}
		红木家具产业信息共享程度 U_{32}
	红木家具供应链人力成本扰动风险 U_4	红木家具产业高端人才供应情况 U_{41}
		红木家具农民工供应情况 U_{42}
		红木家具技术人员的流动性 U_{43}
		红木家具产业人力资源受教育程度 U_{44}
	红木家具供应链市场需求扰动风险 U_5	红木家具产业市场需求波动程度 U_{51}
		红木家具材料供应中断的情况 U_{52}
	红木家具供应链资金链扰动风险 U_6	红木家具产业融资平台的建设程度 U_{61}
		红木家具企业出现财务问题的程度 U_{62}

6.5.2　专家问卷设计

课题组设计了 Z 市 D 镇红木家具产业集聚供应链扰动风险评价专家问卷，邀请了 Z 市产业集群研究和供应链领域的 10 位专家进行风险评价，同时设定了相关指标权重，通过统计得到相关结果。

问卷共分成两个模块。第一部分模块为 Z 市红木家具产业集聚供应链扰动风险评价，确定目标和评价因素后，根据层次分析法（AHP）的九级比较法则，采用 1 ～ 9 及其倒数的标度方法。对 10 位专家给予的扰动因素比较结构进行排序，并确定权重。

问卷的第二部分模块为专家对 Z 市红木家具产业集聚供应链扰动风险应对管理的现状进行评价，评价采用李克特量表的 1 ～ 5 级方式，最后通过矩阵运算，分析 10 位行业专家对 D 镇红木家具产业供应链扰动风险管理状态的综合评价。

问卷研究采用了层次模糊综合评价的方法，为定性的管理战略研究增加了定量研究的科学性，也为决策者提供参考。

6.5.3 基于 AHP 法的扰动风险因素权重设定

确定评价指标集，根据 Z 市 D 镇红木家具产业集聚供应链扰动风险模型，将评价指标分成 6 个一级指标、18 个二级指标，组成指标因素集 U，$U = \{U_i\}(i = 1,2,3,4,5,6)$；$U_i = \{U_{ij}\}$ $(j=1,2,3,4,5)$。如果一级指标下的二级指标少于 5 个，可以虚拟为存在并赋值为 0。

根据红木家具行业与供应链专家问卷的统计结果，得到一级指标权重

$U = \{U_i\} = \{0.206, 0.164, 0.075, 0.069, 0.217, 0.269\}$。

同时，得到红木家具产业集聚供应链风险二级指标相关权重为：

$U_{1j} = \{0.599, 0.242, 0.159\}$ ； $U_{2j} = \{0.307, 0.196, 0.239, 0.172, 0.086\}$ ；

$U_{3j} = \{0.713, 0.287\}$ ； $U_{4j} = \{0.435, 0.196, 0.169, 0.199\}$ ；

$U_{5j} = \{0.569, 0.431\}$ ； $U_{6j} = \{0.631, 0.369\}$ 。

由 AHP 求出 Z 市红木家具集聚供应链一级、二级各项指标权重如表 6-3 所示。

表6-3　Z市红木家具产业集聚供应链风险评价指标权重

综合指标	评价指标	权重
红木家具供应链环境扰动风险 U_1 0.206	政府对红木家具产业相关政策法规的健全程度 U_{11}	0.599
	红木家具产业集群制度的规范程度 U_{12}	0.242
	红木家具产业链的完整程度 U_{13}	0.159

综合指标	评价指标	权重
红木家具供应链技术扰动风险 U_2 0.164	红木家具企业技术的先进性 U_{21} 红木家具新产品周期 U_{22} 红木家具企业合作伙伴运营能力 U_{23} 红木家具产业知识产权保护能力 U_{24} 红木家具产业集群内合作伙伴的模仿能力 U_{25}	0.307 0.196 0.239 0.172 0.086
红木家具供应链信息扰动风险 U_3 0.075	红木家具产业信息不对称程度 U_{31} 红木家具产业信息共享程度 U_{32}	0.713 0.287
红木家具供应链人力成本扰动风险 U_4 0.069	红木家具产业高端人才供应情况 U_{41} 红木家具农民工供应情况 U_{42} 红木家具技术人员的流动性 U_{43} 红木家具产业人力资源受教育程度 U_{44}	0.435 0.196 0.169 0.199
红木家具供应链市场需求扰动风险 U_5 0.217	红木家具产业市场需求波动程度 U_{51} 红木家具材料供应中断的情况 U_{52}	0.569 0.431
红木家具供应链资金链扰动风险 U_6 0.269	红木家具产业融资平台的建设程度 U_{61} 红木家具企业出现财务问题的程度 U_{62}	0.631 0.369

最后计算得到评价矩阵如下所示：

一级评价权重：$[0.206, 0.164, 0.075, 0.069, 0.217, 0.269]$。

二级指标权重：
$$\begin{bmatrix} -0.599 & 0.242 & 0.159 & 0 & 0 \\ 0.307 & 0.196 & 0.239 & 0.172 & 0.086 \\ 0.713 & 0.287 & 0 & 0 & 0 \\ 0.435 & 0.196 & 0.169 & 0.199 & 0 \\ 0.569 & 0.431 & 0 & 0 & 0 \\ -0.631 & 0.369 & 0 & 0 & 0 \end{bmatrix}。$$

6.5.4　红木家具产业集聚供应链扰动风险模糊综合评价

根据 10 位专家对 Z 市红木家具产业集聚供应链风险问卷的评价，根据李克特量表的 1～5 进行赋值，得到评价矩阵。

首先，通过统计分析可到专家评价矩阵为
$$\begin{bmatrix} 3.7 & 3.8 & 3.4 & 2.8 & 3.6 & 3.3 \\ 3.7 & 3.4 & 3.4 & 3.2 & 3.4 & 3.2 \\ 3.9 & 3.5 & 0 & 3.5 & 0 & 0 \\ 0 & 2.8 & 0 & 2.9 & 0 & 0 \\ 0 & 4.0 & 0 & 0 & 0 & 0 \end{bmatrix},$$

从中可以看出红木家具产业知识产权保护能力、红木家具产业高端人才供应情况和红木家具产业人力资源受教育程度三项指标专家评价数值较低，说明 Z 市的红木产业集群在这三项二级指标中的风险程度很低，同时结合 Z 市的实际情况可知，这三项低是有现实依据的，Z 市高端的人才数量、本科院校的数量与经济发展水平比较是不均衡的。

其次，计算模糊评价矩阵为

$$V = \begin{bmatrix} 0.599 & 0.242 & 0.159 & 0 & 0 \\ 0.307 & 0.196 & 0.239 & 0.172 & 0.086 \\ 0.713 & 0.287 & 0 & 0 & 0 \\ 0.435 & 0.196 & 0.169 & 0.199 & \\ 0.569 & 0.431 & 0 & 0 & 0 \\ 0.631 & 0.369 & & & \end{bmatrix} \begin{bmatrix} 3.7 & 3.8 & 3.4 & 2.8 & 3.6 & 3.3 \\ 3.7 & 3.4 & 3.4 & 3.2 & 3.4 & 3.2 \\ 3.9 & 3.5 & 0 & 3.5 & 0 & 0 \\ 0 & 2.8 & 0 & 2.9 & 0 & 0 \\ 0 & 4.0 & 0 & 0 & 0 & 0 \end{bmatrix}$$

$$= [3.7318 \quad 3.4951 \quad 3.4000 \quad 3.0138 \quad 3.5138 \quad 3.2631) \qquad (6-1)$$

从矩阵指标上看，分数最低的是一级指标中的第四项指标红木家具供应链人力成本风险，说明人力资源问题为专家们认为的 Z 市未来产业发展的最大问题与风险。

最后，计算得出 Z 市红木家具产业集聚供应链风险数值为

$$[3.7318 \quad 3.4951 \quad 3.4000 \quad 3.0138 \quad 3.5138 \quad 3.2631]* \begin{bmatrix} 0.206 \\ 0.164 \\ 0.075 \\ 0.069 \\ 0.217 \\ 0.269 \end{bmatrix} = 3.4452 \qquad (6-2)$$

从 1～5 级量表得分来看，Z 市红木家具产业集聚供应链整体风险状况介于良好和一般之间，也就是说 Z 市红木家具产业集聚供应链整体风险在中等偏小的水平，风险存在，但是还不属于危险的阶段。政府可以依据研究中专家的风险评价，有针对性地对 Z 市红木家具产业集聚现象进行深入研究。

第四部分　供应链波及效应篇

# 第 7 章　考虑单因素扰动的供应链波及效应研究

供应链波及效应（ripple effect）理论是由陈宏（2002）教授首先提出的，其目的是描述供应链上某个变量或者某些变量在某个节点或者某些节点的变化引起供应链中所有节点变量变化的波及效应过程。其研究表明：供应链上游某一节点要素的波及效应是这个节点以外其他节点要素变化影响叠加的结果，而牛鞭效应是仅由供应链最下游节点的需求量变化所引起的一种从下往上的放大效应。此外，陈宏分别度量了只有一个节点的要素变动和多个节点的要素同时变动引起的波及效应。根据陈宏教授的定义，牛鞭效应的概念应该包含于波及效应之中，是需求波及效应放大的一个特例。针对牛鞭效应，主要进行牛鞭效应的存在性，及其原因和控制策略等方面的研究。Forrester（1962）及其后来者首先发现牛鞭效应现象并从实际的角度进行分析以揭示这种放大趋势。Sterman（2002）用著名的"啤酒游戏"来对此现象进行模拟以说明其存在性。Lee（1997）等人从订货量的方差变化的角度定义了牛鞭效应的概念，他认为牛鞭效应会给企业带来很多问题，如大量的库存、较低的服务水平、看不见的收益损失、错误的生产计划、无效的运输以及不合理的生产排程。Lee（1997）在国际管理科学领域著名的刊物 *Management Science* 上发表了一篇经典文献，他认为牛鞭效应产生的主要原因有四种：需求预测、短缺博弈、批量订货和价格波动。在之后的研究中，人们主要围绕着这四个主要方面不断提出各种不同的观点，同时补充着各点内容。Chen（2001）对牛鞭效应的需求方差进行了定量化计算，考虑零售商不知道需求服从 AR（1）过程，而采用移动平均法或者指数平滑法预测未来的需求，最终研究证明了供应链节点企业产生的需求方差扩大程度与该节点企业面临的供货提前期和需求预测所用的前期需求量期数相关。

本章讨论一个供应商和一个零售商组成的简单二级供应链，供应商制造一种商品供应给零售商，零售商按照市场需求大小制定销售价格并销售商品，零售商所面对的需求函数是非线性函数 $d = Dp^{-2k}$（$k \geq 1$），非线性函数相比线性

递减函数 $d = D - kp$ 更为贴近现实。在考虑单因素需求扰动跟单因素成本扰动的情形下，度量供应链的波及效应，每个扰动因素都通过不同的赋值来研究非线性需求函数下的供应链中间是否存在波及效应。

在第二章中间我们得到结论，供应链存在鲁棒性，在一定的扰动范围内不需要我们改变生产计划，但还是需要供应商调整契约来合理分配利润。本章的研究从度量利润波动大小的角度出发，度量不采用供应链扰动管理的供应链波及效应的大小和规律，并且与采用供应链扰动管理来协调供应链时的利润波及效应进行比较，以得出管理启示。

本章的结构是：第一节对基准的供应链模型进行分析，并描述供应链波及效应的度量方法；第二节对需求因素扰动下的供应链波及效应进行研究；第三节对成本因素扰动下的供应链波及效应进行研究；第四节对单因素扰动的供应链波及效应研究进行小结。

7.1 基准供应链模型

研究一个短生命周期商品的供应链，其中家电产品也是类似的商品，它只由一个供应商和一个零售商组成，零售商面临非线性需求函数 $d = Dp^{-2k} (k \geq 1)$。供应商为斯塔克尔伯格博弈的主导方，零售商和供应商之间签署了一个全单位批发数量折扣契约 $\text{AWQD}(w_1, w_2, q_0)(w_1 > w_2)$，并且已实现了供应链协调。

7.1.1 模型参数

D——供应链的总需求；

c——单位产品的生产成本；

p——零售商的零售价格，由零售商根据市场需求情况制定；

q——商品的销售数量；

w——产品的批发价格，由供应商制定；

Q^*——商品的最优零售数量；

π_0——供应链利润；

π_1——供应商利润；

π_2——零售商利润；

ΔD——供应链需求扰动大小；

Δc——供应链生产成本扰动大小；

$\Delta \pi_0$——供应链利润波动大小；

$\Delta \pi_1^*$——供应商利润波动大小；

$\Delta \pi_2$——零售商利润波动大小；

η——供应链利润分配比例，$0 < \eta < 1$；

λ_1——增加产量时发生的单位额外成本；

λ_2——减少产量时发生的单位额外成本，$\lambda_2 < c + \Delta c$。

7.1.2　未发生扰动的协调决策

市场需求 Q 是关于 p 的非线性递减函数

$$Q = Dp^{-2k} \left(k \geqslant 1 \right) \tag{7-1}$$

或者用

$$p = \left(\frac{D}{Q} \right)^{\frac{1}{2k}} \tag{7-2}$$

来表示，因此供应链的最优利润为

$$\overline{\pi_0}(Q) = Q \left[\left(\frac{D}{Q} \right)^{\frac{1}{2k}} - c \right] \tag{7-3}$$

显而易见，最优利润 $\overline{\pi_0}(Q)$ 是关于 Q 的严格凹函数，存在一个唯一的最优点 $\overline{Q}$ 使得供应链的利润最大。求解 $\overline{\pi_0}'(Q) = 0$ 可以得到，当

$$\overline{Q} = D \left(\frac{2k-1}{2ck} \right)^{2k} \tag{7-4}$$

时，供应链可以达到整体最优利润，最优的市场价格为

$$\overline{p} = \frac{2ck}{2k-1} \tag{7-5}$$

供应链的最优利润为

$$\overline{\pi_0} = \frac{Dc}{2k-1} \left(\frac{2k-1}{2ck} \right)^{2k} \tag{7-6}$$

在供应链利润最大化后，我们要研究采用哪种契约可以使得在确定性模型中间分散决策的供应链可以达到协调，还需要确定如何分配供应链利润。我们在前面已提到 Xu 证明了采用全单位批发数量折扣契约 $\mathrm{AWQD}(w_1, w_2, q_0)(w_1 > w_2)$ 可以达到供应链协调，这里 w_1 足够大而

$$\overline{w}_2 = c + \frac{c\eta}{2k-1} \tag{7-7}$$

供应商利润为

$$\overline{\pi}_1 = \eta \frac{Dc}{2k-1}\left(\frac{2k-1}{2ck}\right)^{2k} \tag{7-8}$$

零售商利润为

$$\overline{\pi}_2 = (1-\eta)\frac{Dc}{2k-1}\left(\frac{2k-1}{2ck}\right)^{2k} \tag{7-9}$$

7.2 考虑需求因素扰动的供应链波及效应研究

本节考虑一个供应商和一个零售商组成的二阶段供应链模型，供应链的需求函数为非线性需求函数 $d = Dp^{-2k}(k \geqslant 1)$，供应链在需求扰动发生前采用全单位批发数量折扣契约 $\mathrm{AWQD}(w_1, w_2, q_0)(w_1 > w_2)$ 进行供应链协调，建立需求因素扰动下供应链波及效应模型并通过数值仿真来分析需求扰动下的供应链波及效应，比较扰动发生后仍然采用原来协调方法时的供应链利润波及效应和采用扰动管理方法后的供应链利润波及效应，以得到管理启示，需求因素扰动下的供应链概念模型如图 7-1 所示。

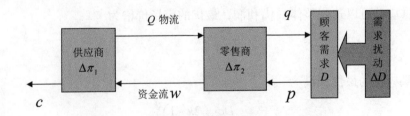

图 7-1　需求因素扰动下的供应链概念模型图

供应链利润函数可以描述为

$$\pi_0(Q) = Q\left[\left(\frac{D + \Delta D}{Q}\right)^{\frac{1}{2k}} - c\right] - \lambda_1\left(Q - \overline{Q}\right)^+ - \lambda_2\left(\overline{Q} - Q\right)^+ \qquad (7-10)$$

其中 $\lambda_1 > 0$，$\lambda_2 > 0$ 为增加产量时和减少产量时发生的单位额外成本；$(x)^+ = \max\{x, 0\}$，由于可以在二级市场上卖掉过剩的原材料，因此 $\lambda_2 < c$。

7.2.1 以利润度量的需求扰动供应链波及效应模型

根据陈宏教授对供应链波及效应的定义，一个单支路供应链中存在从下往上的节点关系。波及效应就是：当链上的一个下游节点的某要素 A 发生变化时，会发生一系列的连锁反应，引起上游节点某要素 B 的变化。

供应商和零售商的利润要素 π 的值分别为 π_1、π_2。当需求扰动发生时（记为 ΔD），ΔD 首先对零售商的利润 π_2 产生影响，然后通过供应商和零售商两节点间的技术经济联系波及供应商，导致供应商利润发生变化（记为 $\Delta \pi_1$），从绝对值来看，$|\Delta \pi_1|$ 与 $|\Delta \pi_2|$ 比较，有三种可能的结果：

$$|\Delta \pi_1| > |\Delta \pi_2|, \quad |\Delta \pi_1| = |\Delta \pi_2|, \quad |\Delta \pi_1| < |\Delta \pi_2| \qquad (7-11)$$

分别表示需求波动传递到供应商，要素 π 放大、不变和缩小。如果不考虑绝对值，$\Delta \pi_1$ 与 $\Delta \pi_2$ 的比较还有正号和负号之分，当 $|\Delta \pi_1| > |\Delta \pi_2|$ 时，有正号表示正的放大效应，有负号表示负的放大效应。或者用

$$\text{ARE}_{12} = \frac{|\Delta \pi_1|}{|\Delta \pi_2|} \qquad (7-12)$$

来表示供应链波及效应的大小，当 $\text{ARE}_{12} > 1$、$\text{ARE}_{12} = 1$、$\text{ARE}_{12} < 1$ 时，分别表示利润放大效应、不变效应和缩小效应。

7.2.2 需求因素扰动下供应商不作为情形的供应链波及效应分析

关于扰动的协调问题在第二章进行了详尽的分析，并给出了不同扰动条件下的供应链协调方法，第二章对两个因素扰动情形进行了分析，考虑需求单因素扰动也可以利用第二章中分析的结果，若 $\Delta c \equiv 0$，ΔD 当作自变量，将 $\Delta \pi$ 当作因变量。考虑不同条件下的 ΔD 变化对 $\Delta \pi_0$、$\Delta \pi_1$ 和 $\Delta \pi_2$ 产生什么影响。

突发事件使得需求扰动发生，如果供应链依然采用之前设计的协调方式进行协调，我们可以得到：

由于 $\Delta c \equiv 0$，$\overline{Q}$ 和 w 都按照之前的契约来执行，对供应商的利润并没有产生影响，也就是 $\Delta \pi_1 \equiv 0$。

而

$$\Delta \pi_2 = \overline{Q}\left[\left(\frac{D+\Delta D}{\overline{Q}}\right)^{\frac{1}{2k}} - w\right] - \overline{Q}\left[\left(\frac{D}{\overline{Q}}\right)^{\frac{1}{2k}} - w\right] \tag{7-13}$$

那我们可知：当 $\Delta D > 0$ 时，$\Delta \pi_1 < \Delta \pi_2$，供应链存在正的利润缩小效应；当 $\Delta D < 0$ 时，$-\Delta \pi_1 < -\Delta \pi_2$，供应链存在负的利润缩小效应。

所以，当供应链存在需求扰动的时候，如果按照之前签订的契约继续执行，需求扰动对供应商的利润没有影响，供应链利润呈现缩小效应。供应商不能通过原定的协调方式享受需求增大的利润波及效应，也不会承担需求减少而带来的利润波及效应。

7.2.3 需求因素扰动下供应商作为情形的供应链波及效应分析

我们考虑供应链采用扰动管理以后的情形。

以下可考虑四种情形。

情形 7-1：$\Delta D > D\left[\left(1+\dfrac{\lambda_1}{c}\right)^{2k} - 1\right]$。

在情形 7-1 中，$\Delta c \equiv 0$，供应链的总利润为

$$\pi_0^* = \frac{(D+\Delta D)(c+\lambda_1)}{2k-1}\left(\frac{2k-1}{2k(c+\lambda_1)}\right)^{2k} + D\lambda_1\left(\frac{2k-1}{2ck}\right)^{2k} \tag{7-14}$$

此时，供应商的利润为

$$\pi_1^* = \eta\left[\frac{(D+\Delta D)(c+\lambda_1)}{2k-1}\left(\frac{2k-1}{2k(c+\lambda_1)}\right)^{2k}\right] + D\lambda_1\left(\frac{2k-1}{2ck}\right)^{2k} \tag{7-15}$$

零售商的利润为

$$\pi_2^* = (1-\eta)\left[\frac{(D+\Delta D)(c+\lambda_1)}{2k-1}\left(\frac{2k-1}{2k(c+\lambda_1)}\right)^{2k}\right] \tag{7-16}$$

供应商的利润波动

$$\Delta \pi_1 = \pi_1^* - \overline{\pi}_1 = \eta \left[\frac{(D+\Delta D)(c+\lambda_1)}{2k-1} \left(\frac{2k-1}{2k(c+\lambda_1)} \right)^{2k} - \frac{Dc}{2k-1} \left(\frac{2k-1}{2ck} \right)^{2k} \right] + D\lambda_1 \left(\frac{2k-1}{2ck} \right)^{2k} > 0$$

（7-17）

零售商的利润波动

$$\Delta \pi_2 = \pi_2^* - \overline{\pi}_2 = (1-\eta) \left[\frac{(D+\Delta D)(c+\lambda_1)}{2k-1} \left(\frac{2k-1}{2k(c+\lambda_1)} \right)^{2k} - \frac{Dc}{2k-1} \left(\frac{2k-1}{2ck} \right)^{2k} \right] > 0$$

（7-18）

供应链波及效应为

$$\mathrm{ARE}_{12} = \frac{\eta \left[\dfrac{(D+\Delta D)(c+\lambda_1)}{2k-1} \left(\dfrac{2k-1}{2k(c+\lambda_1)} \right)^{2k} - \dfrac{Dc}{2k-1} \left(\dfrac{2k-1}{2ck} \right)^{2k} \right] + D\lambda_1 \left(\dfrac{2k-1}{2ck} \right)^{2k}}{(1-\eta) \left[\dfrac{(D+\Delta D)(c+\lambda_1)}{2k-1} \left(\dfrac{2k-1}{2k(c+\lambda_1)} \right)^{2k} - \dfrac{Dc}{2k-1} \left(\dfrac{2k-1}{2ck} \right)^{2k} \right]}$$

（7-19）

因此我们可以得出结论：

在采用扰动管理思想以后，供应商确定系数 η $(0<\eta<1)$ 来控制利润分配比例并控制波及效应大小。

（1）当

$$\eta > \frac{\dfrac{(D+\Delta D)(c+\lambda_1)}{2k-1} \left(\dfrac{2k-1}{2k(c+\lambda_1)} \right)^{2k} - \dfrac{Dc}{2k-1} \left(\dfrac{2k-1}{2ck} \right)^{2k} - D\lambda_1 \left(\dfrac{2k-1}{2ck} \right)^{2k}}{2 \left[\dfrac{(D+\Delta D)(c+\lambda_1)}{2k-1} \left(\dfrac{2k-1}{2k(c+\lambda_1)} \right)^{2k} - \dfrac{Dc}{2k-1} \left(\dfrac{2k-1}{2ck} \right)^{2k} \right]}$$

（7-20）

时，$|\Delta\pi_1| > |\Delta\pi_2|$，供应链存在正的利润放大效应。

（2）当

$$\eta = \frac{\dfrac{(D+\Delta D)(c+\lambda_1)}{2k-1} \left(\dfrac{2k-1}{2k(c+\lambda_1)} \right)^{2k} - \dfrac{Dc}{2k-1} \left(\dfrac{2k-1}{2ck} \right)^{2k} - D\lambda_1 \left(\dfrac{2k-1}{2ck} \right)^{2k}}{2 \left[\dfrac{(D+\Delta D)(c+\lambda_1)}{2k-1} \left(\dfrac{2k-1}{2k(c+\lambda_1)} \right)^{2k} - \dfrac{Dc}{2k-1} \left(\dfrac{2k-1}{2ck} \right)^{2k} \right]}$$

（7-21）

时，$\left|\Delta\pi_1\right|=\left|\Delta\pi_2\right|$，供应链存在正的利润不变效应。

（3）当

$$\eta < \cfrac{\cfrac{(D+\Delta D)(c+\lambda_1)}{2k-1}\left(\cfrac{2k-1}{2k(c+\lambda_1)}\right)^{2k} - \cfrac{Dc}{2k-1}\left(\cfrac{2k-1}{2ck}\right)^{2k} - D\lambda_1\left(\cfrac{2k-1}{2ck}\right)^{2k}}{2\left[\cfrac{(D+\Delta D)(c+\lambda_1)}{2k-1}\left(\cfrac{2k-1}{2k(c+\lambda_1)}\right)^{2k} - \cfrac{Dc}{2k-1}\left(\cfrac{2k-1}{2ck}\right)^{2k}\right]} \quad （7\text{-}22）$$

时，$\left|\Delta\pi_1\right|<\left|\Delta\pi_2\right|$，供应链存在正的利润缩小效应。

从以上结论可以看出，在需求扰动发生后，当

$$\Delta D > D\left[\left(1+\frac{\lambda_1}{c}\right)^{2k}-1\right] \quad （7\text{-}23）$$

时，供应商可以通过控制分配比例，来放大、不变或缩小供应链利润波及效应，从波及效应研究的角度来看，在此情形下，供应商可以通过扰动管理降低在需求扰动发生后原来协调策略下的供应链利润缩小效应。

情形 7-2：$0<\Delta D\leqslant D\left[\left(1+\frac{\lambda_1}{c}\right)^{2k}-1\right]$。

在情形 7-2 中，有与情形 7-1 类似的考虑。

供应链的总利润为

$$\pi_0^* = D\left(\frac{2k-1}{2ck}\right)^{2k}\left[\left(1+\frac{\Delta D}{D}\right)^{\frac{1}{2k}}\frac{2ck}{2k-1}-c\right] \quad （7\text{-}24）$$

此时，供应商的利润为

$$\pi_1^* = \eta D\left(\frac{2k-1}{2ck}\right)^{2k}\left[\left(1+\frac{\Delta D}{D}\right)^{\frac{1}{2k}}\frac{2ck}{2k-1}-c\right],(0\leqslant\eta<1) \quad （7\text{-}25）$$

零售商的利润为

$$\pi_2^* = (1-\eta)D\left(\frac{2k-1}{2ck}\right)^{2k}\left[\left(1+\frac{\Delta D}{D}\right)^{\frac{1}{2k}}\frac{2ck}{2k-1}-c\right] \quad （7\text{-}26）$$

供应商的利润波动

$$\Delta \pi_1 = \pi_1^* - \overline{\pi}_1 = \eta \left[D \left(\frac{2k-1}{2ck} \right)^{2k} \left(\left(1 + \frac{\Delta D}{D} \right)^{\frac{1}{2k}} \frac{2ck}{2k-1} - c \right) - \frac{Dc}{2k-1} \left(\frac{2k-1}{2ck} \right)^{2k} \right] > 0$$

（7-27）

零售商的利润波动

$$\Delta \pi_2 = \pi_2^* - \overline{\pi}_2 = (1-\eta) \left[D \left(\frac{2k-1}{2ck} \right)^{2k} \left(\left(1 + \frac{\Delta D}{D} \right)^{\frac{1}{2k}} \frac{2ck}{2k-1} - c \right) - \frac{Dc}{2k-1} \left(\frac{2k-1}{2ck} \right)^{2k} \right] > 0$$

（7-28）

供应链波及效应

$$\mathrm{ARE}_{12} = \frac{\eta}{(1-\eta)}$$

（7-29）

因此我们可以得出结论：

在采用扰动管理思想以后，供应商确定利润分配比例 η $(0 < \eta < 1)$。

（1）当 $\eta > (1-\eta)$ 时，也就是 $\eta > 0.5$ 时，$|\Delta \pi_1| > |\Delta \pi_2|$，供应链存在正的利润放大效应。

（2）当 $\eta = (1-\eta)$ 时，也就是 $\eta = 0.5$ 时，$|\Delta \pi_1| = |\Delta \pi_2|$，供应链存在正的利润不变效应。

（3）当 $\eta < (1-\eta)$ 时，也就是 $\eta < 0.5$ 时，$|\Delta \pi_1| < |\Delta \pi_2|$，供应链存在正的利润缩小效应。

从以上结论可以看出，在需求扰动发生后，当

$$0 < \Delta D \leqslant D \left[\left(1 + \frac{\lambda_1}{c} \right)^{2k} - 1 \right]$$

（7-30）

时，供应商可以通过控制分配比例，来放大、不变或缩小供应链利润波及效应，从波及效应研究的角度来看，在此情形下，供应商可以通过扰动管理降低在需求扰动发生后原来协调策略下的供应链利润缩小效应。

情形 7-3：$D \left[\left(1 - \frac{\lambda_2}{c} \right)^{2k} - 1 \right] < \Delta D \leqslant 0$。

此时，如果 $\lambda_2 < c < 2\lambda_2 k$，$D \left[\left(1 - \frac{\lambda_2}{c} \right)^{2k} - 1 \right] < \Delta D < D \left[\left(\frac{(2k-1)}{2k} \right)^{2k} - 1 \right]$，供

应链整体利润小于零。

我们先考虑 $c \geq 2\lambda_2 k$ 或者 $\lambda_2 < c < 2\lambda_2 k$，但是

$$\Delta D > D\left[\left(\frac{(2k-1)}{2k}\right)^{2k} - 1\right] \qquad (7-31)$$

的情况，此时供应链存在整体利润

$$\pi_0^* = D\left(\frac{2k-1}{2ck}\right)^{2k}\left[\left(1+\frac{\Delta D}{D}\right)^{\frac{1}{2k}}\frac{2ck}{2k-1} - c\right] \qquad (7-32)$$

供应商的利润为

$$\pi_1^* = \eta D\left(\frac{2k-1}{2ck}\right)^{2k}\left[\left(1+\frac{\Delta D}{D}\right)^{\frac{1}{2k}}\frac{2ck}{2k-1} - c\right], (0 \leq \eta < 1) \qquad (7-33)$$

零售商的利润为

$$\pi_2^* = (1-\eta)D\left(\frac{2k-1}{2ck}\right)^{2k}\left[\left(1+\frac{\Delta D}{D}\right)^{\frac{1}{2k}}\frac{2ck}{2k-1} - c\right] \qquad (7-34)$$

供应商的利润波动

$$\Delta\pi_1 = \pi_1^* - \overline{\pi}_1 = \eta\left[D\left(\frac{2k-1}{2ck}\right)^{2k}\left(\left(1+\frac{\Delta D}{D}\right)^{\frac{1}{2k}}\frac{2ck}{2k-1} - c\right) - \frac{Dc}{2k-1}\left(\frac{2k-1}{2ck}\right)^{2k}\right] < 0$$

$$(7-35)$$

零售商的利润波动

$$\Delta\pi_2 = \pi_2^* - \overline{\pi}_2 = (1-\eta)\left[D\left(\frac{2k-1}{2ck}\right)^{2k}\left(\left(1+\frac{\Delta D}{D}\right)^{\frac{1}{2k}}\frac{2ck}{2k-1} - c\right) - \frac{Dc}{2k-1}\left(\frac{2k-1}{2ck}\right)^{2k}\right] < 0$$

$$(7-36)$$

供应链波及效应

$$\mathrm{ARE}_{12} = \frac{\eta}{(1-\eta)} \qquad (7-37)$$

因此我们可以得出结论：

在采用扰动管理思想以后，供应商确定利润分配比例 η $(0 < \eta < 1)$。

（1）当 $\eta > (1-\eta)$ 时，也就是 $\eta > 0.5$ 时，$|\Delta\pi_1| > |\Delta\pi_2|$，供应链存在负的利润放大效应。

（2）当 $\eta = (1-\eta)$ 时，也就是 $\eta = 0.5$ 时，$|\Delta\pi_1| = |\Delta\pi_2|$，供应链存在负的利润不变效应。

（3）当 $\eta < (1-\eta)$ 时，也就是 $\eta < 0.5$ 时，$|\Delta\pi_1| < |\Delta\pi_2|$，供应链存在负的利润缩小效应。

接着考虑 $\lambda_2 < c < 2\lambda_2 k$，并且

$$D\left[\left(1-\frac{\lambda_2}{c}\right)^{2k}-1\right] < \Delta D < D\left[\left(\frac{(2k-1)}{2k}\right)^{2k}-1\right] \qquad （7\text{-}38）$$

的情形，供应链的利润是负值。这时，完全理性的供应商将放弃生产的方式。现在我们假设供应商还想继续生产，而由于零售商是博弈的从方，其就有了后动优势，当零售商的利润为负的时候，零售商将不订购任何数量产品，供应商只能把生产的产品卖到二级市场并接受利润为 $-\lambda_2\overline{Q}$。

此时，作为供应链的主导方，供应商可以采取措施，将零售商的利润值控制在不小于 0 的状态（考虑到供应商自身亏损最小化的目标，零售商的利润将为 0^+）。

假设零售商在此时的利润为

$$\pi_2^* = -\mu D\left(\frac{2k-1}{2ck}\right)^{2k}\left[\left(1+\frac{\Delta D}{D}\right)^{\frac{1}{2k}}\frac{2ck}{2k-1}-c\right] > 0, (\mu > 0) \qquad （7\text{-}39）$$

而供应商的利润为

$$\pi_1^* = (1+\mu)D\left(\frac{2k-1}{2ck}\right)^{2k}\left[\left(1+\frac{\Delta D}{D}\right)^{\frac{1}{2k}}\frac{2ck}{2k-1}-c\right] < 0 \qquad （7\text{-}40）$$

供应商的利润波动

$$\Delta\pi_1 = \pi_1^* - \overline{\pi}_1 = (1+\mu)D\left(\frac{2k-1}{2ck}\right)^{2k}\left(\left(1+\frac{\Delta D}{D}\right)^{\frac{1}{2k}}\frac{2ck}{2k-1}-c\right) - \eta\frac{Dc}{2k-1}\left(\frac{2k-1}{2ck}\right)^{2k} < 0$$

$$（7\text{-}41）$$

零售商的利润波动

$$\Delta\pi_2 = \pi_2^* - \overline{\pi}_2 = -\mu D\left(\frac{2k-1}{2ck}\right)^{2k}\left(\left(1+\frac{\Delta D}{D}\right)^{\frac{1}{2k}}\frac{2ck}{2k-1} - c\right) - \eta\frac{Dc}{2k-1}\left(\frac{2k-1}{2ck}\right)^{2k} < 0$$

（7-42）

由于 $\mu > 0$，我们可以得出 $|\Delta\pi_1| > |\Delta\pi_2|$，供应链存在负的利润放大效应

$$ARE_{12} = \cfrac{(1+\mu)D\left(\frac{2k-1}{2ck}\right)^{2k}\left(\left(1+\frac{\Delta D}{D}\right)^{\frac{1}{2k}}\frac{2ck}{2k-1} - c\right) - \eta\frac{Dc}{2k-1}\left(\frac{2k-1}{2ck}\right)^{2k}}{-\mu D\left(\frac{2k-1}{2ck}\right)^{2k}\left(\left(1+\frac{\Delta D}{D}\right)^{\frac{1}{2k}}\frac{2ck}{2k-1} - c\right) - \eta\frac{Dc}{2k-1}\left(\frac{2k-1}{2ck}\right)^{2k}} > 1 \quad （7-43）$$

综合以上所述可以看出，在需求扰动发生后，当

$$D\left[\left(1-\frac{\lambda_2}{c}\right)^{2k} - 1\right] < \Delta D \leq 0$$

（7-44）

时，供应链都存在负的利润波及效应。如果供应链整体还存在利润，供应商就可以通过设计契约控制利润分配比例 η，进而控制利润波及效应的大小；如果供应链整体利润为负，供应链存在负的利润放大效应，也就是供应商为了保存整条供应链，必须比零售商放弃更多的利润或者承担更多的扰动损失。

情形 7-4：$D \leq D\left[\left(1-\frac{\lambda_2}{c}\right)^{2k} - 1\right]$。

只考虑供应链利润为正的情形，此时

$$\pi_0^* = \frac{(D+\Delta D)(c-\lambda_2)}{2k-1}\left(\frac{2k-1}{2k(c-\lambda_2)}\right)^{2k} - D\lambda_2\left(\frac{2k-1}{2ck}\right)^{2k} > 0 \quad （7-45）$$

考虑零售商必须有利润，可得到

$$\pi_2^* = \frac{(D+\Delta D)(c-\lambda_2)}{2k-1}\left(\frac{2k-1}{2k(c-\lambda_2)}\right)^{2k} - \mu D\lambda_2\left(\frac{2k-1}{2ck}\right)^{2k} \quad （7-46）$$

如果 $\pi_2^* > 0$，则必须

$$1 < \mu < \frac{(D+\Delta D)}{(2k-1)D\lambda_2}\left(\frac{c}{(c-\lambda_2)}\right)^{2k-1} \quad （7-47）$$

供应商的利润为

$$\pi_1^* = (\mu-1)D\lambda_2\left(\frac{2k-1}{2ck}\right)^{2k} \tag{7-48}$$

此时，供应商的利润波动

$$\Delta\pi_1 = \pi_1^* - \overline{\pi}_1 = (\mu-1)D\lambda_2\left(\frac{2k-1}{2ck}\right)^{2k} - \eta\frac{Dc}{2k-1}\left(\frac{2k-1}{2ck}\right)^{2k} < 0 \tag{7-49}$$

零售商的利润波动

$$\Delta\pi_2 = \pi_2^* - \overline{\pi}_2 = \frac{(D+\Delta D)(c-\lambda_2)}{2k-1}\left(\frac{2k-1}{2k(c-\lambda_2)}\right)^{2k} - \mu D\lambda_2\left(\frac{2k-1}{2ck}\right)^{2k} - \eta\frac{Dc}{2k-1}\left(\frac{2k-1}{2ck}\right)^{2k} < 0 \tag{7-50}$$

供应链波及效应

$$ARE_{12} = \frac{(\mu-1)D\lambda_2\left(\dfrac{2k-1}{2ck}\right)^{2k} - \eta\dfrac{Dc}{2k-1}\left(\dfrac{2k-1}{2ck}\right)^{2k}}{\dfrac{(D+\Delta D)(c-\lambda_2)}{2k-1}\left(\dfrac{2k-1}{2k(c-\lambda_2)}\right)^{2k} - \mu D\lambda_2\left(\dfrac{2k-1}{2ck}\right)^{2k} - \eta\dfrac{Dc}{2k-1}\left(\dfrac{2k-1}{2ck}\right)^{2k}} > 1 \tag{7-51}$$

所以，我们可以得出以下结论：

当

$$D \leqslant D\left[\left(1-\frac{\lambda_2}{c}\right)^{2k} - 1\right] \tag{7-52}$$

如果采用扰动管理思想，且 $|\Delta\pi_1| > |\Delta\pi_2|$，供应链存在负的利润放大效应。也就是供应商将牺牲自己更多的利益来达到保证供应链稳定运作的目的。

考虑到供应链利润为负的情形，我们可以参考情形 3 中间的方式。$\mu < 0$ 的时候，供应商选择在二级市场卖掉 $\overline{Q}$ 的产品，并且利润为 $-\lambda_2\overline{Q}$。供应商为了保持供应链运行，必须牺牲自己的一部分利益，以保证零售商的利益不小于零。此时，供应链同样存在负的利润放大效应。

7.2.4　算例分析

我们举一个简单的算例来说明上述结论。假设市场规模为 10 000，扰动未发生时单位生产成本 c 为 10，价格敏感系数 k 为 1，因此供应链面临的需求函数为 $d = 10\,000p^{-2}$，可知供应链在扰动发生前在 $\overline{Q} = 25$，$\overline{p} = 20$ 的状态下最优，此时供应链利润 $\overline{\pi_0}=250$。若供应商跟零售商谈判的结果是按对半分成，那么 $\eta=0.5$（如果按照 6∶4 分成的话，$\eta=0.6$），根据确定性模型中的分析，供应链在全单位批发数量折扣契约 AWQD(w_1,15,25)(w_1足够大) 下可以达到供应链协调，此时供应商利润 $\overline{\pi_1}=125$，零售商利润 $\overline{\pi_2}=125$。

当市场需求规模发生扰动时，原有的生产计划就可能需要进行调整。假设利润的分成比例不变，考虑增加原计划的单位生产成本 $\lambda_1=1$，而处理过剩商品的单位成本 $\lambda_2=2$ 和 $\lambda_2=6$ 两个不同的赋值，体现供应链整体利润为正以及情形 7-3、情形 7-4 中供应链整体利润为负的情况。要考虑 20 个具体情形下不同的需求扰动发生后供应商和零售商采用新的契约和不改变契约的利润波及效应。

结果如表 7-1 所示，情形 1～情形 16 是模拟需求扰动从 -80% 到 80% 的 16 种情形，情形 1～情形 20 分析了利润可能为负的时候的情形，我们从中发现：

（1）在需求发生扰动的时候，假如供应链执行原来的契约，对供应商的利润没有任何影响，供应链利润波及效应为 0，需求扰动带来的利益和损失完全由零售商承担。

（2）假设供应商希望整体供应链处于相对稳定的状态，其就会采用扰动管理的思想，在需求发生扰动的时候，一定条件下不改变生产计划，而改变契约，其他条件下改变生产计划并改变契约，使得供应链的利润最大化，并且使得供应链波及效应为 1，与零售商共同享受和承担扰动波动带来的利益和损失。

（3）如果供应商想享受更多的利润分配比例 η，如 $\eta=0.6$，需求扰动带来的利润波及效应为 1.5，也就是供应商享受和承担更多需求扰动带来的利益和损失。

（4）当整体供应链亏损，但是供应商并不想放弃整条供应链的情形下（情形 7-19 和 7-20），需求扰动在原先制定的 1∶1 分配情况下，利润负放大效应大于 1，在 6∶4 分配状态下，利润负放大效应大于 1.5，供应商必须承担更多的需求扰动带来的损失，而零售商的损失相对较小。

（5）在我们改变 λ_2 的参数，发现在 $\lambda_2=6$ 的时候，供应链在应对需求扰动的时候，改变计划的单位成本增加了，所以在较大范围内（情形 17～情形 19）还是不能改变生产计划，只能通过改变契约参数达到平衡利润分配比例。

表7-1　不同需求因素扰动新旧策略利润波动和波及效应

情形	单位额外成本 λ_2	需求扰动 ΔD	供应链利润波动 $\Delta\pi_0$ 原策略	供应链利润波动 $\Delta\pi_0$ 新策略	供应商利润波动 $\Delta\pi_1$ 原策略	供应商利润波动 $\Delta\pi_1$ 新策略 1:1分配	供应商利润波动 $\Delta\pi_1$ 新策略 6:4分配	零售商利润波动 $\Delta\pi_2$ 原策略	零售商利润波动 $\Delta\pi_2$ 新策略 1:1分配	零售商利润波动 $\Delta\pi_2$ 新策略 6:4分配	利润波及效应 $ARE_{12i}=\dfrac{|\Delta\pi_1|}{|\Delta\pi_2|}$ 原策略	ARE_{12i} 新策略 1:1分配	ARE_{12i} 新策略 6:4分配
1		8 000	170.82	184.09	0	92.045	110.45	170.82	92.045	73.64	0	1	1.5
2		7 000	151.92	161.36	0	80.68	96.82	151.92	80.68	64.54	0	1	1.5
3		6 000	132.46	138.64	0	69.32	83.18	132.46	69.32	55.46	0	1	1.5
4		5 000	112.37	115.91	0	57.96	69.55	112.37	57.96	46.37	0	1	1.5
5		4 000	91.61	93.18	0	46.59	55.91	91.61	46.59	37.27	0	1	1.5
6	$\lambda_2=2$	3 000	70.09	70.45	0	35.23	42.27	70.09	35.23	28.18	0	1	1.5
7		2 000	47.72	47.72	0	23.86	28.63	47.72	23.86	19.09	0	1	1.5
8		1 000	24.40	24.40	0	12.20	14.64	24.40	12.20	9.76	0	1	1.5
9		-1 000	-25.66	-25.66	0	-12.83	-15.40	-25.66	-12.83	-10.26	0	1	1.5
10		-2 000	-52.79	-52.79	0	-26.40	-31.67	-52.79	-26.40	-21.12	0	1	1.5
11		-3 000	-81.67	-81.67	0	-40.84	-49	-81.67	-40.84	-32.67	0	1	1.5

续表

情形	单位额外成本 λ_2	需求扰动 ΔD	供应链利润波动 $\Delta\pi_0$		供应商利润波动 $\Delta\pi_1$			零售商利润波动 $\Delta\pi_2$			利润波及效应 $\mathrm{ARE}_{12i}=\dfrac{\lvert\Delta\pi_1\rvert}{\lvert\Delta\pi_2\rvert}$		
			原策略	新策略	原策略	新策略 1:1分配	新策略 6:4分配	原策略	新策略 1:1分配	新策略 6:4分配	原策略	新策略 1:1分配	新策略 6:4分配
12	$\lambda_2=2$	-4 000	-112.70	-112.5	0	-56.25	-67.50	-112.70	-56.25	-45	0	1	1.5
13		-5 000	-146.45	-143.75	0	-71.88	-86.25	-146.45	-71.88	-57.5	0	1	1.5
14		-6 000	-183.77	-175	0	-87.5	-105	-183.77	-87.5	-70	0	1	1.5
15		-7 000	-226.14	-206.25	0	-103.13	-123.75	-226.14	-103.13	-82.5	0	1	1.5
16		-8 000	-276.39	-237.5	0	-118.75	-142.5	-276.39	-118.75	-95	0	1	1.5
17	$\lambda_2=6$	-6 000	-183.77	-183.77	0	-91.89	-110.26	-183.77	-91.89	-73.51	0	1	1.5
18		-7 000	-226.14	-226.14	0	-113.57	-135.68	-226.14	-113.57	-90.46	0	1	1.5
19		-8 000	-276.39	-276.39	0	-151.39	-176.39	-276.39	-125	-100	0	1.21	1.76
20		-9 000	-341.88	-337.5	0	-212.5	-237.5	-341.88	-125	-100	0	1.7	2.38

7.3　考虑成本因素扰动的供应链波及效应研究

本节考虑一个供应商和一个零售商的二阶段供应链，供应链的需求函数为非线性需求函数 $d = Dp^{-2k}\,(k \geq 1)$，供应链在成本扰动发生前采用全单位批发数量折扣契约 $\text{AWQD}(w_1, w_2, q_0)(w_1 > w_2)$ 进行供应链协调，建立成本因素扰动下供应链波及效应模型并通过数值仿真来分析成本单因素扰动下的供应链波及效应，比较扰动发生后仍然采用原来协调方法时的供应链利润波及效应和采用扰动管理方法后的供应链利润波及效应，以得到管理启示。生产成本因素扰动下的供应链模型如图 7-2 所示。

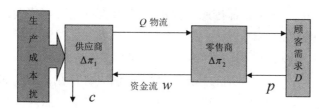

图 7-2　生产成本因素扰动下的供应链模型图

供应链利润函数可以描述为

$$\pi_0(Q) = Q\left[\left(\frac{D}{Q}\right)^{\frac{1}{2k}} - c - \Delta c\right] - \lambda_1\left(Q - \overline{Q}\right)^+ - \lambda_2\left(\overline{Q} - Q\right)^+ \qquad （7\text{-}53）$$

其中 $\lambda_1 > 0$，$\lambda_2 > 0$ 为增加产量时和减少产量时发生的单位额外成本；$(x)^+ = \max\{x, 0\}$。

关于成本扰动的协调问题，Xu 在文献中已经研究过，我们主要研究协调策略采用与否的利润波及效应问题。

7.3.1　以利润度量的成本扰动供应链波及效应模型

当生产成本扰动发生时（记为 Δc），首先影响到的是供应商的利润 π_1，但是 Δc 会通过供应商和零售商两节点间的技术经济联系波及零售商，使零售商利润发生变化（记为 $\Delta\pi_2$）。从绝对值来看，$|\Delta\pi_2|$ 与 $|\Delta\pi_1|$ 比较，有三种结果：

$$|\Delta\pi_2| > |\Delta\pi_1|,\quad |\Delta\pi_2| = |\Delta\pi_1|,\quad |\Delta\pi_2| < |\Delta\pi_1| \qquad （7\text{-}54）$$

其分别表示生产成本波动传递到零售商，要素 π 被放大、不变和缩小。如果不考虑绝对值，$\Delta\pi_1$ 与 $\Delta\pi_2$ 的比较还有正号和负号之分。当 $|\Delta\pi_2| > |\Delta\pi_1|$ 时，有正号表示正的放大效应，有负号表示负的放大效应。或者用

$$ARE_{21} = \frac{|\Delta\pi_2|}{|\Delta\pi_1|} \tag{7-55}$$

来表示供应链波及效应的大小，当 $ARE_{21} > 1$、$ARE_{21} = 1$、$ARE_{21} < 1$ 时，分别表示利润放大效应、不变效应和缩小效应。

7.3.2 成本因素扰动下供应商不作为情形的供应链波及效应分析

突发事件使得生产成本扰动 Δc 发生，如果供应链依然采用之前设计的协调策略行动，我们可以得到：

如果 $\Delta D \equiv 0$，$\overline{Q}$ 和 w 都按照之前的契约来执行，对零售商的利润并不会产生影响，也就是 $\Delta\pi_2 \equiv 0$。

如果 $\Delta\pi_1 = \Delta c\overline{Q}$，那我们可知：当 $\Delta c > 0$ 时，$|\Delta\pi_2| < |\Delta\pi_1|$，供应链存在负的利润缩小效应；当 $\Delta c < 0$ 时，$|\Delta\pi_2| > |\Delta\pi_1|$，供应链存在正的利润缩小效应。

所以，当供应链存在生产成本扰动的时候，如果按照之前签订的契约继续执行，成本扰动对零售商的利润没有影响，供应链利润呈现缩小效应。零售商不能通过原定的协调方式享受生产成本减少的利润波及效应，也不会承担生产成本增加而带来的利润波及效应。

7.3.3 成本因素扰动下供应商作为情形的供应链波及效应分析

考虑供应链采用扰动管理以后的情形，根据第二章关于需求和成本同时扰动情形的推断，使 $\Delta D \equiv 0$，我们可以得出以下所述。

供应链的最优产量为

$$Q^* = \begin{cases} D\left(\dfrac{2k-1}{2k(c+\Delta c+\lambda_1)}\right)^{2k}, & \text{当} \Delta c \leqslant -\lambda_1 \\[4mm] D\left(\dfrac{2k-1}{2ck}\right)^{2k}, & \text{当} -\lambda_1 < \Delta c < \lambda_2 \\[4mm] D\left(\dfrac{2k-1}{2k(c+\Delta c-\lambda_2)}\right)^{2k}, & \text{当} \Delta c \geqslant \lambda_2 \end{cases} \tag{7-56}$$

最优零售价格为

$$
p^* = \begin{cases}
\dfrac{2k\left(c+\Delta c+\lambda_1\right)}{2k-1}, & \text{当}\,\Delta c\leqslant-\lambda_1 \\[4mm]
\dfrac{2ck}{2k-1}, & \text{当}\,-\lambda_1<\Delta c<\lambda_2 \\[4mm]
\dfrac{2k\left(c+\Delta c-\lambda_2\right)}{2k-1}, & \text{当}\,\Delta c\geqslant\lambda_2
\end{cases}
\qquad（7\text{-}57）
$$

最优利润为

$$
\pi_0^* = \begin{cases}
\dfrac{D\left(c+\Delta c+\lambda_1\right)}{2k-1}\left(\dfrac{2k-1}{2k\left(c+\Delta c+\lambda_1\right)}\right)^{2k}+D\lambda_1\left(\dfrac{2k-1}{2ck}\right)^{2k}, & \text{当}\,\Delta c\leqslant-\lambda_1 \\[4mm]
D\left(\dfrac{2k-1}{2ck}\right)^{2k}\left(\dfrac{c}{2k-1}-\Delta c\right), & \text{当}\,-\lambda_1<\Delta c<\lambda_2 \\[4mm]
\dfrac{D\left(c+\Delta c-\lambda_2\right)}{2k-1}\left(\dfrac{2k-1}{2k\left(c+\Delta c-\lambda_2\right)}\right)^{2k}-D\lambda_2\left(\dfrac{2k-1}{2ck}\right)^{2k}, & \text{当}\,\Delta c\geqslant\lambda_2
\end{cases}
\qquad（7\text{-}58）
$$

可以看出：

当生产成本降低的时候，$\Delta c<0$，最优利润将增加，当生产成本提高的时候，$\Delta c>0$，最优利润将减少。

在鲁棒区域（$-\lambda_1<\Delta c<\lambda_2$）内，最优生产数量和最优零售价格不变。

在鲁棒区域之外，最优的生产数量和零售价格将随着扰动的大小变化。

此时，存在以下四种情形。

情形 7-5：$\Delta c\leqslant-\lambda_1$。

在情形 7-5 中，最优的利润将增加，假设供应商想获得 η 的利润分配比例，此时供应商的利润

$$
\pi_1^* = \eta\left[\dfrac{D\left(c+\Delta c+\lambda_1\right)}{2k-1}\left(\dfrac{2k-1}{2k\left(c+\Delta c+\lambda_1\right)}\right)^{2k}\right]+D\lambda_1\left(\dfrac{2k-1}{2ck}\right)^{2k}
\qquad（7\text{-}59）
$$

而零售商的利润

$$
\pi_2^* = \left(1-\eta\right)\left[\dfrac{D\left(c+\Delta c+\lambda_1\right)}{2k-1}\left(\dfrac{2k-1}{2k\left(c+\Delta c+\lambda_1\right)}\right)^{2k}\right]
\qquad（7\text{-}60）
$$

供应商的利润波动

$$\Delta\pi_1 = \pi_1^* - \overline{\pi}_1 = \eta\left[\frac{D(c+\Delta c+\lambda_1)}{2k-1}\left(\frac{2k-1}{2k(c+\Delta c+\lambda_1)}\right)^{2k} - \frac{Dc}{2k-1}\left(\frac{2k-1}{2ck}\right)^{2k}\right] + D\lambda_1\left(\frac{2k-1}{2ck}\right)^{2k} > 0$$

$$(7-61)$$

零售商的利润波动

$$\Delta\pi_2 = \pi_2^* - \overline{\pi}_2 = (1-\eta)\left[\frac{D(c+\Delta c+\lambda_1)}{2k-1}\left(\frac{2k-1}{2k(c+\Delta c+\lambda_1)}\right)^{2k} - \frac{Dc}{2k-1}\left(\frac{2k-1}{2ck}\right)^{2k}\right] > 0$$

$$(7-62)$$

供应链波及效应

$$\mathrm{ARE}_{21} = \frac{(1-\eta)\left[\dfrac{D(c+\Delta c+\lambda_1)}{2k-1}\left(\dfrac{2k-1}{2k(c+\Delta c+\lambda_1)}\right)^{2k} - \dfrac{Dc}{2k-1}\left(\dfrac{2k-1}{2ck}\right)^{2k}\right]}{\eta\left[\dfrac{D(c+\Delta c+\lambda_1)}{2k-1}\left(\dfrac{2k-1}{2k(c+\Delta c+\lambda_1)}\right)^{2k} - \dfrac{Dc}{2k-1}\left(\dfrac{2k-1}{2ck}\right)^{2k}\right] + D\lambda_1\left(\dfrac{2k-1}{2ck}\right)^{2k}}$$

$$(7-63)$$

因此我们可以得出结论：

在采用扰动管理思想以后，供应商可以确定系数 η $(0<\eta<1)$ 来决定利润分配比例。

当

$$\eta < \frac{\dfrac{D(c+\Delta c+\lambda_1)}{2k-1}\left(\dfrac{2k-1}{2k(c+\Delta c+\lambda_1)}\right)^{2k} - \dfrac{Dc}{2k-1}\left(\dfrac{2k-1}{2ck}\right)^{2k} - D\lambda_1\left(\dfrac{2k-1}{2ck}\right)^{2k}}{2\left[\dfrac{D(c+\Delta c+\lambda_1)}{2k-1}\left(\dfrac{2k-1}{2k(c+\Delta c+\lambda_1)}\right)^{2k} - \dfrac{Dc}{2k-1}\left(\dfrac{2k-1}{2ck}\right)^{2k}\right]} \quad (7-64)$$

时，$|\Delta\pi_2| > |\Delta\pi_1|$，供应链存在正的利润放大效应。

（1）当

$$\eta = \frac{\dfrac{D(c+\Delta c+\lambda_1)}{2k-1}\left(\dfrac{2k-1}{2k(c+\Delta c+\lambda_1)}\right)^{2k} - \dfrac{Dc}{2k-1}\left(\dfrac{2k-1}{2ck}\right)^{2k} - D\lambda_1\left(\dfrac{2k-1}{2ck}\right)^{2k}}{2\left[\dfrac{D(c+\Delta c+\lambda_1)}{2k-1}\left(\dfrac{2k-1}{2k(c+\Delta c+\lambda_1)}\right)^{2k} - \dfrac{Dc}{2k-1}\left(\dfrac{2k-1}{2ck}\right)^{2k}\right]} \quad (7-65)$$

时，$|\Delta\pi_2|=|\Delta\pi_1|$，供应链存在正的利润不变效应。

（2）当

$$\eta>\frac{\dfrac{D(c+\Delta c+\lambda_1)}{2k-1}\left(\dfrac{2k-1}{2k(c+\Delta c+\lambda_1)}\right)^{2k}-\dfrac{Dc}{2k-1}\left(\dfrac{2k-1}{2ck}\right)^{2k}-D\lambda_1\left(\dfrac{2k-1}{2ck}\right)^{2k}}{2\left[\dfrac{D(c+\Delta c+\lambda_1)}{2k-1}\left(\dfrac{2k-1}{2k(c+\Delta c+\lambda_1)}\right)^{2k}-\dfrac{Dc}{2k-1}\left(\dfrac{2k-1}{2ck}\right)^{2k}\right]}\qquad(7-66)$$

时，$|\Delta\pi_2|<|\Delta\pi_1|$，供应链存在正的利润缩小效应。

从以上结论可以看出，在成本扰动发生后，当

$$\Delta c\leqslant-\lambda_1\qquad(7-67)$$

时，供应商可以通过控制分配比例，来放大、不变或缩小供应链利润波及效应。从波及效应研究的角度来看，在此情形下，供应商可以通过扰动管理降低在成本扰动发生后原来协调策略下的供应链利润缩小效应。

情形 7-6：$-\lambda_1<\Delta c<0$。

在情形 7-6 中，供应链的总利润

$$\pi_0^*=D\left(\frac{2k-1}{2ck}\right)^{2k}\left(\frac{c}{2k-1}-\Delta c\right)\qquad(7-68)$$

此时，供应商的利润

$$\pi_1^*=\eta D\left(\frac{2k-1}{2ck}\right)^{2k}\left(\frac{c}{2k-1}-\Delta c\right),(0\leqslant\eta<1)\qquad(7-69)$$

零售商的利润

$$\pi_2^*=(1-\eta)D\left(\frac{2k-1}{2ck}\right)^{2k}\left(\frac{c}{2k-1}-\Delta c\right)\qquad(7-70)$$

供应商的利润波动

$$\Delta\pi_1=\pi_1^*-\overline{\pi}_1=-\eta\Delta cD\left(\frac{2k-1}{2ck}\right)^{2k}>0\qquad(7-71)$$

零售商的利润波动

$$\Delta\pi_2=\pi_2^*-\overline{\pi}_2=(\eta-1)\Delta cD\left(\frac{2k-1}{2ck}\right)^{2k}>0\qquad(7-72)$$

供应链波及效应

$$\text{ARE}_{21} = \frac{\eta - 1}{-\eta} \tag{7-73}$$

因此我们可以得出结论：

在采用扰动管理思想以后，供应商确定利润分配比例 η（$0 < \eta < 1$）。

（1）当 $\eta < (1-\eta)$ 时，也就是 $\eta < 0.5$ 时，$|\Delta\pi_2| > |\Delta\pi_1|$，供应链存在正的利润放大效应。

（2）当 $\eta = (1-\eta)$ 时，也就是 $\eta = 0.5$ 时，$|\Delta\pi_2| = |\Delta\pi_1|$，供应链存在正的利润不变效应。

（3）当 $\eta > (1-\eta)$ 时，也就是 $\eta > 0.5$ 时，$|\Delta\pi_2| < |\Delta\pi_1|$，供应链存在正的利润缩小效应。

从以上结论可以看出，在需求扰动发生后，当

$$-\lambda_1 < \Delta c < 0 \tag{7-74}$$

时，供应商可以通过控制分配比例，来放大、不变或缩小供应链利润波及效应。从波及效应研究的角度来看，在此情形下，供应商可以通过扰动管理降低在成本扰动发生后原来协调策略下的供应链利润缩小效应。

情形 7-7：$0 < \Delta c < \lambda_2$。

在情形 7-7 中，供应链的总利润

$$\pi_0^* = D\left(\frac{2k-1}{2ck}\right)^{2k}\left(\frac{c}{2k-1} - \Delta c\right) \tag{7-75}$$

当 $0 < \Delta c < \dfrac{c}{2k-1}$ 时，供应链利润为负。

我们先考虑

$$\Delta c \geqslant \frac{c}{2k-1} \tag{7-76}$$

的情况，此时供应链存在整体利润

$$\pi_0^* = D\left(\frac{2k-1}{2ck}\right)^{2k}\left(\frac{c}{2k-1} - \Delta c\right) \tag{7-77}$$

供应商的利润为

$$\pi_1^* = \eta D\left(\frac{2k-1}{2ck}\right)^{2k}\left(\frac{c}{2k-1} - \Delta c\right), (0 \leqslant \eta < 1) \tag{7-78}$$

零售商的利润为

$$\pi_2^* = (1-\eta)D\left(\frac{2k-1}{2ck}\right)^{2k}\left(\frac{c}{2k-1}-\Delta c\right) \tag{7-79}$$

供应商的利润波动

$$\Delta\pi_1 = \pi_1^* - \overline{\pi}_1 = -\eta\Delta cD\left(\frac{2k-1}{2ck}\right)^{2k} < 0 \tag{7-80}$$

零售商的利润波动

$$\Delta\pi_2 = \pi_2^* - \overline{\pi}_2 = (\eta-1)\Delta cD\left(\frac{2k-1}{2ck}\right)^{2k} < 0 \tag{7-81}$$

供应链波及效应

$$\mathrm{ARE}_{21} = \frac{\eta-1}{-\eta} \tag{7-82}$$

因此我们可以得出结论：

在采用扰动管理思想以后，供应商确定利润分配比例 η $(0<\eta<1)$。

（1）当 $\eta < (1-\eta)$ 时，也就是 $\eta < 0.5$ 时，$|\Delta\pi_2|>|\Delta\pi_1|$，供应链存在负的利润放大效应。

（2）当 $\eta = (1-\eta)$ 时，也就是 $\eta = 0.5$ 时，$|\Delta\pi_2|=|\Delta\pi_1|$，供应链存在负的利润不变效应。

（3）当 $\eta > (1-\eta)$ 时，也就是 $\eta > 0.5$ 时，$|\Delta\pi_2|<|\Delta\pi_1|$，供应链存在负的利润缩小效应。

考虑

$$0 < \Delta c < \frac{c}{2k-1} \tag{7-83}$$

的情形，此时整体供应链利润为负，供应商作为斯塔克尔伯格博弈的主导方，应该先采取行动，后零售商行动，而从理论上讲供应商应该停止生产，使供应链瓦解。但是，供应商如果不想让供应链瓦解，就必须满足零售商的利润不小于 0。供应商让零售商保持 0^+ 的利润，零售商就可以继续订购产品，且在供应商的利润大于 $-\lambda_2\overline{Q}$ 的时候，供应商都愿意承担一定的亏损，将产品卖给零售商；当小于 $-\lambda_2\overline{Q}$ 的时候，供应商应该把产品卖到二级市场并接受利润为 $-\lambda_2\overline{Q}$。

假设零售商此时的利润为

$$\pi_2^* = -\mu D \left(\frac{2k-1}{2ck} \right)^{2k} \left(\frac{c}{2k-1} - \Delta c \right) > 0, (\mu \geqslant 0) \qquad (7-84)$$

供应商的利润为

$$\pi_1^* = (1+\mu) D \left(\frac{2k-1}{2ck} \right)^{2k} \left(\frac{c}{2k-1} - \Delta c \right) < 0 \qquad (7-85)$$

供应商的利润波动

$$\Delta \pi_1 = \pi_1^* - \overline{\pi}_1 = (1+\mu) D \left(\frac{2k-1}{2ck} \right)^{2k} \left(\frac{c}{2k-1} - \Delta c \right) - \eta \frac{Dc}{2k-1} \left(\frac{2k-1}{2ck} \right)^{2k} < 0 \qquad (7-86)$$

零售商的利润波动

$$\Delta \pi_2 = \pi_2^* - \overline{\pi}_2 = -\mu D \left(\frac{2k-1}{2ck} \right)^{2k} \left(\frac{c}{2k-1} - \Delta c \right) - \eta \frac{Dc}{2k-1} \left(\frac{2k-1}{2ck} \right)^{2k} < 0 \qquad (7-87)$$

供应链波及效应

$$ARE_{21} = \frac{-\mu D \left(\frac{2k-1}{2ck} \right)^{2k} \left(\frac{c}{2k-1} - \Delta c \right) - \eta \frac{Dc}{2k-1} \left(\frac{2k-1}{2ck} \right)^{2k}}{(1+\mu) D \left(\frac{2k-1}{2ck} \right)^{2k} \left(\frac{c}{2k-1} - \Delta c \right) - \eta \frac{Dc}{2k-1} \left(\frac{2k-1}{2ck} \right)^{2k}} \qquad (7-88)$$

由于 $\mu > 0$，我们可以得出 $|\Delta \pi_2| < |\Delta \pi_1|$，供应链存在负的利润缩小效应。综合以上所述可以看出，在需求扰动发生后，当

$$0 < \Delta c < \lambda_2 \qquad (7-89)$$

时，供应链存在负的利润波及效应。如果供应链整体还存在利润，供应商就可以通过设计契约控制利润分配系数 η，以控制利润波及效应的大小；如果供应链整体利润为负，供应链存在负的利润缩小效应，也就是供应商为了保存整条供应链，必须比零售商承担更多的成本扰动损失。

情形 7-8：$\Delta c \geqslant \lambda_2$。

考虑供应链利润为正的情形，此时

$$\pi_0^* = \frac{D(c + \Delta c - \lambda_2)}{2k-1} \left(\frac{2k-1}{2k(c + \Delta c - \lambda_2)} \right)^{2k} - D\lambda_2 \left(\frac{2k-1}{2ck} \right)^{2k} > 0 \qquad (7-90)$$

我们仍然考虑零售商必须有利润，可得到

$$\pi_2^* = \frac{D(c + \Delta c - \lambda_2)}{2k-1}\left(\frac{2k-1}{2k(c + \Delta c - \lambda_2)}\right)^{2k} - \mu D\lambda_2\left(\frac{2k-1}{2ck}\right)^{2k} \qquad (7-91)$$

如果 $\pi_2^* > 0$，则必须

$$1 < \mu < \frac{c}{(2k-1)\lambda_2}\left(\frac{c}{(c + \Delta c - \lambda_2)}\right)^{2k-1} \qquad (7-92)$$

供应商的利润

$$\pi_1^* = (\mu-1)D\lambda_2\left(\frac{2k-1}{2ck}\right)^{2k} \qquad (7-93)$$

此时，供应商的利润波动

$$\Delta\pi_1 = \pi_1^* - \overline{\pi}_1 = (\mu-1)D\lambda_2\left(\frac{2k-1}{2ck}\right)^{2k} - \eta\frac{Dc}{2k-1}\left(\frac{2k-1}{2ck}\right)^{2k} < 0 \qquad (7-94)$$

零售商的利润波动

$$\Delta\pi_2 = \pi_2^* - \overline{\pi}_2 = \frac{D(c + \Delta c - \lambda_2)}{2k-1}\left(\frac{2k-1}{2k(c + \Delta c - \lambda_2)}\right)^{2k} - \mu D\lambda_2\left(\frac{2k-1}{2ck}\right)^{2k} - \eta\frac{Dc}{2k-1}\left(\frac{2k-1}{2ck}\right)^{2k} < 0 \qquad (7-95)$$

供应链波及效应

$$\mathrm{ARE}_{21} = \frac{\dfrac{D(c + \Delta c - \lambda_2)}{2k-1}\left(\dfrac{2k-1}{2k(c + \Delta c - \lambda_2)}\right)^{2k} - \mu D\lambda_2\left(\dfrac{2k-1}{2ck}\right)^{2k} - \eta\dfrac{Dc}{2k-1}\left(\dfrac{2k-1}{2ck}\right)^{2k}}{(\mu-1)D\lambda_2\left(\dfrac{2k-1}{2ck}\right)^{2k} - \eta\dfrac{Dc}{2k-1}\left(\dfrac{2k-1}{2ck}\right)^{2k}}$$

$$(7-96)$$

所以，我们可以得出以下结论：

当 $\Delta c \geqslant \lambda_2$ 时，只要存在整体利润，就可以通过策略的制定控制供应链利润波及效应。当整体利润为负时，如果采用扰动管理思想，$|\Delta\pi_2| < |\Delta\pi_1|$，供应链存在负的利润缩小效应。也就是说，供应商将承担更多的成本增加带来的损失，以达到促使供应链稳定运作的目的。

当我们考虑供应链利润为负的情形，可以参考情形 7-3 中间的方式，$\mu < 0$ 的时候，供应商选择在二级市场卖掉 $\overline{Q}$ 的产品并且利润为 $-\lambda_2\overline{Q}$，供应商为了保持供应链运行，必须牺牲自己的一部分利益，以保证零售商的利益不

小于零。此时，供应链同样存在负的利润缩小效应。

7.3.4 算例分析

假设市场规模为 10 000，扰动未发生时单位生产成本 c 为 10，价格敏感系数 k 为 1，供应链面临的需求函数则为 $d = 10\,000p^{-2}$。供应链在扰动发生前在 $\bar{Q} = 25$，$\bar{p} = 20$ 的状态下最优，此时供应链利润 $\overline{\pi_0} = 250$。若供应商跟零售商谈判的结果是按对半分成，那么 $\eta = 0.5$（如果按照 6：4 分成的话，$\eta = 0.6$），根据确定性模型中的分析，供应链在全单位批发数量折扣契约 $\text{AWQD}(w_1, 15, 25)(w_1$足够大$)$ 下可以达到供应链协调，此时供应商利润 $\overline{\pi_1} = 125$，零售商利润 $\overline{\pi_2} = 125$。

当供应商的生产成本发生扰动时，原有的生产计划就可能需要进行调整，假设利润的分成比例不变，考虑增加原计划的单位生产成本 $\lambda_1 = 2$，处理过剩商品的单位成本 $\lambda_2 = 4$。考虑不同的成本扰动发生后供应商和零售商采用新的契约和不改变契约的利润波及效应。

结果如表 7-2 所示，模拟成本扰动从 -80% 到 240% 的 16 种情形，从中可以看出：

（1）在生产成本发生扰动的时候，假如供应链执行原来的契约，对零售商的利润是没有任何影响的，供应链利润波及效应为 0，生产成本扰动带来的利益和损失完全由供应商承担。

（2）假设供应商希望整体供应链处于相对稳定的状态，其就会采用扰动管理的思想，同时在生产成本发生扰动的时候，一定条件下不改变生产计划、改变契约，其他条件下改变生产计划并改变契约，使得供应链的利润最大化，并且使得供应链波及效应为 1，与零售商共同享受和承担成本扰动带来的利益和损失。

（3）如果供应商想享受更多的利润分配比例 η，如 $\eta = 0.6$，成本扰动带来的利润波及效应为 0.67，也就是需求扰动带来的利益和损失在零售商处缩小了。

（4）当整体供应链亏损，但是供应商并不想放弃整条供应链的情形下（情形 14～情形 16），需求扰动在原先制定的 1：1 分配的情况下，利润负缩小效应小于 1，在 6：4 分配状态下，利润负放大效应小于 0.67，供应商必须承担起更多的需求扰动带来的损失，而零售商的损失相对较小。

表 7-2　不同成本因素扰动新旧策略利润波动和波及效应

情形	成本扰动 Δc	供应链利润波动 $\Delta \pi_0$		供应商利润波动 $\Delta \pi_1$			零售商利润波动 $\Delta \pi_2$			利润波及效应 $ARE_{21}=\dfrac{\|\Delta \pi_2\|}{\|\Delta \pi_1\|}$		
		原策略	新策略	原策略	新策略 $\eta=0.5$	新策略 $\eta=0.6$	原策略	新策略 $\eta=0.5$	新策略 $\eta=0.6$	原策略	新策略 $\eta=0.5$	新策略 $\eta=0.6$
1	-8	200	425	200	212.5	225	0	212.5	170	0	1	0.67
2	-6	150	216.67	150	108.33	130	0	108.33	86.67	0	1	0.67
3	-4	100	112.5	100	56.25	67.5	0	56.25	45	0	1	0.67
4	-2	50	50	50	25	30	0	25	20	0	1	0.67
5	2	-50	-50	-50	-25	-30	0	-25	20	0	1	0.67
6	4	-100	-100	-100	-50	-60	0	-50	-40	0	1	0.67
7	6	-150	-141.67	-150	-70.83	-85	0	-70.83	-56.67	0	1	0.67
8	8	-200	-171.43	-200	-86.72	-102.86	0	-86.72	-68.57	0	1	0.67
9	10	-250	-193.75	-250	-96.88	-116.25	0	-96.88	-77.5	0	1	0.67
10	12	-300	-211.11	-300	-105.56	-126.67	0	-105.56	-84.44	0	1	0.67
11	14	-350	-225	-350	-112.5	-135	0	-112.5	-90	0	1	0.67
12	16	-400	-236.36	-400	-118.18	-141.82	0	-118.18	-94.54	0	1	0.67

续　表

情形	成本扰动 Δc	供应链利润波动 $\Delta\pi_0$		供应商利润波动 $\Delta\pi_1$			零售商利润波动 $\Delta\pi_2$			利润波及效应 $ARE_{21}=\dfrac{	\Delta\pi_2	}{	\Delta\pi_1	}$		
		原策略	新策略	原策略	新策略		原策略	新策略		原策略	新策略	
					$\eta=0.5$	$\eta=0.6$		$\eta=0.5$	$\eta=0.6$		$\eta=0.5$	$\eta=0.6$
13	18	-450	-245.83	-450	-122.92	-147.5	0	-122.92	-98.33	0	1	0.67
14	20	-500	-253.85	-500	-128.85	-153.85	0	-125	-100	0	0.97	0.65
15	22	-550	-260.71	-550	-135.71	-160.71	0	-125	-100	0	0.92	0.62
16	24	-600	-266.67	-600	-141.67	-166.67	0	-125	-100	0	0.88	0.6

7.4　本章小结

在本章中，我们研究了一个供应商和一个零售商组成的供应链，面临着一个非线性需求函数 $d = Dp^{-2k}\,(k \geqslant 1)$，供应商为斯塔克尔伯格博弈的主导方，需求和生产成本单因素扰动的两种情形。需求扰动带来的波及效应可视为从供应链下游往上游波及的过程，而成本扰动带来的波及效应是供应链上游往下游波及的过程，我们分析了在供应链坚持按原定协调计划执行扰动管理后调整契约的情形下供应链的利润波及效应问题，并通过算例分析看出，在实行扰动管理后，供应链应对突发事件带来的波及效应有着非常好的效果，并且在一定范围内能够促进利润的提高。研究还发现，如果供应商可以选择执行原来的合同或新的合同，供应商在需求扰动为正和成本扰动为正的时候愿意去改变合同，但在需求扰动为负和成本扰动为负的情形，供应商的利益有所减少。零售商在需求扰动为负和成本扰动为负的时候希望供应商采取作为的方式，而在需求扰动为正和成本扰动为正的时候，希望供应商采取不作为的方式。

# 第8章　考虑双因素扰动的供应链波及效应研究

本章延续第七章的内容，继续讨论一个供应商和一个零售商组成的二阶段供应链，供应商制造一种商品供应给零售商，零售商按照市场的需求大小订购商品并销售商品，零售商所面对的需求函数是非线性函数 $d = Dp^{-2k}\ (k \geq 1)$。基于考虑需求扰动跟生产成本扰动同时发生的情形，可度量供应链的波及效应，而研究方法主要是数值仿真，两个扰动因素都通过不同的赋值来研究扰动情形下供应链中间是否存在波及效应。

本章的结构是：第一节对基准的供应链模型进行分析，并描述双因素扰动情形下供应链波及效应的度量方法；第二节对双因素扰动的供应链波及效应进行分析；第三节通过数值仿真模拟不同扰动情形下的供应链波及效应，最后对双因素扰动的供应链波及效应研究进行小结。

8.1　基准供应链模型

8.1.1　模型参数

D ——供应链的总需求；

c ——单位产品的生产成本；

p ——零售商的零售价格，由零售商根据市场需求情况制定；

q ——商品的销售数量；

w ——产品的批发价格，由供应商制定；

Q^* ——商品的最优零售数量；

π_0 ——供应链利润；

π_1 ——供应商利润；

π_2 ——零售商利润；

ΔD——供应链需求扰动大小；

Δc——供应链生产成本扰动大小；

$\Delta \pi_0$——供应链利润波动大小；

$\Delta \pi_1$——供应商利润波动大小；

$\Delta \pi_2$——零售商利润波动大小；

η——供应链利润分配比例，$(0 < \eta < 1)$；

λ_1——增加产量时发生的单位额外成本；

λ_2——减少产量时发生的单位额外成本，$\lambda_2 < c + \Delta c$；

ARE_{12}——供应链波及效应大小。

8.1.2　双因素扰动情形下的供应链模型

需求和成本同时扰动情形下的供应链集中决策和协调问题在第二章已经做了详尽的描述，在需求和成本同时发生扰动时，供应链的利润函数为

$$\pi_0(Q) = Q\left[\left(\frac{D+\Delta D}{Q}\right)^{\frac{1}{2k}} - c - \Delta c\right] - \lambda_1\left(Q - \overline{Q}\right)^+ - \lambda_2\left(\overline{Q} - Q\right)^+ \quad (8\text{-}1)$$

此时，若不采用扰动管理的策略，零售商的利润函数

$$\pi_2 = \overline{Q}\left[\left(\frac{D+\Delta D}{\overline{Q}}\right)^{\frac{1}{2k}} - \overline{w_2}\right] \quad (8\text{-}2)$$

供应商的利润函数 $\pi_1 = \overline{Q}\left(\overline{w_2} - c - \Delta c\right)$，供应链整体利润

$$\pi_0 = \overline{Q}\left[\left(\frac{D+\Delta D}{\overline{Q}}\right)^{\frac{1}{2k}} - c - \Delta c\right] \quad (8\text{-}3)$$

若采取扰动管理的策略，则此时供应链的最优利润

$$\pi_0^* = \begin{cases} \frac{(D+\Delta D)(c+\Delta c+\lambda_1)}{2k-1}\left(\frac{2k-1}{2k(c+\Delta c+\lambda_1)}\right)^{2k} + D\lambda_1\left(\frac{2k-1}{2ck}\right)^{2k}, & \text{当}\Delta D > D\left[\left(1+\frac{\Delta c+\lambda_1}{c}\right)^{2k}-1\right] \\ D\left(\frac{2k-1}{2ck}\right)^{2k}\left[\left(1+\frac{\Delta D}{D}\right)^{\frac{1}{2k}}\frac{2ck}{2k-1} - c - \Delta c\right], & \text{当}D\left[\left(1+\frac{\Delta c-\lambda_2}{c}\right)^{2k}-1\right] < \Delta D \leqslant D\left[\left(1+\frac{\Delta c+\lambda_1}{c}\right)^{2k}-1\right] \\ \frac{(D+\Delta D)(c+\Delta c-\lambda_2)}{2k-1}\left(\frac{2k-1}{2k(c+\Delta c-\lambda_2)}\right)^{2k} - D\lambda_2\left(\frac{2k-1}{2ck}\right)^{2k}, & \text{当}\Delta D \leqslant D\left[\left(1+\frac{\Delta c-\lambda_2}{c}\right)^{2k}-1\right] \end{cases}$$

$$(8\text{-}4)$$

供应链最优生产计划

$$
Q^* = \begin{cases}
(D + \Delta D)\left(\dfrac{2k-1}{2k(c + \Delta c + \lambda_1)}\right)^{2k}, & \text{当} \Delta D > D\left[\left(1 + \dfrac{\Delta c + \lambda_1}{c}\right)^{2k} - 1\right] \\[4mm]
D\left(\dfrac{2k-1}{2ck}\right)^{2k}, & \text{当} D\left[\left(1 + \dfrac{\Delta c - \lambda_2}{c}\right)^{2k} - 1\right] < \Delta D \leqslant D\left[\left(1 + \dfrac{\Delta c + \lambda_1}{c}\right)^{2k} - 1\right] \\[4mm]
(D + \Delta D)\left(\dfrac{2k-1}{2k(c + \Delta c - \lambda_2)}\right)^{2k}, & \text{当} \Delta D \leqslant D\left[\left(1 + \dfrac{\Delta c - \lambda_2}{c}\right)^{2k} - 1\right]
\end{cases}
$$

（8-5）

最优零售价格

$$
p^* = \begin{cases}
\dfrac{2k(c + \Delta c + \lambda_1)}{2k-1}, & \text{当} \Delta D > D\left[\left(1 + \dfrac{\Delta c + \lambda_1}{c}\right)^{2k} - 1\right] \\[4mm]
\dfrac{2ck}{2k-1}\left(1 + \dfrac{\Delta D}{D}\right)^{\frac{1}{2k}}, & \text{当} D\left[\left(1 + \dfrac{\Delta c - \lambda_2}{c}\right)^{2k} - 1\right] < \Delta D \leqslant D\left[\left(1 + \dfrac{\Delta c + \lambda_1}{c}\right)^{2k} - 1\right] \\[4mm]
\dfrac{2k(c + \Delta c - \lambda_2)}{2k-1}, & \text{当} \Delta D \leqslant D\left[\left(1 + \dfrac{\Delta c - \lambda_2}{c}\right)^{2k} - 1\right]
\end{cases}
$$

（8-6）

8.1.3 以利润度量的双因素扰动供应链波及效应模型

双因素扰动下的供应链模型如图 8-1 所示。

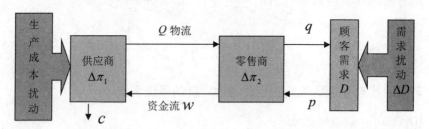

图 8-1 双因素扰动下的供应链模型

供应商和零售商的利润要素 π 的值分别为 π_1、π_2。当需求和生产成本扰动同时发生时（记为 ΔD、Δc），ΔD 首先对零售商的利润 π_2 产生影响，然后通过供应商和零售商两节点间的技术经济联系波及供应商，使供应商利润发生变化。Δc 首先影响到的是供应商的利润 π_1，然后波及零售商，引起零售商利润发生变化。

从绝对值来看，$|\Delta \pi_1|$ 与 $|\Delta \pi_2|$ 比较，有三种可能的结果：

$$|\Delta \pi_1| > |\Delta \pi_2|, \quad |\Delta \pi_1| = |\Delta \pi_2|, \quad |\Delta \pi_1| < |\Delta \pi_2| \tag{8-7}$$

分别表示需求波动和生产成本波动同时发生的时候，利润变化从零售商传递到供应商的情形，当然也可以考察从供应商传递到零售商的情形，本节考察供应链下游往上游波及的情况（如果考虑上游往下游波及，波及效应的值正好是从下游往上游波及的倒数）。此时要素 π 被放大、不变和缩小。如果不考虑绝对值，$\Delta \pi_1$ 与 $\Delta \pi_2$ 的比较还有正号和负号之分，当 $|\Delta \pi_1| > |\Delta \pi_2|$ 时，有正号表示正的放大效应，有负号表示负的放大效应。或者用

$$\mathrm{ARE}_{12} = \frac{|\Delta \pi_1|}{|\Delta \pi_2|} \tag{8-8}$$

来表示供应链波及效应的大小，当 $\mathrm{ARE}_{12} > 1$、$\mathrm{ARE}_{12} = 1$、$\mathrm{ARE}_{12} < 1$ 时，分别表示利润放大效应、不变效应和缩小效应。

8.2　双因素扰动下供应链波及效应分析

8.2.1　供应商不作为情形下的波及效应分析

如果供应商不采取扰动管理策略，供应商的利润函数为

$$\pi_1 = D\left(\frac{2k-1}{2ck}\right)^{2k}\left(\frac{c\eta}{2k-1} - \Delta c\right) \tag{8-9}$$

供应商的利润波动为

$$\Delta \pi_1 = \pi_1 - \overline{\pi_1} = D\left(\frac{2k-1}{2ck}\right)^{2k}\left(\frac{c\eta}{2k-1} - \Delta c\right) - \eta\frac{Dc}{2k-1}\left(\frac{2k-1}{2ck}\right)^{2k} = -\Delta cD\left(\frac{2k-1}{2ck}\right)^{2k}$$

$$\tag{8-10}$$

是关于 Δc 的线性递减函数。零售商的利润函数为

$$\pi_2 = D\left(\frac{2k-1}{2ck}\right)^{2k}\left[\frac{2ck}{2k-1}\left(\frac{D+\Delta D}{D}\right)^{\frac{1}{2k}} - c - \frac{c\eta}{2k-1}\right] \tag{8-11}$$

零售商的利润波动为

$$\Delta\pi_2 = \pi_2 - \overline{\pi}_2 = D\left(\frac{2k-1}{2ck}\right)^{2k}\left[\frac{2ck}{2k-1}\left(\frac{D+\Delta D}{D}\right)^{\frac{1}{2k}} - c - \frac{c\eta}{2k-1}\right] - (1-\eta)\frac{Dc}{2k-1}\left(\frac{2k-1}{2ck}\right)^{2k}$$

$$= D\frac{2ck}{2k-1}\left(\frac{2k-1}{2ck}\right)^{2k}\left[\left(\frac{D+\Delta D}{D}\right)^{\frac{1}{2k}} - 1\right] \quad (8\text{-}12)$$

可以得到不采取行动下的供应链利润波及效应

$$\text{ARE}_{12} = \frac{|\Delta\pi_1|}{|\Delta\pi_2|} = \left|\frac{\Delta c(2k-1)}{2ck\left[\left(\frac{D+\Delta D}{D}\right)^{\frac{1}{2k}} - 1\right]}\right| \quad (8\text{-}13)$$

因此可以推导出：

（1）当

$$|\Delta c| > \frac{2ck}{2k-1}\left|\left(\frac{D+\Delta D}{D}\right)^{\frac{1}{2k}} - 1\right| \quad (8\text{-}14)$$

时，$\text{ARE}_{12} > 1$，供应链存在利润放大效应。

（2）当

$$|\Delta c| = \frac{2ck}{2k-1}\left|\left(\frac{D+\Delta D}{D}\right)^{\frac{1}{2k}} - 1\right| \quad (8\text{-}15)$$

时，$\text{ARE}_{12} = 1$，供应链存在利润不变效应。

（3）当

$$|\Delta c| < \frac{2ck}{2k-1}\left|\left(\frac{D+\Delta D}{D}\right)^{\frac{1}{2k}} - 1\right| \quad (8\text{-}16)$$

时，$\text{ARE}_{12} < 1$，供应链存在利润缩小效应。

8.2.2　供应商作为情形下的波及效应分析

假设此时供应商意识到了扰动管理的重要性，并基于扰动管理思想对协调策略进行了修改，供应链的利润波及效应又是如何呢？此时，依然沿用第二章的四种情形。

情形 8-1：$\Delta D > D\left[\left(1+\dfrac{\Delta c+\lambda_1}{c}\right)^{2k}-1\right]$。

在情形 8-1 中，供应链的总利润为

$$\pi_0^* = \frac{(D+\Delta D)(c+\Delta c+\lambda_1)}{2k-1}\left(\frac{2k-1}{2k(c+\Delta c+\lambda_1)}\right)^{2k} + D\lambda_1\left(\frac{2k-1}{2ck}\right)^{2k} \qquad (8\text{-}17)$$

此时，供应商的利润为

$$\pi_1^* = \eta\left[\frac{(D+\Delta D)(c+\Delta c+\lambda_1)}{2k-1}\left(\frac{2k-1}{2k(c+\Delta c+\lambda_1)}\right)^{2k}\right] + D\lambda_1\left(\frac{2k-1}{2ck}\right)^{2k}, (0\leq\eta<1)$$

$$\qquad (8\text{-}18)$$

零售商的利润为

$$\pi_2^* = (1-\eta)\left[\frac{(D+\Delta D)(c+\Delta c+\lambda_1)}{2k-1}\left(\frac{2k-1}{2k(c+\Delta c+\lambda_1)}\right)^{2k}\right] \qquad (8\text{-}19)$$

供应商的利润波动

$$\Delta\pi_1 = \pi_1^* - \overline{\pi}_1 = \eta\left[\frac{(D+\Delta D)(c+\Delta c+\lambda_1)}{2k-1}\left(\frac{2k-1}{2k(c+\Delta c+\lambda_1)}\right)^{2k} - \frac{Dc}{2k-1}\left(\frac{2k-1}{2ck}\right)^{2k}\right] + D\lambda_1\left(\frac{2k-1}{2ck}\right)^{2k} > 0$$

$$\qquad (8\text{-}20)$$

零售商的利润波动

$$\Delta\pi_2 = \pi_2^* - \overline{\pi}_2 = (1-\eta)\left[\frac{(D+\Delta D)(c+\Delta c+\lambda_1)}{2k-1}\left(\frac{2k-1}{2k(c+\Delta c+\lambda_1)}\right)^{2k} - \frac{Dc}{2k-1}\left(\frac{2k-1}{2ck}\right)^{2k}\right] > 0$$

$$\qquad (8\text{-}21)$$

供应链波及效应为

$$\text{ARE}_{12} = \frac{\eta\left[\dfrac{(D+\Delta D)(c+\Delta c+\lambda_1)}{2k-1}\left(\dfrac{2k-1}{2k(c+\Delta c+\lambda_1)}\right)^{2k}-\dfrac{Dc}{2k-1}\left(\dfrac{2k-1}{2ck}\right)^{2k}+D\lambda_1\left(\dfrac{2k-1}{2ck}\right)^{2k}\right]}{(1-\eta)\left[\dfrac{(D+\Delta D)(c+\Delta c+\lambda_1)}{2k-1}\left(\dfrac{2k-1}{2k(c+\Delta c+\lambda_1)}\right)^{2k}-\dfrac{Dc}{2k-1}\left(\dfrac{2k-1}{2ck}\right)^{2k}\right]}$$

（8-22）

因此我们可以得出结论：

在采用扰动管理思想以后，供应商确定系数 $\eta\,(0<\eta<1)$。

（1）当

$$\eta > \frac{\dfrac{(D+\Delta D)(c+\Delta c+\lambda_1)}{2k-1}\left(\dfrac{2k-1}{2k(c+\Delta c+\lambda_1)}\right)^{2k}-\dfrac{Dc}{2k-1}\left(\dfrac{2k-1}{2ck}\right)^{2k}-D\lambda_1\left(\dfrac{2k-1}{2ck}\right)^{2k}}{2\left[\dfrac{(D+\Delta D)(c+\Delta c+\lambda_1)}{2k-1}\left(\dfrac{2k-1}{2k(c+\Delta c+\lambda_1)}\right)^{2k}-\dfrac{Dc}{2k-1}\left(\dfrac{2k-1}{2ck}\right)^{2k}\right]}$$

（8-23）

时，$|\Delta\pi_1|>|\Delta\pi_2|$，供应链存在正的利润放大效应。

（2）当

$$\eta = \frac{\dfrac{(D+\Delta D)(c+\Delta c+\lambda_1)}{2k-1}\left(\dfrac{2k-1}{2k(c+\Delta c+\lambda_1)}\right)^{2k}-\dfrac{Dc}{2k-1}\left(\dfrac{2k-1}{2ck}\right)^{2k}-D\lambda_1\left(\dfrac{2k-1}{2ck}\right)^{2k}}{2\left[\dfrac{(D+\Delta D)(c+\Delta c+\lambda_1)}{2k-1}\left(\dfrac{2k-1}{2k(c+\Delta c+\lambda_1)}\right)^{2k}-\dfrac{Dc}{2k-1}\left(\dfrac{2k-1}{2ck}\right)^{2k}\right]}$$

（8-24）

时，$|\Delta\pi_1|=|\Delta\pi_2|$，供应链存在正的利润不变效应。

（3）当

$$\eta < \frac{\dfrac{(D+\Delta D)(c+\Delta c+\lambda_1)}{2k-1}\left(\dfrac{2k-1}{2k(c+\Delta c+\lambda_1)}\right)^{2k}-\dfrac{Dc}{2k-1}\left(\dfrac{2k-1}{2ck}\right)^{2k}-D\lambda_1\left(\dfrac{2k-1}{2ck}\right)^{2k}}{2\left[\dfrac{(D+\Delta D)(c+\Delta c+\lambda_1)}{2k-1}\left(\dfrac{2k-1}{2k(c+\Delta c+\lambda_1)}\right)^{2k}-\dfrac{Dc}{2k-1}\left(\dfrac{2k-1}{2ck}\right)^{2k}\right]}$$

（8-25）

时，$|\Delta\pi_1|<|\Delta\pi_2|$，供应链存在正的利润缩小效应。

从以上结论可以看出，在需求扰动发生后，当

$$\Delta D > D\left[\left(1+\frac{\Delta c+\lambda_1}{c}\right)^{2k}-1\right] \qquad (8\text{-}26)$$

时，供应商可以通过控制分配比例，来放大、不变或缩小供应链利润波及效应。从波及效应研究的角度来看，在此情形下，供应商可以通过扰动管理降低在需求扰动发生后原来协调策略下的供应链利润缩小效应。

情形 8-2：$D\left[\left(1+\dfrac{\Delta c}{c}\right)^{2k}-1\right]<\Delta D\leqslant D\left[\left(1+\dfrac{\Delta c+\lambda_1}{c}\right)^{2k}-1\right]$。

在情形 8-2 中，有与情形 8-1 类似的考虑。

供应链的总利润为

$$\pi_0^* = D\left(\frac{2k-1}{2ck}\right)^{2k}\left[\left(1+\frac{\Delta D}{D}\right)^{\frac{1}{2k}}\frac{2ck}{2k-1}-c-\Delta c\right] \qquad (8\text{-}27)$$

此时，供应商的利润为

$$\pi_1^* = \eta D\left(\frac{2k-1}{2ck}\right)^{2k}\left[\left(1+\frac{\Delta D}{D}\right)^{\frac{1}{2k}}\frac{2ck}{2k-1}-c-\Delta c\right],(0\leqslant\eta<1) \qquad (8\text{-}28)$$

零售商的利润为

$$\pi_2^* = (1-\eta)D\left(\frac{2k-1}{2ck}\right)^{2k}\left[\left(1+\frac{\Delta D}{D}\right)^{\frac{1}{2k}}\frac{2ck}{2k-1}-c-\Delta c\right] \qquad (8\text{-}29)$$

供应商的利润波动

$$\Delta\pi_1 = \pi_1^* - \overline{\pi}_1 = \eta\left[D\left(\frac{2k-1}{2ck}\right)^{2k}\left(\left(1+\frac{\Delta D}{D}\right)^{\frac{1}{2k}}\frac{2ck}{2k-1}-c-\Delta c\right)-\frac{Dc}{2k-1}\left(\frac{2k-1}{2ck}\right)^{2k}\right]>0$$

$$(8\text{-}30)$$

零售商的利润波动

$$\Delta\pi_2 = \pi_2^* - \overline{\pi}_2 = (1-\eta)\left[D\left(\frac{2k-1}{2ck}\right)^{2k}\left(\left(1+\frac{\Delta D}{D}\right)^{\frac{1}{2k}}\frac{2ck}{2k-1}-c-\Delta c\right)-\frac{Dc}{2k-1}\left(\frac{2k-1}{2ck}\right)^{2k}\right]>0$$

$$(8\text{-}31)$$

供应链波及效应为

$$\text{ARE}_{12} = \frac{\eta}{(1-\eta)} \qquad (8-32)$$

因此我们可以得出结论：

在采用扰动管理思想以后，供应商确定利润分配比例 η $(0 < \eta < 1)$。

（1）当 $\eta > (1-\eta)$ 时，也就是 $\eta > 0.5$ 时，$|\Delta\pi_1| > |\Delta\pi_2|$，供应链存在正的利润放大效应。

（2）当 $\eta = (1-\eta)$ 时，也就是 $\eta = 0.5$ 时，$|\Delta\pi_1| = |\Delta\pi_2|$，供应链存在正的利润不变效应。

（3）当 $\eta < (1-\eta)$ 时，也就是 $\eta < 0.5$ 时，$|\Delta\pi_1| < |\Delta\pi_2|$，供应链存在正的利润缩小效应。

从以上结论可以看出，在需求扰动发生后，当

$$D\left[\left(1+\frac{\Delta c}{c}\right)^{2k}-1\right] < \Delta D \leqslant D\left[\left(1+\frac{\Delta c+\lambda_1}{c}\right)^{2k}-1\right] \qquad (8-33)$$

时，供应商可以通过控制分配比例，来放大、不变或缩小供应链利润波及效应，从波及效应研究的角度来看，在此情形下，供应商可以通过扰动管理降低在需求扰动发生后原来协调策略下的供应链利润缩小效应。

情形 8-3：$D\left[\left(1+\frac{\Delta c-\lambda_2}{c}\right)^{2k}-1\right] < \Delta D \leqslant D\left[\left(1+\frac{\Delta c}{c}\right)^{2k}-1\right]$。

此时在 $\lambda_2 < c < 2\lambda_2 k$，$D\left[\left(1-\frac{\lambda_2}{c}\right)^{2k}-1\right] < \Delta D < D\left[\left(\frac{(2k-1)}{2k}\right)^{2k}-1\right]$ 的情形下，供应链整体利润小于零。

整体供应链的利润为正时，供应链存在整体利润

$$\pi_0^* = D\left(\frac{2k-1}{2ck}\right)^{2k}\left[\left(1+\frac{\Delta D}{D}\right)^{\frac{1}{2k}}\frac{2ck}{2k-1}-c-\Delta c\right] \qquad (8-34)$$

供应商的利润为

$$\pi_1^* = \eta D\left(\frac{2k-1}{2ck}\right)^{2k}\left[\left(1+\frac{\Delta D}{D}\right)^{\frac{1}{2k}}\frac{2ck}{2k-1}-c-\Delta c\right],(0\leqslant\eta<1) \qquad (8-35)$$

零售商的利润为

$$\pi_2^* = (1-\eta)D\left(\frac{2k-1}{2ck}\right)^{2k}\left[\left(1+\frac{\Delta D}{D}\right)^{\frac{1}{2k}}\frac{2ck}{2k-1}-c-\Delta c\right] \qquad (8-36)$$

供应商的利润波动

$$\Delta\pi_1 = \pi_1^* - \overline{\pi}_1 = \eta\left[D\left(\frac{2k-1}{2ck}\right)^{2k}\left(\left(1+\frac{\Delta D}{D}\right)^{\frac{1}{2k}}\frac{2ck}{2k-1}-c-\Delta c\right)-\frac{Dc}{2k-1}\left(\frac{2k-1}{2ck}\right)^{2k}\right] < 0$$
$$\qquad (8-37)$$

零售商的利润波动

$$\Delta\pi_2 = \pi_2^* - \overline{\pi}_2 = (1-\eta)\left[D\left(\frac{2k-1}{2ck}\right)^{2k}\left(\left(1+\frac{\Delta D}{D}\right)^{\frac{1}{2k}}\frac{2ck}{2k-1}-c-\Delta c\right)-\frac{Dc}{2k-1}\left(\frac{2k-1}{2ck}\right)^{2k}\right] < 0$$
$$\qquad (8-38)$$

供应链波及效应为

$$\text{ARE}_{12} = \frac{\eta}{(1-\eta)} \qquad (8-39)$$

因此我们可以得出结论：

在采用扰动管理思想以后，供应商确定利润分配比例 η $(0<\eta<1)$。

（1）当 $\eta>(1-\eta)$ 时，也就是 $\eta>0.5$ 时，$|\Delta\pi_1|>|\Delta\pi_2|$，供应链存在负的利润放大效应。

（2）当 $\eta=(1-\eta)$ 时，也就是 $\eta=0.5$ 时，$|\Delta\pi_1|=|\Delta\pi_2|$，供应链存在负的利润不变效应。

（3）当 $\eta<(1-\eta)$ 时，也就是 $\eta<0.5$ 时，$|\Delta\pi_1|<|\Delta\pi_2|$，供应链存在负的利润缩小效应。

当我们考虑

$$\lambda_2 < c < 2\lambda_2 k, \quad D\left[\left(1-\frac{\lambda_2}{c}\right)^{2k}-1\right] < \Delta D < D\left[\left(\frac{(2k-1)}{2k}\right)^{2k}-1\right] \qquad (8-40)$$

的时候

$$\pi_0^* = D\left(\frac{2k-1}{2ck}\right)^{2k}\left[\left(1+\frac{\Delta D}{D}\right)^{\frac{1}{2k}}\frac{2ck}{2k-1}-c-\Delta c\right] < 0 \qquad (8-41)$$

供应链的利润是负值，这时完全理性的供应商将放弃生产的方式。现在我们假设供应商还想继续生产，当零售商的利润为负的时候，零售商将不订购任何数量产品，供应商只能把生产的产品卖到二级市场并接受利润为 $-\lambda_2 \overline{Q}$。

此时，作为供应链的主导方，供应商可以采取措施，将零售商的利润值控制在不小于 0 的状态（考虑到供应商自身亏损最小化的目标，零售商的利润将为 0^+）。

假设零售商在此时的利润为

$$\pi_2^* = -\mu D \left(\frac{2k-1}{2ck}\right)^{2k} \left[\left(1+\frac{\Delta D}{D}\right)^{\frac{1}{2k}} \frac{2ck}{2k-1} - c - \Delta c\right] > 0, (\mu > 0) \quad （8-42）$$

供应商的利润为

$$\pi_1^* = (1+\mu) D \left(\frac{2k-1}{2ck}\right)^{2k} \left[\left(1+\frac{\Delta D}{D}\right)^{\frac{1}{2k}} \frac{2ck}{2k-1} - c - \Delta c\right] < 0 \quad （8-43）$$

供应商的利润波动

$$\Delta\pi_1 = \pi_1^* - \overline{\pi}_1 = (1+\mu) D \left(\frac{2k-1}{2ck}\right)^{2k} \left(\left(1+\frac{\Delta D}{D}\right)^{\frac{1}{2k}} \frac{2ck}{2k-1} - c - \Delta c\right) - \eta \frac{Dc}{2k-1}\left(\frac{2k-1}{2ck}\right)^{2k} < 0$$

$$（8-44）$$

零售商的利润波动

$$\Delta\pi_2 = \pi_2^* - \overline{\pi}_2 = -\mu D \left(\frac{2k-1}{2ck}\right)^{2k} \left(\left(1+\frac{\Delta D}{D}\right)^{\frac{1}{2k}} \frac{2ck}{2k-1} - c - \Delta c\right) - \eta \frac{Dc}{2k-1}\left(\frac{2k-1}{2ck}\right)^{2k} < 0$$

$$（8-45）$$

供应链波及效应为

$$\mathrm{ARE}_{12} = \frac{(1+\mu) D \left(\frac{2k-1}{2ck}\right)^{2k} \left(\left(1+\frac{\Delta D}{D}\right)^{\frac{1}{2k}} \frac{2ck}{2k-1} - c - \Delta c\right) - \eta \frac{Dc}{2k-1}\left(\frac{2k-1}{2ck}\right)^{2k}}{-\mu D \left(\frac{2k-1}{2ck}\right)^{2k} \left(\left(1+\frac{\Delta D}{D}\right)^{\frac{1}{2k}} \frac{2ck}{2k-1} - c - \Delta c\right) - \eta \frac{Dc}{2k-1}\left(\frac{2k-1}{2ck}\right)^{2k}} \quad （8-46）$$

由于 $\mu > 0$，我们可以得出 $|\Delta\pi_1| > |\Delta\pi_2|$，供应链存在负的利润放大效应。

从以上所述可以看出，在需求扰动发生后，当

$$D\left[\left(1+\frac{\Delta c-\lambda_2}{c}\right)^{2k}-1\right]<\Delta D\leqslant D\left[\left(1+\frac{\Delta c}{c}\right)^{2k}-1\right] \tag{8-47}$$

时，供应链都存在负的利润波及效应。如果供应链整体还存在利润，供应商就可以基于设计契约通过控制利润分配比例 η 来控制利润波及效应的大小；如果供应链整体利润为负，供应链存在负的利润放大效应，也就是供应商为了保存整条供应链，必须比零售商放弃更多的利润或者承担更多的扰动损失。

情形 8-4：$\Delta D\leqslant D\left[\left(1+\frac{\Delta c-\lambda_2}{c}\right)^{2k}-1\right]$。

考虑供应链利润为正的情形，此时

$$\pi_0^*=\frac{(D+\Delta D)(c+\Delta c-\lambda_2)}{2k-1}\left(\frac{2k-1}{2k(c+\Delta c-\lambda_2)}\right)^{2k}-D\lambda_2\left(\frac{2k-1}{2ck}\right)^{2k}>0 \tag{8-48}$$

我们仍然考虑零售商必须有利润，可得到

$$\pi_2^*=\frac{(D+\Delta D)(c-\lambda_2)}{2k-1}\left(\frac{2k-1}{2k(c-\lambda_2)}\right)^{2k}-\mu D\lambda_2\left(\frac{2k-1}{2ck}\right)^{2k} \tag{8-49}$$

如果 $\pi_2^*>0$，则必须

$$1<\mu<\frac{(D+\Delta D)}{(2k-1)D\lambda_2}\left(\frac{c}{(c+\Delta c-\lambda_2)}\right)^{2k-1} \tag{8-50}$$

供应商的利润为

$$\pi_1^*=(\mu-1)D\lambda_2\left(\frac{2k-1}{2ck}\right)^{2k} \tag{8-51}$$

此时，供应商的利润波动

$$\Delta\pi_1=\pi_1^*-\overline{\pi}_1=(\mu-1)D\lambda_2\left(\frac{2k-1}{2ck}\right)^{2k}-\eta\frac{Dc}{2k-1}\left(\frac{2k-1}{2ck}\right)^{2k}<0 \tag{8-52}$$

零售商的利润波动

$$\Delta\pi_2=\pi_2^*-\overline{\pi}_2=\frac{(D+\Delta D)(c+\Delta c-\lambda_2)}{2k-1}\left(\frac{2k-1}{2k(c+\Delta c-\lambda_2)}\right)^{2k}-\mu D\lambda_2\left(\frac{2k-1}{2ck}\right)^{2k}-\eta\frac{Dc}{2k-1}\left(\frac{2k-1}{2ck}\right)^{2k}<0$$

$$\tag{8-53}$$

供应链波及效应为

$$\text{ARE}_{12} = \cfrac{(\mu-1)D\lambda_2\left(\cfrac{2k-1}{2ck}\right)^{2k} - \eta\cfrac{Dc}{2k-1}\left(\cfrac{2k-1}{2ck}\right)^{2k}}{\cfrac{(D+\Delta D)(c+\Delta c-\lambda_2)}{2k-1}\left(\cfrac{2k-1}{2k(c+\Delta c-\lambda_2)}\right)^{2k} - \mu D\lambda_2\left(\cfrac{2k-1}{2ck}\right)^{2k} - \eta\cfrac{Dc}{2k-1}\left(\cfrac{2k-1}{2ck}\right)^{2k}}$$

$$(8-54)$$

所以，我们可以得出以下结论：

$$\Delta D \leqslant D\left[\left(1+\frac{\Delta c-\lambda_2}{c}\right)^{2k} - 1\right] \quad (8-55)$$

如果采用扰动管理思想，$|\Delta\pi_1| > |\Delta\pi_2|$，供应链存在负的利润放大效应。也就是供应商将牺牲自己更多的利益来达到供应链稳定运作的目的。

当我们考虑供应链利润为负的情形，可以参考情形 8-3 中间的方式，$\mu<0$ 的时候，供应商选择在二级市场卖掉 $\overline{Q}$ 的产品并且利润为 $-\lambda_2\overline{Q}$，供应商为了保持供应链运行，必须牺牲自己的一部分利益，以保证零售商的利润不小于零。此时，供应链同样存在负的利润放大效应。

8.3 算例分析

8.3.1 仿真算例

假设某一个消费类电子产品（如彩电）的市场规模为 10 000，扰动未发生时单位生产成本为 10，价格敏感系数 k 为 1，因此供应链面临的需求函数为 $d=10\,000p^{-2}$，可知供应链在扰动发生前在 $\overline{Q}=25$，$\overline{p}=20$ 的状态下最优，此时供应链利润 $\overline{f_{\max}^{sc}}=250$。若供应商跟零售商谈判的结果是按对半分成，那么供应链的利润按照 1 ：1 分配，根据确定性模型中的分析，供应链可以在全单位批发数量折扣契约 $\text{AWQD}(w_1,15,25)$（w_1足够大）下达到供应链协调。

当市场规模和生产成本同时发生扰动时，原有的生产计划就可能需要进行调整，假设利润的分成比例不变，偏离原计划的单位成本 $\lambda_1=\lambda_2=1$。

采取 MATLAB7.0 软件模拟非线性需求函数下不同需求和生产成本同时扰动时的情形。考虑到研究的通用性，我们将扰动范围参数从资料上的 −50% 到

+60% 扩大为 –80% 到 +80%，对 256 个情形下不同的扰动发生后供应商作为供应链和不作为供应链中的供应商利润、零售商利润、供应链利润以及波及效应大小进行比较，得到 32 种情形的仿真结果，并得出管理启示。

8.3.2　双因素扰动对供应商的影响分析

8.3.2.1　需求和生产成本同时增加情形

在需求和生产成本同时增加的情形下，当供应商采用不作为策略时，由于供应链需求的波动不会传递到供应商，供应商只面对生产成本增加的情况，因此供应商不作为情形下的仿真效果图为二维图（以下几种类似），而当供应商采用作为策略时，供应链扰动管理在一定状态下实施，整个供应链可呈现利益共享的状态，且供应商的利润增加（图 8-2）。

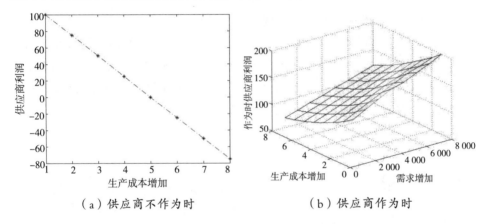

（a）供应商不作为时　　　　　（b）供应商作为时

图 8-2　需求和生产成本同时增加时供应商利润图

8.3.2.2　需求和生产成本同时减少情形

在需求和生产成本同时减少的情形下，如果供应商采取不作为策略，需求减少将不会波及供应商，供应商独享生产成本减少的好处，但是供应商的作为策略可以提高供应链的整体利润。在需求减少相对较少而生产成本减少到一定程度的时候，供应商应该选择作为情形（图 8-3）。

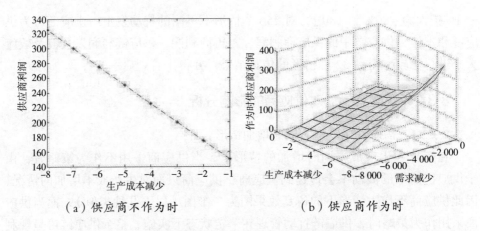

（a）供应商不作为时　　　　　　　（b）供应商作为时

图 8-3　需求和生产成本同时减少时供应商利润图

8.3.2.3　需求增加，同时生产成本减少情形

在需求增加，同时生产成本减少的情形下，供应商不作为的时候，供应商面对的也仅仅是成本减少带来的好处，但是供应商不能享受由需求增加带来的利润波及效应，所以供应商在需求增加且生产成本减少到一定程度的时候，要选择作为策略（图 8-4）。

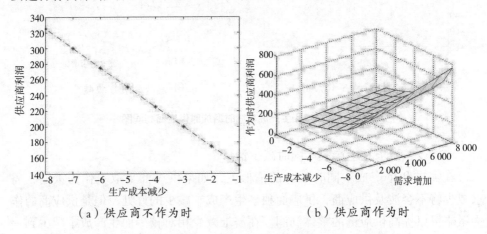

（a）供应商不作为时　　　　　　　（b）供应商作为时

图 8-4　需求增加，同时生产成本减少时供应商利润图

8.3.2.4　需求减少，同时生产成本增加情形

在需求减少，同时生产成本增加的情形下，供应商不作为的时候，其仅仅需面对生产成本增加问题，而不需要去考虑需求的减少，但是作为情况下会有利润的增加，所以供应商会选择作为策略（图 8-5）。

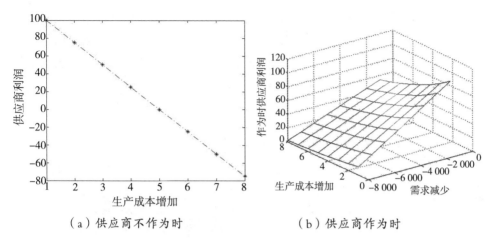

（a）供应商不作为时　　　　　　（b）供应商作为时

图 8-5　需求减少，同时生产成本增加时供应商利润图

8.3.3　双因素扰动对零售商的影响分析

8.3.3.1　需求和生产成本同时增加情形

在需求和生产成本同时增加的情形下，零售商由于不承受生产成本增加带来的波及效应，其只享受需求增加带来的利润增加，但是供应商会采取作为策略，所以最后零售商享受的是作为后的利润（图 8-6）。

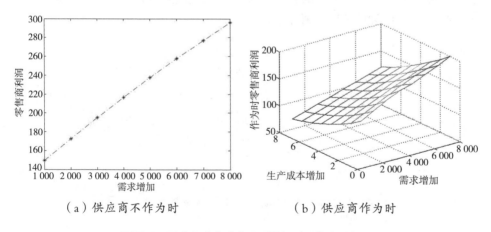

（a）供应商不作为时　　　　　　（b）供应商作为时

图 8-6　需求和生产成本同时增加时零售商利润图

8.3.3.2　需求和生产成本同时减少情形

当需求和生产成本同时减少，零售商所面临的需求下降，那么不作为策

略下零售商只承受需求下降所带来的利润缩小，而不享受生产成本降低所带来的波及效应。在此情形下，零售商非常愿意接受供应商的作为策略，而供应商如果只考虑自身利益，由于生产成本降低，可能在一定范围内不愿意去改变作为，而只在一定范围内做出作为决策（图8-7）。

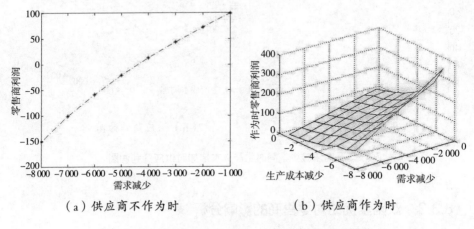

（a）供应商不作为时　　　　　　　（b）供应商作为时

图8-7　需求和生产成本同时减少时零售商利润图

8.3.3.3　需求增加，同时生产成本减少情形

当需求增加，同时生产成本减少的时候，如果供应商采取不作为策略，零售商只面对需求增加带来的利润增长，当供应商采取作为策略的时候，零售商就有了更多的利润增长（图8-8）。

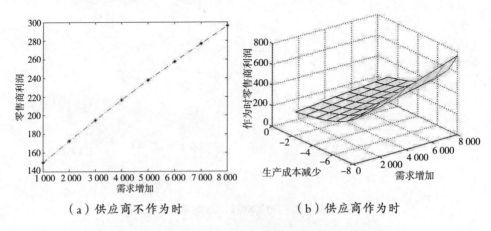

（a）供应商不作为时　　　　　　　（b）供应商作为时

图8-8　需求增加，同时生产成本减少时零售商利润图

8.3.3.4　需求减少，同时生产成本增加情形

当需求减少，同时生产成本增加情形下，供应商会采取作为策略，此时零售商的利润就比供应商不作为的时候高（图 8-9）。

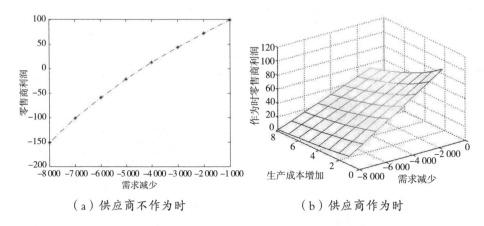

（a）供应商不作为时　　　　　（b）供应商作为时

图 8-9　需求减少，同时生产成本增加时零售商利润图

8.3.4　双因素扰动对整体供应链的影响分析

8.3.4.1　需求和生产成本同时增加情形

在需求和生产成本同时增加的情形中，供应商不作为策略下供应链的整体利润明显低于供应商作为策略下供应链的整体利润。此时，为了促使供应链整体达到最优，作为博弈的主导方，供应商将会采取作为策略，以提高供应链的整体利润水平（图 8-10）。

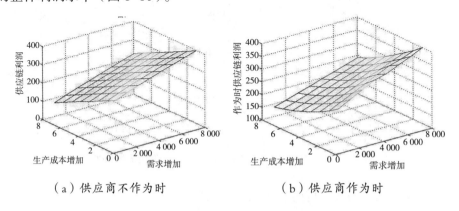

（a）供应商不作为时　　　　　（b）供应商作为时

图 8-10　需求和生产成本同时增加时供应链利润图

8.3.4.2　需求和生产成本同时减少情形

当需求和生产成本同时减少时，供应商作为策略状态下的供应链利润大大超过了不作为策略状态下的供应链整体利润。因此，为了增加供应链的整体利润，供应商也会采取作为策略（图 8-11）。

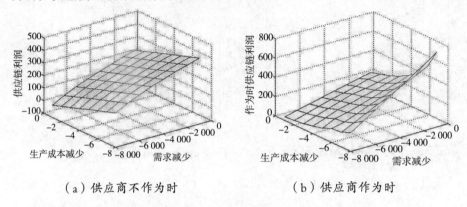

（a）供应商不作为时　　　　　　（b）供应商作为时

图 8-11　需求和生产成本同时减少时供应链利润图

8.3.4.3　需求增加，同时生产成本减少情形

在需求增加，同时生产成本减少的情形下，作为策略下的供应链利润要比不作为策略下的高，所以考虑供应链整体利润，供应商会采用作为策略（图 8-12）。

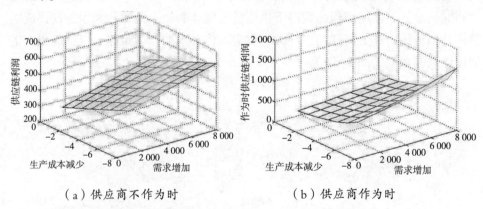

（a）供应商不作为时　　　　　　（b）供应商作为时

图 8-12　需求增加，同时生产成本减少时供应链利润图

8.3.4.4　需求减少，同时生产成本增加情形

在需求减少，同时生产成本增加的情形下，供应商如果不作为，整体利润存在负值，而供应商作为的情况下，整体供应链可以为正，此时供应链就能

够应对突发事件带来的风险，而不作为的供应链将被瓦解（图 8-13）。

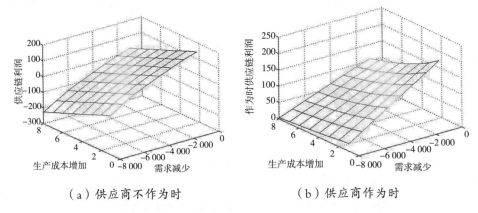

（a）供应商不作为时　　　　　　　　　（b）供应商作为时

图 8-13　需求减少，同时生产成本增加时供应链利润图

8.3.5　双因素扰动的利润波及效应分析

8.3.5.1　需求和生产成本同时增加情形

在需求和生产成本同时增加的情形中，从仿真结果上可以看出，在供应商不作为情况下，波及效应随着生产成本的增加而增加，而作为策略下的波及效应在大部分的变动范围内处于平稳状态（图 8-14）。

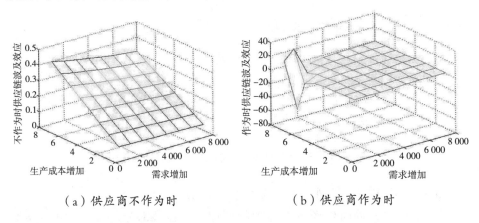

（a）供应商不作为时　　　　　　　　　（b）供应商作为时

图 8-14　需求和生产成本同时增加时供应链波及效应图

8.3.5.2　需求和生产成本同时减少情形

我们可以看出，在需求和生产成本同时减少的情形下，供应商作为时的波及效应比供应商不作为时的波及效应稳定（图 8-15）。

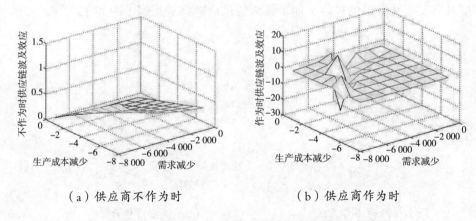

（a）供应商不作为时　　　　　　（b）供应商作为时

图 8-15　需求和生产成本同时减少时供应链波及效应图

8.3.5.3　需求增加，同时生产成本减少情形

当需求增加，同时生产成本减少的情形下，供应商作为策略下的波及效应比不作为情形下的平滑，而且变动范围也小，因此也可以采取作为策略来减少波及效应带来的风险（图 8-16）。

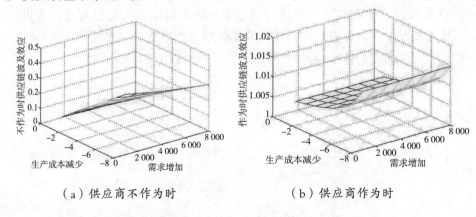

（a）供应商不作为时　　　　　　（b）供应商作为时

图 8-16　需求增加，同时生产成本减少时供应链波及效应图

8.3.5.4　需求减少，同时生产成本增加情形

当需求减少，同时生产成本增加的情形下，在大部分范围内，供应商作为策略可以稳定波及效应的值，而不作为策略就不行（图 8-17）。

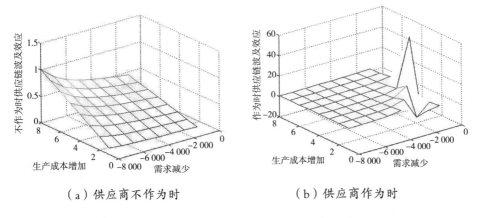

（a）供应商不作为时　　　　　　（b）供应商作为时

图 8-17　需求减少，同时生产成本增加时供应链波及效应图

8.4　本章小结

本章研究了供应链面临非线性需求函数并考虑双因素同时扰动情形下的供应链决策问题，度量了双因素扰动情形下的供应链利润波及效应，并通过 MATLAB 软件模拟 256 种扰动情形下的供应商不作为状态和作为状态供应商利润、零售商利润、供应链利润以及供应链波及效应的值。研究表明，当发生需求和生产成本双因素扰动，供应商可以通过采用扰动管理的思想，控制波及效应的大小，以控制供应链风险，并促进整体利润提高。

第五部分　农产品供应链应急管理篇

第9章 突发事件下农产品供应链价格与协调研究

近些年来，中国多地自然灾害频发，对很多省市区域的农产品供应链造成了较大的影响，严重影响了人民的正常生活和国民经济。本部分基于自然灾害的背景，主要探讨受重大自然灾害严重影响地区农业供应链价格波及效应。2008 年汶川大地震给邻近地区造成了长期的影响，本部分以邻近地区——四川省泸州市的生猪产业链为例进行了详细阐述活动，具体分析了该产业链上的猪肉、生猪、仔猪周度价格序列，进行了时间序列分析和方差分解。在此基础上，本部分进一步探讨了地震震中周边地区生猪产业链价格调整的动态和沿营销渠道的因果分析。通过实证分析发现，由矢量误差校正（VEC）模型构建的估计表明，生猪产业链的价格调整相对于速度和幅度都是不对称的。研究结果还揭示了来自自然灾害的外生冲击对农民、生产商和零售商的不同影响，这些影响进一步导致了价格利润率扩大的趋势，并客观上造成了震中灾区附近地区生猪产业链价格传导的不完善。通过研究，作者发现，养殖层面的营销渠道的效率和公平性对于当地居民的生活以及国民经济的恢复与发展都起着至关重要的作用，也是政府宏观调控需要进一步改进的方向。

9.1 自然灾害对农产品供应链中价格的波及效应

9.1.1 研究背景

四川省泸州市古称"江阳"，是全国区域中心城市以及川渝滇黔接合部区域中心城市和成渝地区双城经济圈南翼中心城市，地理位置优越，是重要的商贸物流中心和长江上游重要的港口城市。四川省泸州市是四川生猪重要产区，是全国优良地方猪种荣昌猪产区，是四川省首先以产业化方式组织仔猪有序外销的地区，并具有大规模的仔猪生产基地。

2008年以来，我国各类自然灾害共造成约9.5亿人（次）受灾，农作物受灾面积8 720万亩（约5.84 243平方千米），经济损失16 071.2亿元。特别是相当一部分自然灾害发生在粮食主产区，对我国的粮食安全构成了一定程度上的威胁。自然灾害已经成为制约我国农业可持续发展的重要因素之一。准确评估自然灾害造成的影响，为采取有效的风险管理策略提供参考信息，是区域救灾、减灾与恢复重建的基础。自然灾害对农产品产量与价格的影响有短期与长期之分。其中，短期影响指自然灾害对农产品造成的直接物理破坏；长期影响是短期影响的后延效应，最终体现出的自然灾害对农产品产量与价格的影响是直接物理效应破坏引发的产出与供给错位导致的生产运转带来的损失。由于附带了一系列的诱发损失、关联损失与支出减少损失，自然灾害的长期影响较短期影响更为显著。

2008年5月12日，以四川省汶川县为震中发生里氏8.0级地震——"5·12"汶川特大地震。地震的发生机制为龙门山中央断裂的右行走滑逆冲，地层断层错动引起地表破裂。其中，沿中央断裂展布的地表破裂带长约240千米，最大垂直位移6.2米，最大右旋走滑位移4.9米；沿前山断裂连续展布的地表破裂带长约7.2千米，最长达90千米，最大垂直位移3.5米。汶川特大地震造成直接经济损失8 451亿元，死亡或失踪87 538人。汶川特大地震的主要受灾区是四川省。该省位于中国内陆西部腹地，全省总面积是48.5万亩，2008年末户籍人口8 907.8万人，人口城镇化率为37.4%，全省GDP总量12 506.3亿元，是中国西部综合经济实力最强的省份，在全国经济发展格局优化中具有重要地位。由于土壤肥沃、水量充沛，四川省是我国最大的粮、油、猪生产基地之一。其中，成都、德阳、绵阳、广元、雅安、阿坝6地是此次大地震的重灾区，该区粮食产量占全省26%，全国的1.5%；猪肉产量占全省28%，全国的2.9%。因此，"5·12"汶川特大地震的发生引发了人们对我国粮食和猪肉市场波动的关注。

2008年5月汶川地震的发生及相关一连串事件的出现，对周边地市的畜牧业产生了强烈影响，国内饲料行业的销售额显著下降，但地震前泸州地区对畜牧产品的需求几乎是自给自足的。伴随自然灾害及其影响出现的一个重要问题是波及效应，因为自然灾害及其对社会各方面的综合影响产生的冲击及其相关的消费者反应，将直接或者间接地影响自然灾害后沿生猪产业链的各个环节的价格调整。在本部分，作者重点研究"5·12"汶川大地震的震中周边地区，泸州市生猪市场营销渠道中沿生猪产业链的价格调整和价格传导短期动态，从而考察自然灾害及其相关事件是否影响了泸州市生猪产业链上的价格边际收益，以及相应的反应情况。

近年来，由于信息技术的快速发展和普及，生鲜农产品尤其是畜牧产业，面临着明显的结构性变化和更高的市场集中度，而且其带来新的社会进步的同时，由于自身"双刃剑"作用，也带来了需要重视的、重要的研究问题。通常而言，市场集中和市场力量的存在可能会影响沿产业链各个节点价格传导的程度和动态，进而因对该产业链链条不同阶段的影响不同而导致了价格效应。为了分析上述值得研究的问题，并研究泸州市生猪产业链上的价格传递动态，作者首先采用矢量误差校正（VEC）模型和方差分解进行研究，其中 VEC 模型的使用不仅可以估计价格序列的短期调整速度，还可以考察各个相关变量之间的长期关系。其次，在协整分析的帮助下，作者希望评估泸州市生猪产业链内的市场效率，并进一步分析完美和不完美的市场条件分别是什么，因为不同市场中价格的协整是价格传导和市场一体化的标志。最后，方差分解的使用确定了泸州市生猪产业链中市场冲击对相关价格的短期动态影响，并有助于直观地解释自然灾害对震中周边地市生猪产业链各个层级的价格序列的波及效应。

9.1.2　国内外研究情况

国外学者很早就开始关注价格的不对称传递现象，几十年来有了大量关于农产品供应链市场整合和价格传导的研究文章。虽然农产品的价格可以暂时沿市场链垂直方向或在不同的市场链之间进行水平传输，但早期的模型主要是静态线性的均衡模型，主要应用于完全竞争的市场，而且专注于供需函数外生冲击的来源（Gardner，1975）。但是，如果扩展到非线性的情况，其则会导致错误的结论。基于这些考虑，Heien（1980）首先增加了动态分析，以解决农产品产业链中的短期不平衡价格调整问题。

根据价格确定理论，生产者价格变化决定零售价格变化，因此从逻辑上说，价格传导会沿着产业链或者供应链起作用，一般在产业链或者供应链中的因果关系的方向，是从生产者到零售价格。然而，针对相关问题进行研究发现似乎好坏参半——支持的观点和反对的例证都存在。Tiffin Dawson（2000）发现羊肉价格是在零售市场确定，然后沿着羊供应链而向上传递到养殖农场——这似乎是一个逆向的传递。Goodwin 等（1999，2000）发现，零售市场的冲击大部分局限于零售市场，但养殖农场市场适应了批发市场的冲击。Ben-Kaabia 等（2002）发现供需冲击都完全通过营销渠道传递。研究结果似乎使得比较简单的问题越发复杂，但是这样也充分体现出了科学研究的魅力所在。

虽然短期价格行为得到了更好的理解和解释，但产业链收益的长期走势还没有办法得到充分理解（Tiffin 等，2000）。当垂直方向链接市场的价格调整速度发生变化时，价格沿产业链或者供应链的传递可能是不对称的，价格不对称涉及不对称传递的幅度或速度，或者传递幅度与传递速度的结合。在考虑不对称传递的幅度的情况下，价格传导的长期弹性因初始价格变化的方向存在差异（Luoma 等，2004）。

价格不对称的传统定义涉及价格利润率，具体表现为生产者价格上涨比降价更快，更有完全转移到消费者身上的情况（Bakucs 等，2005）。在最初的研究中已经发现，所使用标准 Dicky-Fuller 单元根检验被错误指定，并且在检测协整关系方面效率不高（Enders 等，1998）。在研究中，人们通常特别关注农场、批发和零售市场中家禽营销渠道价格调整的不同速度，且最终发现这些价格调整速度会影响到价格利润率。

Luoma 等人（2004）认为，尽管从长远来看，市场力量是价格传导不对称的最可能解释，但是市场力量也会以相反的方式影响价格传导，二者之间存在相互作用。在不完全竞争的市场中，零售商可能会长期保持相对固定的价格水平，或者寡头垄断可以通过利用其市场力量更快地对利润率下降做出反应（Jumah，2004）。Lloyd 等（2003）检验了市场力量可能导致零售和农产品价格之间的边际利润率扩大的假设。Saghaian 等（2008）讨论了 2005 年 H5N1 禽流感发现对受危机严重影响的土耳其家禽业的动态影响。这些结果对本研究有明显的影响，并且考虑到生鲜农产品行业由于电子商务的发展，现在面临着批发和零售市场集中的事实，这可能为对本研究结果的部分解释提供了基础性的依据。

9.1.3　模型和实证分析

论文中使用的定量分析时间序列数据，来自官方权威网站（http：//search.foodqs.com/pr/）。考虑疫情的影响，主要是 2008 年 4 月至 2009 年 3 月期间，生猪产业链时间序列的仔猪、生猪和猪肉价格的周度数据。上述所有数据均为公开数据。所有价格均以人民币/千克为单位，均采用自然对数格式。并且，假设自然灾害的暴发对所有猪的质量感知产生负面影响，这与食品安全恐慌的其他研究一致，上述假设参照 Piggott 等（2004）的研究。

虽然地震等自然灾害中开始出现灾难恐慌的日期是已知的，但灾难恐慌对消费者对自然灾害的看法的影响会持续多久是未知的，因此在本研究中，作者专注于地震震中周边地区泸州市社区不同市场水平价格调整和价格传导的短期动态，尽管价格传递的模式在自然灾害中灾难恐慌产生之前和之后可能有所不同。

鉴于所获得的基础数据序列的性质，作者主要基于非平稳时间序列建模。首先，使用增强的 Dickey-Fuller 检验和 GLS 检验分析了三个价格序列的时间性质。零假设意味着序列在其水平上是非平稳的。其次，采用 Johansen 的协整检测，主要用于确定系统中仔猪、生猪和猪肉这三个价格序列之间是否存在长期关系。只要时间序列存在单整和协整情况，VEC 模型就非常适合于表征变量之间的多变量关系，而这已经得到了广大研究者的认可。

（1）单位根和平稳性测试。从原始数据的表现直观看来，仔猪、生猪和猪肉的价格序列是非平稳的，因此按照定量计算的要求，作者利用 ADF 和 DF_GLS 方法分析仔猪、生猪和猪肉三个价格时间序列的单位根检验与平稳性（表 9-1）。从基于检验结果绘制的表 9-1 中，可以很清楚地发现，在每种情况下结果都否定了 1% 显著性水平的单位根的零假设。

表9-1　单位根检验与平稳性

变量	ADF						DF-GLS			
	无截距，无趋势		截距，无趋势		截距和趋势		截距，无趋势		截距和趋势	
	level	1	level	1	level	1	level	1	level	1
LN_PIGLET_PRICE	−1.887	−6.490	−1.360	−6.893	−2.337	−6.839	−0.041	−6.958	−2.256	−6.451
LN_HOG_PRICE	−0.921	−6.578	−1.418	−6.613	−1.856	−6.595	−1.163	−6.674	−2.052	−6.638
LN_PORK_PRICE	−0.731	−7.266	−1.883	−7.260	−2.583	−7.169	−1.509	−7.290	−2.651	−7.097

（2）Johansen 协整检验和 VECM。按照 Enders（1995）的著名研究，如果一个时间序列是一阶单整 I（1），可以通过 Johansen 协整检验，使用 Eviews 软件包，检测存在均衡的可能性。通过多次实验和数据复核，作者将结果整理在了表 9-2 中。Johansen 检验是一个似然比（LR）检验，目的在于确定一个系统中协整向量的数量或协整的秩 r；从理论上讲，秩 r 最多可以比模型中的内生变量数少一个。本节检验主要用于确定仔猪、生猪和猪肉三个内

生价格时间序列之间是否存在两个协整向量。

表9-2　Johansen 协整检验

序列	特征根	迹统计量	0.2 临界值	协整个数
LN_PIGLET、 LN_HOG、 LN_PORK	0.290	25.079	24.010	无 *
	0.147	8.975	11.192	最大 1
项目	LN_PIGLET	LN_HOG	LN_PORK	
正态化协整系数	1.000	1.585	−4.202	
标准差		0.700	0.650	

　　实际可遵循 Johansen 的检测步骤来构建协整模型。每个协整方程都包含一个截距和一个斜率系数。在 Trace 检验的 10% 显著性水平上，检测结果否定了零假设 $r = 0$，但检测结果不能拒绝系统协整秩在 20% 水平上最多为 1 的零假设。这些结果表明，三个价格序列之间存在一个长期均衡关系。协整向量为实证分析短期经济反应以及调整速度、趋势和长期的均衡提供了基础。

　　为满足 I（1）要求的时间序列之间分析相互关系，更加便利的方法是构建 VEC 模型。ADF 测试结果表明，VEC 模型比向量自回归（VAR）模型更适合表征三个价格序列之间的多变量关系（Engle 等，1987）。VEC 模型结合协整分析来捕获这些时间序列长期随机趋势中包含的信息，并反映了变量为 I（1）且必须能够被一阶差分的条件。在此模型中，仔猪、生猪和猪肉三个价格时间序列的一阶差分，表示为其自身滞后值、其他变量的滞后值和协整方程的函数。用于分析的 VEC 模型的定义如下：

$$\Delta P_t = \alpha_0 + \sum_{i=1}^{k-1} \Gamma_i \Delta P_{t-i} + \Pi P_{t-k} + \varepsilon_t \qquad (9\text{-}1)$$

　　其中 ΔP_t 是（3×1）矩阵（ΔP_{1t}、ΔP_{2t} 和 ΔP_{3t} 分别表示仔猪、生猪和猪肉三个时间价格序列）；α_0 $\Gamma_i \Delta P_{t-i}$ 是截距项的（3×1）向量；$\Gamma_i \Delta P_{t-i}$ 这些项反映了 P_t 矩阵中元素之间的短期关系，Π 矩阵捕获变量之间的长期关系。其中 Π 矩阵可以分解为 $p \times r$ 两个矩阵 α 和 β，其中 $\Pi = \alpha \beta'$。矩阵 β 包含表示潜在长期关系的协整向量，α 矩阵描述了 $P_t \Pi \Pi p \times r \alpha \beta \Pi = \alpha \beta' \beta \alpha$ 每个变量在暂时冲击或离开它之后回到其长期平衡的调整速度（施密特，2000）。

　　动态 VEC 模型的稳定性是一个需要解决的重要问题。在研究中必须确保动态模型是稳定的，并且随着时间的推移，调整路径收敛到长期均衡。如果所有特征根的模量小于 1 并且位于单位圆内，则 VEC 模型是稳定的。如果模型不稳定，则检验结果无效，长期稳态均衡不存在。仔猪、生猪与猪肉时间序列数据检验分结果表明，该动力学模型是稳定的，因为所有特征根都在单位圆内。

　　（3）动态调节速度。通过动态调整的 VEC 模型分析，我们可知价格传输速度的精确度量。对调整速度的经验估计总结在表 9-3 的第一行。仔猪价格时间序列数据的动态调整速度较高（-0.130），在绝对值上比生猪价格时间序列数据（-0.053）和猪肉价格时间序列数据（0.116）高，这表明了价格相对于速度的不对称传递。这不是一个会带来积极意义的结果，这个结果表明了随着自然灾害的冲击，仔猪价格时间序列数据的调整速度更快，为恢复长期平衡，其涨跌比生猪价格时间序列数据和猪肉价格时间序列数据表现得更灵活。结果就是，养殖农户面对剧烈变化的仔猪价格通常处于被动的、难以预测的境地，换句话说也就是绝大部分损失要由缺乏应对能力的养殖户农民来承担，这对于社会福利也是个难以接受的结果。

表9-3　对调整速度的经验估计

误差修正	D(LN_PIGLET)	D(LN_HOG)	D(LN_PORK)
CointEq1 速度系数	-0.130	-0.053	0.116
标准差	0.069	0.053	0.043
统计量	-1.886	-1.010	2.697

　　以上所述对作为政策制定者的政府，以及所涉及的农业企业来说具有重要的启示意义，因为上述结果对周边，尤其是生猪产业链及其系统的效率和公平性具有明显的影响。上述检测结果表明，在仔猪、生猪和猪肉三个不同的市场，价格调整的速度并不相同。在面对自然灾害的冲击时，仔猪市场价格的调整速度比生猪和猪肉市场的价格调整得更快。基于这个结果，可以观察到仔猪价格下降速度快于其他两个价格，那么自然灾害造成的负担将更多地由养殖农民承担，购入仔猪的成本远远超过预期卖出生猪和猪肉产生的收益，且显而易见的结果是，价格边际收益率扩大了。另外，如果自然灾害的冲击会对消费者对猪质量的看法产生负面影响，并有望导致现货生猪与猪肉的价格下降，这也

会进一步加重生猪期货市场价格的下跌。

检测得出的结果似乎表明，与生猪和猪肉市场相比，仔猪市场更具竞争力，并且运营效率更高，这也从另一个方面表明，生猪屠宰和猪肉零售市场层面的集中度可能更高。通过计量分析与理论分析，可以认为这些检测结果支持这样一个假设，那就是在生猪产业链的屠宰和零售层级上，可能存在更高的集中度和不完美的竞争行为。同样，检测结果也表明，养殖端的仔猪的价格面对自然灾害的冲击，其调整的幅度和速度相对更"灵活"，而这引起了人们的关注，因为这种灵活性在生猪产业链的屠宰和零售层级造成了不完美的竞争，值得政府深思。

各种文献中，对于价格不对称传递原因的一些解释，主要归结于产品异质性、长期合同和调整或面板成本（Goodwin 等，1999；Zachariasse 等，2003），这些理由可以部分解释自然灾害后灾区周边地区，以泸州为例，存在的沿生猪产业链仔猪、生猪和猪肉价格调整速度的差异。特别是其中有两个原因可以比较好地解释检测结果。一方面，各级政府从保护灾区受影响地市人民生活水平的宏观角度，对相关生活必需品进行监管，从其他领域转移猪肉，或者动用战略储备猪肉，并向市场投放，可稳定猪肉价格，抑制仔猪价格的上涨；另一方面，一些因素，如自然灾害引起的直接或者间接的原因导致了死畜的形成，而其造成的瘟疫短期不可能控制，同时会对规模化和零散养殖场所造成破坏，进而引发农民的悲观预期。就农民的利益而言，国家的保护性政策似乎是积极的，但从生猪产业链的角度来看，它可能会产生限制产量的后果，从而给养殖带来负面影响，这也是生猪产业链价格波及效应发生反应的形式之一，可能对灾区生猪产业链均衡状态的恢复帮助不大。

进一步研究表明，受自然灾害的巨大冲击影响，大多数消费品和服务的价格在短期内并不能自由地应对本地居民需求的变化，而这可能源于信息不完善、价格变化的成本、明确的合同等。

（4）因果关系检验。从表 9-4 可以很明显地看到，仔猪价格不能作为生猪价格和猪肉价格的格兰杰因果，它们的 P 值达到 0.820 和 0.891，因此可作为外生变量而存在。

表9-4　因果关系检验

因变量	排除变量	χ^2	df	P
D(LN_PIGLET)	D(LN_HOG)	0.242	2	0.886
	D(LN_PORK)	1.886	2	0.390
	All	2.132	4	0.712
D(LN_HOG)	D(LN_PIGLET)	0.398	2	0.820
	D(LN_PORK)	2.031	2	0.362
	All	2.218	4	0.696
D(LN_PORK)	D(LN_PIGLET)	0.230	2	0.891
	D(LN_HOG)	4.968	2	0.083
	All	5.704	4	0.222

（5）方差分解图。通过前面步骤的检验作者发现，随着自然灾害的到来，沿生猪产业链的仔猪、生猪和猪肉三个层级的价格调整速度会有所不同。检测自然灾害冲击导致的沿生猪产业链的仔猪、生猪和猪肉三个层级的价格传导幅度大小很重要，该检测可以通过方差分解图来处理。方差分解图基于移动平均序列分为两部分：

$$P_{t+j} = \sum_{s=0}^{j-1} \psi_s U_{t+j-s} + [X_{t+j}\beta + \sum_{s=j}^{\infty} \psi_s U_{t+j-s}] \qquad (9-2)$$

其中 P_{t+j} X 是多元随机过程，U 是其多变量噪声过程，并且 X 是 P_{t+j} 的确定性部分。第一个总和代表了 P_{t+j} 部分由于创新带来的技术冲击，推动猪价在 $t+1$ 到 $t+j$ 一段时间内的共同行为，第二个部分是根据时间 t（事件日期）的可用信息对价格序列的预测。

图 9-1 显示了周期为 10 的沿生猪产业链的仔猪、生猪和猪肉三个价格序列的方差分解组合图，这些结果清楚地表明，在短期内，灾区猪业的外源性灾难性事件恐慌对仔猪和猪肉价格的影响远远超过对生猪价格影响程度。

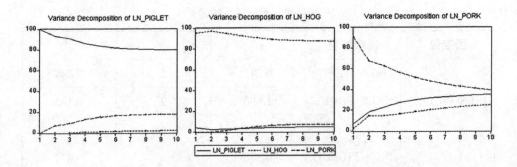

图 9-1 价格序列的方差分解组合图

9.1.4 研究小结

在本部分研究中，作者调查了"5·12"汶川大地震震中周边地区泸州市在自然灾害冲击下，沿生猪产业链的仔猪、生猪和猪肉三个价格序列的波及反应。在研究中，作者使用了时间序列协整技术、向量误差校正、VEC 格兰杰因果关系 Wald 测试以及方差分解等方法，应用于针对上述地区仔猪、生猪和猪肉周度价格时间序列的研究中。由此可得到如下结论。

首先，VEC 协整模型的检验结果表明，在自然灾害冲击影响下，处于"5·12"汶川大地震震中周边的四川省泸州市的仔猪价格比其他价格调整更加灵活，同时养殖层级的短期调整要快于生猪产业链中另外两个层级。最终结果表明，在屠宰层级和零售层面存在的不完美价格传导程度处于较高水平。作者还使用了生猪产业链三个不同层级的价格数据的周度时间序列数据和方差分解图，研究结果表明四川省泸州市生猪产业链的部分时间段存在滞后性。

其次，方差分解图的结果进一步证实了 VEC 模型的检验结果和关于动态调整速度的暗示，结果表明自然灾害冲击分布不均。生猪产业链中的屠宰层级和零售层级承担了负向冲击的大部分负担。

通过实证研究可知，自然灾害会对养猪产业链产生价格波及效应，而该效应进一步扩大了养殖与屠宰、屠宰与零售之间的毛利率的差距，从而扭曲了该行业的收入分配。尽管从表面上看，国家对养殖层级的扶持力度是最大的，实际上屠宰与零售层级好像"流走了"原本应该留在养殖层级的利润，促成了恶性循环，同时继续给人以养猪业需要加大扶持力度的假象，也造成了社会福利的损失。

造成这些结果的原因在于多个方面，其中比较直接的原因还是灾区养猪到销售的产业链系统因效率低下而受到了阻碍。为了解决自然灾害发生地周边生猪产业链市场效率低下问题，必须注意该过程和零售市场的发展问题。因为在有效的市场条件下，沿生猪产业链三个层级的价格会被充分和完整地传递。通过模型检验和仿真分析发现的沿生猪产业链三个层级的价格调整速度和幅度不同的事实也表明，非竞争性市场条件可能导致生猪产业链的市场效率低下。

9.2　自然灾害后重建生鲜农产品供应链的价格发现模型

本节研究如何利用价格发现模型，在电子商务环境下处理灾后生鲜农产品供应链重建中的价格冲突问题。价格发现模型能够有效地解决灾后物流设施受到极大影响的条件下，供需失调引致的冲突，从而从一个新的角度探讨解决一类具有危机条件和电子商务环境下的生鲜农产品供应链价格恢复和灾后重建决策问题。以四川省重建为例解释这个模型的实现过程，结果表明：在自然灾害背景下，如果基础设施受到严重影响，利用价格发现模型能够及时地发现和处理灾后重建生鲜农产品价格异常相关冲突，为政府的调控决策提供依据。

9.2.1　研究背景

进入 21 世纪，国内大宗生鲜农产品电子商务交易渐成主流，由于信息搜索成本趋于零，外地农产品供应商总是寻找某种产品的最高收购价格，以寻找获取更大利润的机会。长期以来出川道路都受到了限制，而在大地震之后物流基础设施又遭到了破坏，所以无论在数量还是在重量方面都经常造成物流的拥塞，引起产品的短缺，从而造成了生鲜农产品价格的高涨。因此在重建时，要在现有条件下选择合适的途径予以解决。

2008 年 9 月开始，为了促进发展，四川省的生鲜农产品市场得以重建。基于生鲜农产品价格传递的电子商务的网络特征，该行业在重建之前在地区和政府两级都受到监管。为了鼓励重建，中央政府提出了"西部大开发"的策略和"优化产业结构和产业布局"的构想。因此，一些省市制定了生鲜农产品市场体系重建计划，其中最主要的问题有以下几点：一是依赖初始市场设计所要求的现货市场交易，以及随之而来的负荷服务主体无法进行远期承包；二是部分供应商因物流限制而具有本地市场支配力；三是缺乏反映生鲜农产品供应成本状况变化的零售价格信号。本节侧重于前两个问题，具体来说，我们提出了自 2008 年秋季以来导致紧急情况发生的成本增加之前存在的市场整合程度问题。

电子商务网络协调是农产品可靠供应的助力。生鲜农产品沿着利润最大化流动，并且不能被长期储存，此外部分物流网络的拥堵可能会造成传输瓶颈。每个物流传输路径都有一个最大通行容量，该通行容量为该路径上的流量设定了上限。单条路径上的双端传递容量会影响物流网络中的其他路径。任何节点的供需变化都会影响受约束路径上的物流，进而影响物流网络中的其他平行路径。负载大小约束是物流路径拥堵的另一个来源。即使通过容量限制不受约束，负载限制也会限制物流网络的传递容量。因此，通过生产和物流的集中协调，人们可以管理拥堵。一些学者或者专家认为，自由市场无法处理这些问题，需要中央协调和监管解决这些"循环流动"问题。大多数专家都拒绝这些论点，但我们仍然必须意识到发展竞争性市场的潜在低效率，并对其存在的证据敏感，以便在问题失控之前适当地设计和实施纠正措施。

由于地理环境的原因，四川长久以来对外运输存在瓶颈，生鲜农产品的供应不能自给自足。在中国西部，新鲜农产品批发市场分散的时间比全国其他地区更长。自 1979 年以来，该地区的许多有竞争力的物流网络一直单独运营。因此，该地区是新鲜农产品批发分散市场的真实例子，可以检查物流网络上新鲜农产品流动交易和协调的有效性。为了促进系统的协调性和可靠性，中央政府和地方政府为管理需求和供应点之间的新鲜农产品流动提供了途径。

发生在 2008 年 5 月的汶川大地震使得四川的物流基础设施受到重创，各种救灾物资源源不断地运进，受伤人员不断运出，使得用于生鲜农产品运输的脆弱的物流线变得更加拥塞，这次大地震影响到了四川省的大部分和陕西省、甘肃省的部分地区。在此灾害中，需要在最短时间内完成救助任务，所以与中国国内其他地区相比，该地区实现了更高程度的放松管制，但它本身并不均匀。批发市场的特点是区域细分。在有效运作的地理生鲜农产品市场中，区域价格等于不同区域位置净收益的边际估值。具体而言，价格为短期和长期决策提供了正确的激励（Oren 等，1995）。区域价格差异反映出了物流约束的存在，因此非高峰期和高峰期的流量方向可能会影响次区域之间的市场力量。在这些单独的区域内，物流成本并不高，但拥堵成本存在于区域间。这种结果可能是由物流限制、需求和供应条件、区域放松管制的程度或三者的某种组合造成的。

这个地域，市场的构成以及市场参与者的定价行为在重建工作中起着重要作用。市场的地理广度与确定批发系统满足零售市场不断增长的需求的能力极其相关。此外，资金流动的方向可能影响双边合同有效分配资源的能力。

9.2.2　国内外研究情况

对于共享一个公共随机游走有效价格的多个市场，有两种广泛使用的价格发现测度。Hasbrouck（1995）专注于有效价格创新的方差，并将一个市场的信息份额（IS）定义为可归因于该市场的有效价格创新方差的比例。相比之下，Booth（1999）、Chu（1999）和 Harris 等（2002）采用 Gonzalo 和 Granger（1995）所提出的长期 – 短期分解技术，专注于有效价格创新构成，并通过市场在形成有效价格创新中的成分权重，来衡量一个市场对价格发现的贡献。此后，我们将这种价格发现的衡量标准称为组件份额（CS）。尽管它们的重点不同，但两种方法都使用协整来约束多个市场价格以共享共同的有效价格，并且两种方法都使用简化形式向量纠错（VEC）模型进行估计。

对于实证，Hasbrouck（2003）建议以非常高的频率采样，以减少由时间聚合产生的市场之间减少形式残差中的同期相关性。人们希望通过高频采样显暴市场的顺序操作，以便 IS 能够准确衡量哪些市场首先响应新信息而移动。Tse（2005）和 Hendershott 等（2005）也在一秒钟内进行了采样，并在他们针对电子交易所价格发现的研究中发现了低残余相关性。Grammig 等（2005）分析了在纽约证券交易所和 XETRA 上交易的三家德国公司的汇率和股票报价，发现在 10 秒内抽样时几乎没有残余相关性，但在一分钟内抽样时相关性很大。Mark 和 Dwight 等（2006）通过检查每周布洛赫基准远期价格，了解现货价格和 2 × 4 木材期货价格之间的前滞后关系，发现对于 2 × 4 SPF 随机长度木材市场，三个月的布洛赫基准价格领先于现货价格和期货价格。Gregory 等（2008）根据经验研究了在西方系统协调委员会（WSCC）中，特别是在加利福尼亚 2000 年夏天，导致紧急情况的成本增加之前存在的整合程度。

价格发现措施应该区分哪些市场价格更快、更有效地包含有关基本价值的新信息。Baillie（2002）、Lehmann（2002）和 Hasbrouck（2002）等构建了具有各种价格发现超时滞后结构的简单微观结构模型，并对 IS 和 CS 进行了比较分析。在一些示例中，IS 和 CS 给出了类似的结果，而在其他示例中，它们则有很大不同。然而，IS 和 CS 在结构动态模型中实际测量的问题很复杂，因为这些测量是根据简化的 VEC 创新形式定义的。Zivot 等分析了交易密切相关证券的多个市场之间两种广泛使用的价格发现指标的结构决定因素。

9.2.3 价格发现模型的实现过程

如果对系统的任何冲击都是永久性的，则时间序列为非平稳状态。另外，如果对趋势平稳时间序列的冲击是暂时的，该系列最终将恢复到长期平均增长率水平。有证据表明，生鲜农产品价格具有一些趋势静止的特征。一方面，当无法及时出售时，新鲜农产品价格会对发货中断做出反应；另一方面，名义价格受到通货膨胀率的影响，但当市场链恢复时，价格会恢复到原来的趋势。换句话说，此对系统的一些冲击对价格水平具有复合效应。非平稳时间序列的建模需要与趋势平稳序列建模不同的统计技术，因此必须单独测试每个系列是否存在单元根。

因此，新鲜农产品的消费价格也表现出了季节性。为了考虑这些季节性效应，创建了一年中 12 个月的季节性虚拟变量，并且每个序列都根据常量、确定性趋势和季节性虚拟变量进行回归。因此，为每个价格系列估计了以下模型：

$$y_{it} = \alpha_0 + \alpha_1 t + \beta_1 DM_1 + \cdots + \beta_5 DM_{12} + \varepsilon_{it} \qquad (9-3)$$

其中现货价格 y_{it} 来自时间 t 的第 i 期现货市场，t 为确定性时间趋势，并且 DM_j $j=1,2,\cdots,12$ 是月度虚拟变量。残差值代表经季节性调整的一系列现货价格的去趋势化。在每个回归中，时间趋势在 1%（最严格）水平上是显著的，表明峰值和非峰值价格在研究的时间段内都上涨了。

（1）非平稳性检验。使用 Enders（1995）提出的增强型 Dickey–Fuller（ADF）程序测试每个去趋势的峰值和非峰值价格序列，可以确定单位根的存在。ADF 测试统计信息对回归中包含的滞后数很敏感，而包含太多滞后会降低测试拒绝单位根的原假设的能力，因为它会导致自由度损失，但包含太少的滞后又不会捕获实际的数据生成过程，并将导致错误相关。因此，引入自回归项的目的是实现简约。为了找到每个序列的适当滞后数，我们需检查不同滞后长度的 Ljung–Box Q 统计量。

（2）格兰杰的因果关系和短期反应。如果不同生鲜农产品现货市场之间存在套利，某一市场的价格则应应对另一个市场的价格变化。在这种情况下，一个市场的价格可以帮助预测另一个市场的价格。格兰杰因果关系检验有助于了解某个变量的滞后值是否有助于在短期内预测另一个变量的当前值。

若要施行这些测试，则具体执行以下 VAR 过程：

$$P_t = A_0 + A_1 P_{t-1} + \cdots + A_p P_{t-p} + \varepsilon_t \qquad (9-4)$$

其中 P 是去趋势现货价格的向量、A_0 是常量的向量、$A_1,A_2,\cdots,A_p$ 是系数向量，并且 p 是适当的自回归滞后长度。VAR 模型在检查时间序列变量之间的格兰杰因果关系时特别有用。然而，在 VAR 相互关系中对格兰杰因果关系的任何检验对不同的自回归滞后长度都很敏感。因此，我们根据 Akaike 信息准则（AIC）程序评估不同的滞后长度来估计适当的自回归形式。在指定适当的自回归滞后长度后，可以通过测试 VAR 中包含的每个因变量的方程中滞后的共同显著性来评估格兰杰因果关系。F 检验对于检验滞后变量的联合显著性是渐近有效的。如果计算出的 F 统计量对于特定序列的滞后变量显著，则可以得出结论，所检查的自变量是由依赖的滞后变量引起的格兰杰因果关系。

（3）共同特点和结构特点。一个趋势平稳的价格序列与另一个趋势平稳的价格序列之间的相关性（共同运动）是市场之间共同长期影响的证据，因为它意味着每个市场的参与者都会对相同的信息做出反应，且他们的行为共同决定了两个系列的潜在增长路径。测试趋势平稳时间序列之间的长期相关性涉及对其他每个序列执行每个原始（非去趋势）序列的最小二乘回归，并测试系数的显著性。对于回归器上的系数，拒绝零假设是两个市场之间长期关系（共同特征）的证据，但该测试的更强版本要求系数与系数之间没有显著差异。这种更强大的长期整合形式对于所谓的"一价定律"的持有是必要的，因此表明在不同市场交易的资产被视为完美的替代品。

9.2.4　价格发现模型的应用

前文所述为电子商务环境下的生鲜农产品灾后重建提供了良好的途径。

自从 2000 年以来，在各级政府的扶植和行业协会的共同努力下，电子商务在生鲜农产品的经营中经历了从无到有的过程。在震前的 2008 年上半年，各种与生鲜农产品有关的电子商务网站达到两万多个，从产品推广到在线交易，对于沟通四川各地需求、均衡价格调配起到了非常重要的作用。

尽管 2008 年 5 月 12 日发生的大地震造成巨大人员伤亡的同时，严重损毁了四川各地的物流基础设施和种植养殖基地，但是对于电子商务这种虚拟的交易平台并没有造成实质性的伤害，所以通过电子商务平台汇总和分析生鲜农产品市场零售和批发价格，以及将全国各地人民的援助和支持用好，很好地将与人民日常生活密切相关的生鲜农产品市场恢复重建工作完成，是解决问题的关键。

在灾后生鲜农产品市场恢复重建中，一般包括两个不同的过程。第一个过程就是救灾过程，也可以简单地看作输血过程，这个过程主要是在发生灾害最初的三个月，将国际、国家和各省市的生鲜农产品不计成本地送到灾民手中。在最初的输血结束后，就过渡到了造血的阶段，也就是灾区市场自我恢复能力的阶段，这个阶段尽管还有少数无偿援助的出现，但主流慢慢过渡到了恢复生鲜农产品价格均衡水平。

具体要说明的主要是后一个阶段，在这个阶段，电子商务平台的数据采集主要依托于当地市场经营管理部门和行业协会，而经过近十年的软硬件基础设施建设和电子商务体系完善活动，尽管价格信息的透明度还不是很高，不过已经基本可以承担相关任务。当前，比较欠缺的主要是数据的处理方面，相比于软件与硬件设备而言，最大的难题是缺乏称职的数据处理人员，因为相关工作不仅仅要求他们掌握娴熟的计算机软硬件操作能力等，还要求他们能够应用SAS 等大型数据分析软件，但是鉴于农业行业性的低薪酬水平，吸引这样的人员具有现实的难度。

以汶川大地震为例，可以将重灾的四川省 11 个县市确定为研究对象（表9-5）。

表9-5　研究对象的区域

序号	县	序号	县
1	汶川	7	都江堰
2	北川	8	彭州
3	青川	9	江油
4	茂县	10	泸州
5	理县	11	什邡
6	绵竹		

9.2.5　价格分析模型结果的分析

经过前面一系列步骤，利用相关软件可以获得所需要的统计数据（表9-6）。首先，如表 9-6 所示，11 个现货市场中每个市场的去趋势峰值和非峰值价格序列都是平稳的。这与 Vany 等（1999）所得的结果形成鲜明对比。这一发现可能主要归因于我们采用的更长的序列长度，尽管其他因素包括滞后长度的差异以及我们明确解释数据中存在确定性时间趋势的事实。其次，峰值价格结果表明几乎每个市场对的双向因果关系（在 5% 显著性水平），这意味着大多数市场的峰值价格受到其他市场价格的显著影响。虽然峰值价格仍然是单向因果关系，但没有任何峰值价格因果关系。另外，非高峰期价格并不那么统一，这表明存在许多纯粹的单向关系。与峰值价格一样，一些市场在非高峰期价格中没有任何因果关系。这些市场中双向因果关系的大量例外情况表明，可能存在地理或其他限制因素，这些限制因素可能妨碍了有效的套利。因此，我们从格兰杰因果关系检验中整合的证据有些好坏参半。

表9-6　Augmented Dickey-Fuller检验结果

市县	非高峰统计量	非高峰滞后长度	统计峰	峰值滞后长度
汶川	−7.32	8	−5.31	19
北川	−6.13	9	−7.05	18
青川	−8.26	9	−6.12	18
茂县	−5.03	14	−6.24	12
理县	−6.26	9	−6.53	16
绵竹	−4.80	15	−5.01	14
都江堰	−5.26	10	−5.88	8
彭州	−5.17	7	−4.92	8
江油	−6.03	10	−6.82	14
泸州	−4.33	11	−5.79	13
什邡	−4.81	8	−5.69	12

此外，上述总体结果可能会掩盖自然危机后结构性变化对价格的更根本的长期影响。具体的制度转变涉及 2008 年 9 月之后的自由救济，旨在规范该州或城镇的新鲜农产品贸易。因此，我们需要使用 Chow 检验来测试每个峰值和非峰值对之间关系的结构变化，以在这个日期进行政权转移。

这些测试结果可能表明，自然灾害后生鲜农产品市场价格均衡体系的建立，给网络内大多数市场之间的结构关系带来了重要变化。为了了解其重要性，研究人员需要重新估计结构性 VAR，将数据集限制为仅仅自然灾害发生的危机之后的观测值。通过深入研究他们会发现，自然灾害的发生对高峰和非高峰价格市场对之间的整合程度产生了巨大影响。这些可能的结果对于研究灾后生鲜农产品市场价格灾后重建恢复均衡状态，将起到重要的作用。

9.2.6　研究小结

本部分基于生鲜农产品在电子商务环境下价格传递与相互影响的特点，利用价格发现理论，针对自然灾害后生鲜农产品供应链价格均衡恢复问题，以汶川大地震后四川省为例进行了研究，具体探讨了实现和应用方面，该模型适用于一般的自然灾害后消费品市场链价格均衡恢复的重建问题。由于四川省地处西部，电子商务的发展相对滞后和分散，建立起全省统一的价格数据库还有待时日，而这使得所需数据搜集工作难度加大，因此本部分的主要目的是提出方法，更多的实证研究将在今后搜集到足够数据后进行。

9.3　以卖家为中心的 B2B 电子商务平台的农产品供应链协调

由于突发性自然灾害事件的影响，具有较弱能力的农民和农民合作组织承受了较大的冲击。因为现在的电子商务平台绝大多数属于以买家为中心及恶性竞价的结果，所以农民和农民合作组织处于市场竞争的不利地位。而为了使他们摆脱这种不利地位，就需要建立起以卖家为中心的 B2B 电子商务平台，以改变生鲜农产品经营者不利的竞争形势和地位，也只有这样才有可能使他们增收，使三农得到很好的发展。本节研究了一个以卖家为中心的电子商务平台，该平台拥有强大的供应商，可销售生鲜农产品。当供应商选择具有随机需求的生鲜农产品时，根据供应链协调，作者分析了供应商和买家是否在电子商务平台上开展业务。在交易过程中有两个要点：一个是商务平台所有者收取的交易费，另一个是供应商可以诱导买方加入电子商务平台的退货政策。

9.3.1　研究背景

在过去的二十多年里，我们看到了中国广大地区 B2B 电子商务的快速发展，基于互联网的电子商务平台已经在生鲜农业产品的生产与经营中发挥了重要作用，且到 2022 年为止，已有超过数万家 B2B 电子商务平台经营生鲜农产品，基本上可以满足国内外各种生鲜农产品的需求，极大地丰富了人民的物质生活，提高了人民的生活质量。

生鲜农产品虽然寿命短，但各有其特点，然而现在的主要问题是中西部地区，尤其是老少边穷地区的信息短缺等现象。随着农业现代化进程的发展，单一栽培和养殖将被现代化的农业生产所取代。随着现代化生产方式相关技术的进步，产量因规模化生产而不断增加，营销成为关键点。利用传统的农业生产方式的农民或者合作社通常只关心种植和育种，以为生产出产品之后，营销问题自然会得到解决，几乎不关心生鲜农产品的营销问题，结果造成了严重后果。从供应链的角度来看，电子商务平台可以满足生鲜农产品的及时销售。

一方面，通过电子商务平台，特别是在中西部欠发达地区可以以更低的成本在更大的市场上销售更多的产品。由于地区有限和传统市场购买量小，降价频繁发生。另外，当地的消费水平也是一个主要原因。电子商务平台可以增加买家的数量，因此供应商也可以在零售商之间的激烈竞争中获利。此外，更显著的影响是供应商通过电子商务平台加入农产品供应体系。供应商将不再被分离到一个孤立的节点，因此它们将提高生存能力。另一方面，大多数生鲜农产品都在买方市场上。但是，电子商务平台的主要设计是面向买家的，而买家很容易陷入恶性价格竞争，陷入柠檬效应和其他效应的泥潭。因此，供应商对加入和使用电子商务平台失去了兴趣，此外它还有可能阻碍经济的发展。最后，由于产品的生产交货时间难以确定，而且这些产品受到天气的限制，因此供应商最好申请以卖方为中心的电子商务平台。

本节旨在改进基于单期报童模型的供应链契约。然后，通过与传统方式进行比较，我们找到了更好的供应商加入电子商务平台的方式。在其余部分，我们将使用 TMP 来表示传统市场，使用 ECP 来表示电子商务平台。

本节首先简要回顾了有关 ECP、供应链契约和反向契约问题的相关文献，然后介绍了研究中使用的模型假设和符号，第 4 部分分析了研究中所使用的模型，并确定了协调 ECP 供应链的契约机制，第 5 部分使用数值实验来验证和说明我们的结果，最后提供了结论性建议和未来的研究方向。

9.3.2　国内外研究情况

由于农业生鲜农产品的损失占任何国家收获总量的 20% 至 60%，因此农业中引入有效的供应链管理模式是非常必要的。农业生鲜农产品供应链的特点使其具有一些特殊性质，如植物开花和生长过程取决于农田的气候；生鲜农产品的收获量受到难以控制的生长过程的限制；任何生鲜农产品的损失过程在收获后立即开始，取决于处理过程；所有生鲜农产品在腐烂之前应由客户直接食用或用作食品工厂生鲜农产品类型的食品或者工业产品的原材料。国内外专家的研究显示了一些生鲜农产品变质的例子，如生鲜农产品的腐烂、损坏、腐败、蒸发、过时、盗窃和效用（或价值）损失，导致可用产品的数量减少。任何产品的生鲜性或变质性问题对于处理药品、饮料、食品，特别是农业的生鲜农产品的供应链管理变得非常重要，这些产品在现实生活中会非常容易失效（wee 等，1993）。

McIvor 等（2003）认为电子商务技术的影响使公司寻求与供应商建立更多的合作关系。通过描述电子商务正在产生重大影响的一些关键协作领域，可以看出电子商务如何支持更多的合作关系。电子商务正在从根本上重塑许多行业的传统供应链结构，并降低买家和供应商紧密整合的成本。然而，电子商务尚未充分发挥其在建立透明的供应链成员网络方面的潜力。特别是有人认为，为了在买方和供应商之间建立真正的伙伴关系，需要进行组织文化变革，而在这种伙伴关系中，信息可以在信任的环境中定期交换。

Morita 等（2004）认为向市场转移并不是 IT 使用的唯一结果。IT 的扩散可能会对公司的资源决策产生双重影响。一方面，IT 加强了相关组织之间的集成。另一方面，如果采购标准化产品，电子采购使制造商能够接触到更多的潜在供应商，并以低成本处理有关价格和产品特性的信息。

ECP 的所有者可以通过向市场参与者征收各种费用来赚取收入（Phillips 等，2000）。Wise 等（2000）指出，目前大多数 B2B 电子市场都不成熟。他们确定的原因之一是，大多数 B2B ECP 通常在供应商之间提供竞争性投标，这使得买家能够获得尽可能低的价格。这种做法通常会损害买方与供应商之间的关系，对供应商的价值微乎其微。

买方和供应商之间的冲突甚至在 ECP 中加剧，其特点是需求模式不确定和生鲜农产品。退货政策等供应链契约已被广泛用于协调传统市场生鲜农产品的销售。这些类型的合约也可用于 B2B 电子市场，以提高供应链 ECP 的性能。

经典的回购契约假设每件商品的制造成本与生产数量无关，所有零售商对产品收取相同的固定价格。关于零售商可以退还给供应商的商品数量的监管被考虑在内，以获得信贷，这是初始库存采购的固定百分比（Pasternack，1985）。考虑到订单时间的影响，构建了扩展的供应链收入分享契约（Song 等，2005）。

利润分享契约可以协调供应链，但它们不提供实现利润分享的具体契约（Jeuland 等，1983）。报童模式中不包括退货政策的几个动机。供应商可能希望提供退货政策，以防止零售商对库存的其余部分进行折扣，从而削弱供应商的品牌形象（Padmanabhan 等，1995）。回购契约是用零售价设定报童（Emmons，1998）来研究的。具有依赖于努力需求的报童可以通过回购契约和销售回扣契约进行协调（Taylor，2002）。为基于时间的报童问题建立了一些新模型，并为这些模型提供了求解方法（Li 等，2003）。Xiao 等（2008）侧重于成本保险和货运（CIF）商业模式下生鲜农产品供应链的优化和协调，不确定的长途运输延误。在研究分散和集中的供应链下最优决策（制造商的初始数量和批发价格，以及批发商的零售价格）的基础上，他们设计了一个简单的成本分摊机制来协调所考虑的供应链。

现有的文献旨在针对电子商务的退货政策指供了解，没有考虑以卖方为中心的生鲜农产品。Charles 等（2004）提出了一个由供应商和买方组成的供应链，销售短生命周期产品，如时尚服装、电子产品、个人电脑、玩具、珠宝、书籍和 CD 等，其特点是需求不确定，销售季节短，交货时间长。在供应链协调的基础上，我们分析供应商和买家在电子市场上是否开展业务的决策，供应商销售具有随机需求的生鲜农产品。

9.3.3　概念假设和步骤

在本节中，我们将考虑由销售生鲜农产品的供应商和买方组成的供应链。供应链的特点是需求不确定，销售季节短，交货期长。这种供应链中的零售商最初必须在季节开始之前很久就从供应商那里购买产品，并且由于蜘蛛网效应，在季节期间无法进行补货。由于在未来波动的市场中，对生鲜农产品的需求是随机的，因此我们的双层供应链模型是 TMP 和 ECP 中供应链问题的合理表示。

如果实现的需求高于其初始订单数量，买方将减少销售，而不会产生任何额外的罚款成本；而如果需求较低，所有未售出的产品将以非常低的价值进行回收。为简单起见，我们将残值规范化为零（Webster，2000）。

（1）变量的定义与解释。

C——供应商的单位生产成本；

w_1——供应商的批发价 TMP；

w_2——供应商在 ECP 中的批发价；

Q_1——买方在 TMP 中的订单数量；

Q_2——买方在 ECP 中的订单数量；

b_1——供应商对 TMP 中每个未售出单元的部分回扣信用额度；

b_2——供应商对 ECP 中每个未售出单元的部分回扣信用额度；

ρ——ECP 所有者向购买者收取的批发价格的百分比；

p——买家单位零售价；

A_S——供应商的单位交易成本（以 TMP 为单位）；

A_B——买方每单位交易成本（以 TMP 为单位）；

X——客户需求的非负连续随机变量；

$\varphi(x)$——随机变量、需求的概率密度函数 x；

$\Phi(x)$——随机变量的累积分布函数，需求 X。$\Phi(x)$ 连续、可微、可逆和严格递增。

（2）假设。

研究中使用以下假设：

①$r - A_B > w_1 > A_S + c$，同时 $A_B, A_S > 0$。此假设用于避免琐碎的小问题。

②$w_2 > w_1 > c$。由于 ECP 增加了多个买家，供应商的批发价格高于 TMP 中的批发价格。

③无论买方是以 ECP 还是 TMP 订购产品，他的零售价都是恒定的。当买家在线订购产品并通过其完善的市场渠道进行销售时，此假设是有效的。

（3）步骤或者流程。

事件发生的步骤或者流程安排如下：

①供应商通过确认批发价格并向买方提供每个未售出单位的部分回扣来启动流程。

②买方在 ECP 中竞争性地竞标供应商的订单。

③供应商从中标的买方处下订单。

④生产在供应商处进行，成品发送给买方。

⑤需求实现，所有剩余的价值都归买方。

9.3.4　模型分析

在本节中，考虑供应链模型具有以下特点，供应商向买方销售生鲜农产品，然后买方将其出售给消费者。

（1）TMP 中的供应链模型。在 TMP 中，除了生产成本 c 外，供应商和买方还必须分别花费每单位的交易成本 A_S 和 A_B。这些交易成本可能包括买方和供应商之间的广告、搜索、计费、确认付款和接受交付等费用。开始，我们将分析供应商和买方垂直整合的基准情况。然后，我们将分析供应商和买方都是独立实体的情况。

① TMP 中的集成供应链。我们先调查同时拥有供应商和零售商并充当供应链中央规划者的农业综合企业，然后节省 TMP 中的所有交易成本，也即 $A_S = A_B = 0$。供应链的预期利润可以表示如下：

$$\Pi(Q) = -cQ + p\left(\int_0^Q x\varphi(x)\mathrm{d}x + \int_Q^\infty Qf(x)\mathrm{d}x\right) \tag{9-5}$$

很容易验证 $\Pi(Q)$ 是凹形的，因此存在一个独特的最优数量，使供应链的预期利润最大化。这个最优量可以表示如下：

$$Q_{\text{TMP}}^* = \Phi^{-1}\left[(p-c)/p\right] \tag{9-6}$$

② TMP 中的去中心化供应链。如果供应商和买方都是独立的，他们将最大限度地提高自己的预期利润。在考虑其交易成本 A_B 时，买方的预期利润可以表示如下：

$$\Pi_{\text{TMP}}^B(Q_1) = -w_1Q_1 - A_BQ_1 + p\left(\int_0^{Q_1} xf(x)\mathrm{d}x + \int_{Q_1}^\infty Q_1f(x)\mathrm{d}x\right) \tag{9-7}$$

同样地，$\Pi_{\text{TMP}}^B(Q_1)$ 是凹形的，买方的最佳订单数量可以表示如下：

$$Q_1^* = \Phi^{-1}\left[(p-w_1-A_B)/p\right] \tag{9-8}$$

相应地，供应商的预期利润 Q_1^* 可以表示如下：

$$\Pi_{\text{TMP}}^S(Q_1^*) = -cQ_1^* - A_SQ_1^* + w_1Q_1^* \tag{9-9}$$

买方在 TMP 中的最佳订单数量小于供应链的最佳生产数量，即，$Q_1^* < Q_{\text{TMP}}^*$。

这种现象被称为"双重边缘化"（Spengler，1950）。也就是说，如果供应商的批发价格大于其边际成本，则买方的订单将小于系统最佳订单数量。为了鼓励买方订购更多，供应商将与买方分担一定的风险，并向买方提供退货政策，即供应商在销售季节结束时向买方支付其每个未售出单位的回扣信用额度。如果买方订购了集成供应链的最佳数量，则供应链由退货政策协调。

应用一些代数操作后，我们得到 $b_1 = (w_1 + A_B - c)p/(p-c)$。这表明，具有全额退货和部分返利信用的退货政策可以协调供应链。

（2）ECP 中的供应链模型。在本节中，我们将考虑在 TMP 中相互开展业务的同一买家和供应商。由于 ECP 中购买者人数过多，供应商转向 ECP，并减少了在 TMP 中主要向买方销售的生鲜农产品。在失去一个重要的供应商后，买方必须决定是否加入 ECP，以赢回供应商的订单。如果其加入 ECP，赢得供应商的出价，则必须向 ECP 的所有者支付每单位交易费。ECP 中的每单位交易费可能是 ECP 所有者收取的基于交易的佣金或销售佣金，通常是交易价值的百分比。新兴市场的所有者主要从基于交易的佣金中获得收入，通常从交易价值的 0.5% 到更复杂交易的 3% 不等。供应商和买方还可以向 ECP 的所有者支付一些固定的交易费用，如年度订阅费或从属费。由于我们在报童模型中使用边际分析来推导买方的最优解，因此在取相对于订单数量的预期利润函数的一阶导数后，固定交易费用将被抵消。在不失去普遍性的情况下，我们将 ECP 中的这些固定交易费用标准化为零，以避免琐碎的解决方案。

① ECP 中的集成供应链。如果供应链是垂直整合的农业综合企业，则其在 ECP 中的预期利润与在 TMP 中的预期利润相同。供应链的最佳生产订单数量是 $Q_{ECP}^* = Q_{TMP}^* = \Phi^{-1}\left[(p-c)/p\right]$

② ECP 中的去中心化供应链。如果供应商和买方都是独立的，他们将最大限度地提高自己的预期利润。买方的预期利润可以表示如下：

$$\Pi_{ECP}^B(Q_2) = -w_2 Q_2 - \rho w_2 Q_2 + p\left(\int_0^{Q_2} x f(x)\mathrm{d}x + \int_{Q_2}^{\infty} Q_2 f(x)\mathrm{d}x\right) \qquad (9\text{--}10)$$

买方的最佳订单数量 Q_2^* 表示为：

$$Q_2^* = \Phi^{-1}\left[(p - w_2 - \rho w_2)/p\right] \qquad (9\text{--}11)$$

供应商的预期利润以以下表示：

$$\Pi_{ECP}^S(Q_2^*) = (w_2 - c)Q_2^* \qquad (9\text{--}12)$$

独立买方的最佳订单数量低于 ECP 中供应链的最佳数量，即 $Q_2^* < Q_{ECP}^*$。这意味着 ECP 中也存在"双重边缘化"，因此分散式供应链在没有协调的 ECP 中的预期利润低于垂直整合的供应链。如果供应商在 ECP 中向买方提供退货政策，就像他在 TMP 中所做的那样，则买方希望从供应商处订购更多，以便协调 ECP 中的供应链。

在应用了一些代数操作之后，我们得到 $b_2 = (w_2 + \rho w_2 - c)p/(p-c)$。它表明，退货政策也可以协调 ECP 中的供应链，从而使 ECP 中的总供应链绩效大于没有协调的供应链绩效。ECP 中供应商退货政策的目的可能是双重的：首先，退货政策可能是一份短期契约，仅用于协调 ECP 中每笔交易的供应链，以便供应商和买家都比没有协调更好。这种短期观点尤其适用于现货市场上对买方不重要的生鲜农产品，如 ECP。其次，一份关于供应链契约的审查文件中（Tsay，2001）指出，供应链契约（如退货政策）的目的之一是通过划定有利于业务关系持久性的相互让步来促进长期合作伙伴关系。因此，退货政策也可能是 ECP 中的长期契约。

（3）TMP 和 ECP 的比较分析。在本节中，我们将 ECP 中参与者的预期利润与 TMP 中参与者的预期利润进行比较。我们确定供应商和买方都希望参与 ECP 而不是 TMP。

在具有完整退货政策的协调供应链中，买方在 ECP 中的预期利润大于在 TMP 中的。买家将始终购买系统的最佳订单数量 Q^*。在 TMP 中，当供应商的每单位返利信用额设置为时 b_1，买方的预期利润满足以下等式：

$$\Pi_{\text{TMP}}^{\text{B}}\left(Q^*\right) = -\left(w_1 + A_b\right)Q^* + \int_0^{Q^*}\left[px + b_1\left(Q^* - x\right)\right]\varphi(x)\mathrm{d}x + \int_{Q^*}^{\infty} pQ^*\varphi(x)\mathrm{d}x \quad （9\text{--}13）$$

同样，在 ECP 中，当供应商的每单位返利抵免设置为 b_2 时，买方的预期利润满足以下等式：

$$\Pi_{\text{ECP}}^{\text{B}}\left(Q^*\right) = -w_2 Q^* - \rho w_2 Q^* + \int_0^{Q^*}\left[px + b_2\left(Q^* - x\right)\right]\varphi(x)\mathrm{d}x + \int_{Q^*}^{\infty} pQ^*\varphi(x)\mathrm{d}x$$

令 $\Delta\Pi^{\text{B}} = \Pi_{\text{ECP}}^{\text{B}}\left(Q^*\right) - \Pi_{\text{TMP}}^{\text{B}}\left(Q^*\right)$ \quad （9\text{--}14）

通过将 Q^*、b_1 和 b_2 代入 $\Delta\Pi^{\text{B}}$，我们得到：

$$\Delta\Pi^{\text{B}} = \left(w_1 + A_{\text{B}} - w_2 - \rho w_2\right)Q^* / 2 \quad （9\text{--}15）$$

在继续之前，我们将阈值交易百分比设置为 ρ_{B}^*，这是 ECP 所有者可以向买方收取的批发价格的最高百分比，具体令 $\Delta\Pi^{\text{B}} = 0$，可以得到

$$\rho_{\text{B}}^* = \left[A_{\text{B}} - \left(w_2 - w_1\right)\right] / w_2 \quad （9\text{--}16）$$

在具有完整退货政策的协调供应链中，如果 $\rho < \rho_{\text{B}}^*$，买方希望加入 ECP，因为它的预期利润大于 TMP。

同样，买方将始终在协调的供应链中订购。在 TMP Q^* 中，当回扣信用额设置为 b_1：

$$\Pi_{\text{TMP}}^{\text{S}}\left(Q^*\right) = \left(w_1 - c - A_{\text{S}}\right)Q^* - \int_0^{Q^*}\left(Q^* - x\right)b_1\varphi(x)\mathrm{d}x \quad （9\text{--}17）$$

返利信用额设置为 b_2，则

$$\Pi_{\text{ECP}}^{\text{S}}\left(Q^*\right) = \left(w_2 - c\right)Q^* - \int_0^{Q^*}\left(Q^* - x\right)b_2\varphi(x)\mathrm{d}x \quad （9\text{--}18）$$

使得

$$\Delta \Pi^{S} = \Pi^{S}_{ECP}(Q^*) - \Pi^{S}_{TMP}(Q^*) \qquad (9\text{-}19)$$

将 Q^*、b_1 和 b_2 代入 $\Delta \Pi^S$，将得到：

$$\Delta \Pi^{S} = (w_2 - w_1 + A_B + 2A_S - \rho w_2)Q^* / 2 \qquad (9\text{-}20)$$

因此，我们将阈值交易百分比设置为 ρ^*_S，这是 ECP 所有者可以向买方收取的批发价格的最高百分比：

$$\rho^*_S = (w_2 - w_1 + A_B + 2A_S) / w_2 \qquad (9\text{-}21)$$

这意味着，在以供应商为中心的 ECP 中，如果供应商向买方提供完整的退货政策，而且 $\rho < \rho^*_S$，则供应商的预期利润高于 TMP 的预期利润。

在实践中，大多数 ECP 所有者向所有购买者收取相同的交易百分比，因为它易于实施，并且对所有购买者来说都是公平的，无论他们的成本结构有多大不同。但这种做法可能会阻止某些成本结构不利的购买者加入 ECP。因此所有者可以提供灵活的交易百分比。

从供应链中获得的观点是，将 ECP 中的供应商和买方的预期利润与 TMP 中的预期利润进行比较，如果在 ECP 中供应链的双方至少都过得一样好，我们可以说 ECP 中的供应链与 TMP 相比正在改善。如果 ECP 所有者收取的任何交易百分比都得到满足 $\rho = \rho^*_B$，则购买者在 ECP 中的预期利润将与 TMP 相同。同时，我们从上面知道，在协调的供应链中，供应商在 ECP 中的预期利润比 TMP 中的更好。因此，我们可知供应链何时在帕累托改善。但是，在现实世界中，ECP 的所有者很可能会收取更大的交易百分比。在 ECP 的初始阶段尤其如此，因为设置成本往往非常高。当 ECP 的所有者收费 $\rho > \rho^*_B$ 时，如何鼓励购买者加入 ECP？在什么情况下，供应商可以支付溢价以鼓励购买者加入 ECP，而供应链仍在改善？

供应商和购买者长期在 TMP 开展业务，因此他们彼此建立了良好的关系。如果买方可以提供比其他买方更高的批发价格，则供应商将更愿意出售给他非常了解的买方。更重要的是，他认识的购买者比其他购买者具有更好的信用地位。

显然，$\rho^*_B < \rho^*_S$。在 ECP 的一个协调供应链中，如果 ECP 所有者向买方收取的交易百分比 ρ 满足 $\rho^*_B < \rho < \rho_{max} < \rho^*_S$，供应商可以向买方支付一定金额的每单位溢价 $\rho^{PRE} \geq \rho - \rho^*_B$，以诱使买方加入 ECP，而供应链仍然是帕累托改进。当 $\rho > \rho_{max}$，ECP 中的供应链不会出现帕累托改进。

9.3.5　实证分析

为了说明模型，并从上面的分析中获得更多的结论，我们将选择在 $(0, D)$ 范围内均匀分布的需求，其中 $D > 0$。均匀分布通常用于报童模型，以便于分析。根据这一假设，我们可以得到：$\varphi(x) = 1/D$、$\Phi(x) = x/D$ 和 $\Phi^{-1}(x) = Dx$。

假如 $p = 18$ 元/件，$w_1 = 9.8$ 元/件，$w_2 = 10$ 元/件，$c = 6$ 元/件，$A_s = 0.5$，$A_b = 1$，图 9-2 显示了协调供应链预期利润的分配，而未在 ECP 中提供方溢价。如图所示，如果 $\rho < \rho_s^* = 22\%$，供应商在 ECP 中的预期利润总是大于 TMP 中的预期利润，而买方在 ECP 中的预期利润在交易百分比中线性下降，当 $\rho < \rho_B^* = 8\%$ 时，买方在 ECP 中的预期利润大于 TMP；否则，买方在 ECP 中的预期利润低于 TMP 中的预期利润。

图 9-3 显示了协调供应链的预期利润与供应商在 ECP 中的溢价的分配。我们可以发现，当 $\rho \leq \rho_B^* = 8\%$ 时，供应商不需要支付购买者溢价并且供应链正在帕累托改进。为了将 $\rho_B^* = 8\% < \rho \leq 15\%$ 购买者在 ECP 中的预期利润保持在与 TMP 中至少相同的水平，供应者应该向购买者支付其在 ECP 中的预期利润至少与 TMP 一样多的溢价 $\rho^{PRE} = \rho - \rho_B^* \; 0 \leq \rho^{PRE} \leq 7\%$。如果，$\rho > 15\%$ 供应商无法支付购买者溢价，因为他的预期利润在 ECP 中将低于 TMP。那么供应链就不会被帕累托改进，因此 ECP 就会崩溃。

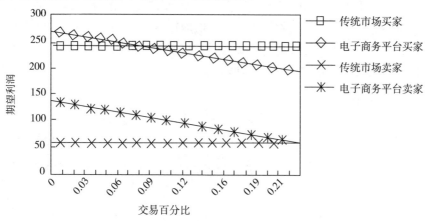

图 9-2　没有供应商溢价的预期利润

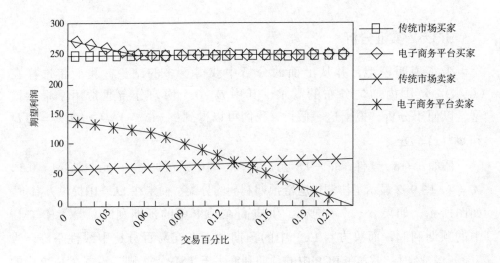

图 9-3　供应商溢价的预期利润

9.3.6　研究结论

使用单周期报童模型来分析供应商和买方是否加入 ECP，发现他们的决定取决于 ECP 所有者的收入结构。我们采用简单的全面退货政策来协调 ECP 中的供应链，这样可以提高供应链的性能，促进双方共赢。我们还确定了购买者愿意加入以卖方为中心的 ECP 的条件，无论是否有供应商的溢价。

本节中，我们假设供应商的批发价格和买方的零售价格是外生的，我们只关注买方中标后买方与供应商之间的供应链契约。我们不研究 ECP 中供应商之间的拍卖流程和机制。扩展我们的模型以纳入多个时间段，动态定价和交易百分比是未来可能的其他研究领域。

第 10 章　农产品供应链风险管理研究

　　随着世界经济的发展，世界某些地区的人口迅速增加，人们对于生活的质量要求也逐渐提升，因此越来越需要适当数量和质量的粮食供应，以应对各种挑战。由于很多局部战争发生在主要的粮食供应地区及其周围，影响了粮食的正常生产，再加上环境的恶化、温室效应等现象，包括中国在内的世界各国都非常重视针对传统农业的供给侧改革，以应对巨大的粮食需求缺口。现代农业提高了生产效率并减少了浪费，进而促使传统农业显著进步。实际各种生物技术、信息技术等的使用在提高生产力和带来巨大效益的同时，也导致农业、食品生产发生了许多变化。基于互联网、电子商务的不断变化，新的商业环境催生了与新风险相伴而来的新农业即现代化的农业。对于伴随新农业而来的其中一些风险，只有新的方法和不同的观点才能够充分加以评估和管理。新的风险为农业食品生产者和投资者们带来了新的具有强大吸引力的挑战和机遇。在新农业的发展过程中，通过这些年的实践，尤其是欠发达国家的农业从业者们得到了一些经验和教训，认为通过契约式、订单式的生产建立纵向联系——农产品供应链或者产业链，可以在某种程度上降低这些风险的幅度和数量。从整体上看，虽然农业的工业化过程可能会加剧与市场有效性有关的风险和不确定性，但是市场可向农产品供应链中的消费者和供应商提供关于农产品价格、数量和质量的明确模式。"路漫漫其修远兮"，在新的形势下，各级政府和农业行业必须共同努力，整合所有生产要素，使投资者和农产品供应链的各个主体能够相信今天和未来能够取得成功。

10.1　研究背景

　　世界整体和平发展，局部战争不断，同时主要产粮国家面临新的考验，鉴于温室效应和碳中和、碳达峰等背景，粮食安全问题成为国际社会面临的主要问题之一。世界各地区的人口增加需要足够的、适当数量和质量的粮食供应。由于生物和信息等方面高新技术迅猛发展，现代农业迅速发展，促进了农产品生产的变化，且这种变化具有很多的工业制造业特征，农产品生产经营各个主体之间的联系更加密切，相互依赖性变得更强。因此，除了优势之外，我们还必须管理沿农产品供应链、产业链的运营周期以及生产和资本结构方面的不同缺陷。最基础的问题就是由于农业的天然属性，它还必然与土地使用和土地租赁关系——土地资源管理等相关联。

农产品供应链管理首先需要解决的问题是寻找农业这个领域新的投资和金融模式，并确定重要领域。在现代条件下，由于缺乏足够的吸引力，相对于其他带来高回报和高期望的领域，农业领域明显金融和投资活动较少。当然，必须同时看到，农产品供应链作为世界商业环境的一部分非常依赖于当今金融领域的变化，也是国民经济发展和人类繁衍生息过程中的一个重要部分。

由于诸多的原因，农业领域呈现出重要性的同时，又体现为一种风险比较大的活动。从全世界的视角看，伴随着互联网络和信息技术的进一步发展，快速变化的商业环境正在创造出一种具有新风险的新农业，其中一些风险需要新的方法和不同的观点来充分加以评估和管理。从经济的角度看，新的风险为农产品供应链上面的生产者和投资者带来了新的挑战和机遇。

因此，本部分作者计划研究农产品供应链在"新旧"投资领域的不同风险。主要从以下几个方面进行：识别和分析自然风险或者金融风险对农产品供应链的影响、农产品供应链管理中农业和其他企业的财务风险的区别、风险管理工具的使用和注意事项。

现代世界条件下粮食安全的管理工具需求不断增加，农业保险计划仍然适用，可将农业保险视为金融稳定工具。农产品供应链管理的主要风险是价格（市场）风险，其中包括进入产出和投入市场、产出价格下降、投入价格下降；金融风险，其中包括总资本中的高水平债务资本、外部融资的获取和条件的变化；自然风险，其中包括气候、灾难带来的风险，如冰雹、降雨、霜冻、干旱等类似现象。

任何经济活动都可能经历以下风险：生产、金融、营销或气候。这些风险在不同形式和时期的组合特点是农产品供应链所特有的。因此，农产品供应链管理中的风险管理策略必须包括综合方法，以减少一种、几种风险或其组合可能造成的损失。

数字化农业的发展和伴随而来的是农业转型，而农产品供应链在市场份额识别和品牌塑造、生产工艺和技术设备等方面可能会带来一些新的风险，生产者对农产品供应链的增值活动的投资也会考虑很多风险的影响。通过国内外学者的研究和实践，目前普遍的看法是，通过所有权或契约生产建立纵向联系或联盟而形成的农产品供应链管理将明显降低潜在风险的强度和质量。

农业工业化可能会加剧与市场有效性有关的风险和不确定性，农产品供应链中的消费者和供应商提供关于产品属性的明确模式。这一论点的关键假设是产品属性是可以准确测量的，并且消费者对属性的需求可预测。因此，为了降低风险和提高收益水平，无论农民的风险偏好如何，从经济理性的角度，他们都愿意为保险契约支付的最高价格取决于边际成本，代表产出价格，并代表支付、投入价格和随机生产。

10.2　农产品供应链中的市场与价格的风险管理

按照供应链的管理和生产方式，许多生产者已与企业签订契约协议，降低了生产者的风险水平。在评估契约和其他商业安排对生产者产生的经济影响时，一个关键的考虑因素是生产者的风险厌恶（和风险回报权衡）与贷款人和资本市场的风险态度之间的相互关系，这反映在不同商业安排下的融资条件和安排以及信贷供应上。由于其风险的特殊性，贷款人在向表现出重大经营风险的企业提供信贷时要非常谨慎，它们通常会向那些通过契约生产等各种技术管理运营风险的企业提供更多信贷。

描述基于市场的价格风险管理工具与非市场工具之间差异的最简单的方法是，前者将风险外部化，也即它们将风险从一方转移到另一方，而后者取决于集团内部或随着时间的推移进行资产重新分配。在本部分，主要考虑在农产品供应链管理中应用比较广泛的、主要的风险管理工具对冲、期权、远期现金合约、基差合约和最低价格合约。独立的价格风险管理工具仅适用于有组织的期货市场以及场外交易市场（Rutten 等，2007）。

有组织的期货市场提供两种产品：期货和期权。通过使用期货合约，生产商可以独立于它的实物交易操作，锁定某些价格水平。例如，通过在价格有吸引力时出售期货合约，即使它们还没有任何产品可以交付，或者它们储存了这些产品但尚未准备好出售，它们也可以锁定这些价格。如果到生产者准备出售时价格已经下跌，期货头寸利润加以补偿（通过购买期货以抵消先前的销售来实现）。然而，将期货市场用于风险管理目的，只有在一家企业的实物产品的市场价格与期货价格密切相关的情况下才有用，但一些具体的情况下并非总是如此，因为优质等级通常具有较差的相关性。同时，使用期货合约也可能很麻烦，因为很难抓住时机做出决策，并且支付前期保证金存款以及以后的追加保证金的现金流可能很高。

期权赋予买方以特定价格买入或卖出标的资产（通常是期货合约）的权利，但不是义务。该权利在特定日期——到期日，为了获得该权利，买方必须支付溢价。提供买入权的期权称为看涨期权，同时其赋予卖出看跌期权。买方可以随时拥有此转换权，直到期权到期（在这种情况下，该期权称为"美国"期权），或者买方可能有权仅在到期时进行转换（"欧洲"期权）。期货合约的期权比期货更容易使用。从农产品供应链中生产者的角度来看，它们类似于保险契约，支付溢价购买看跌期权，"保险"在价格下跌时支付。事实上，期权可以用来复制许多发展中国家政府近些年来已经废除的价格保证计划，没有保证金要求，操作要求也不会过于烦琐。人们通常会认为，这些选择最符合农民的销售模式，因为将相对较小的数量分散在几周或几个月的时间内。期间合作社可以将农民的货物捆绑起来出售给贸易商，但价格通常基于最近价格的平均值，而不仅仅是当天的价格，亚洲期权比交易所交易期权便宜。

还有许多其他工具，其中一些可能非常适合农产品供应链中的农民合作社。零成本期权将购买看跌期权与卖出看涨期权结合了起来，这意味着生产者通过放弃价格上涨超过一定水平的潜在收益来支付价格保险，且在修改后的版本中，参与选项有一些潜在的优势。淘汰期权是一旦达到一定价格水平就会自动消失的期权。投入供应计划选项规定一旦突破一定价格水平，就提供一次性付款。因此，化肥分销商可以将其用作营销策略进行赊销，但条件是如果价格低于一定水平，农民不需要报销。

价格风险管理也可以以代金券的名义进行零售。在某种程度上其类似于彩票，可以单独出售，也可以与其他商品或服务（例如化肥）一起打包。如果定期分发此类凭证，则有可能创建一个活跃的二级市场，使农民能够自行选择最佳的价格风险管理水平。有很多方法可以将价格风险管理嵌入实物交易合约中。例如，在美国，嘉吉公司为谷物种植者提供了 19 种不同的定价公式，契约可以包括保证底价的条款、涨价分享协议等。从生产者的角度来看，这样做的主要优点是它的买方将负责保证金存款、追加保证金、交易执行和管理。此外，风险管理的信用风险方面可以作为基础实物契约的一部分来处理，主要缺点是风险管理部分的成本不透明。

将风险管理工具纳入实物合约的主要方式是固定价格远期合约，该合约规定在特定时间以固定价格交付某些数量。买方（在交付后可能不得不转售）

可能会管理它在期货市场上的价格风险。因此，出卖人可以间接进入，而不必处理与有组织的商品交易所打交道所涉及的任何实际问题。必须引起足够注意的是，远期合约并不能消除价格风险，如果生产商无法交付并且市场价格下跌，生产商将被要求支付补偿性款项。银行可以坚持要求，作为其贷款计划的一部分，生产商参与并行风险管理计划，由银行来控制相关的银行和经纪账户。或者，银行可以自己管理价格风险，并将影响转嫁给商品价格指数贷款，商品贷款以直接方式或作为期权，指定与商品价格挂钩的本金和 / 或利息的偿还。这些方法用于农产品供应链管理是可行的。

商品债券在范围上是相似的，尽管在这里融资是由投资者而不是银行提供的。虽然传统上这种债券主要用于石油和金属市场，但可用于农产品供应链管理存在较大的可能性，第一种商品债券与棉价挂钩，由美国于 19 世纪发行，并且近年来一直在扩大，可以通过购买看涨期权来管理风险，并且可以将相关保费纳入仓储费用，如果这被认为是一项对社会有益的行动，政府可以补贴期权费。

10.3　农产品供应链中的金融风险管理

1992 年芝加哥期权交易所首次发行了重大灾害期货产品，1994 年汉诺威再保险公司成功发行了重大灾害债券（Catastrophe Bond）。自此，风险挂钩证券交易变得较为普遍。重大灾害风险互换以及通过全球资本市场配售的或有资本和风险挂钩证券，这些工具为发展中国家提供了新的风险融资机会。重大灾害债券和其他金融工具提供直接的资金承诺，以弥补灾难造成的经济损失，这些资本工具总额已达数百亿美元。在过去二十多年中，政治、自然灾害、疫情、人为原因等带来的各方面的重大灾害逐渐增多，并且呈现某种形式的周期性，远远超出了以前千百年以来的、符合规律的预测，这样的结果使得保险业提供重大灾害风险保险的能力变得紧张，尤其是对于农业供应链的影响，很多因素变得更加难以预测。因此，需要引入新的工具来转移和融资，以弥补重大灾害风险的出现而产生的缺口。

具体要采取的重要举措之一是在鼓励预防和减轻灾害方面努力，以减少对自然灾害的脆弱性。这些包括城乡规划、强制执行的建筑法规、财产所有权和应急计划等。由于减缓只能取得如此大的成就，因此还需要改进准备工作，以便提高反应能力并保护和普及贫穷人群，具体应当进行合理的风险融资安排，以便在发生重大灾害后迅速有效地恢复经济基础设施。

已经出现或者正在出现的一些新的农产品供应链管理的风险转移和应急投资工具，使各国能够修改其风险管理概况，以适应可接受的标准。这些工具包括分层再保险契约、风险挂钩证券、重大灾害风险掉期或有盈余票据。但是需要注意的是，它们不是非此即彼，而是补充解决办法的要素，应全部纳入一国的总体风险管理战略。需要注意的是，向采用工业化方式生产的现代农业提供贷款所涉及的风险与传统农业贷款涉及的风险不同。如果生产的农产品是专门或有区别的产品，而不是商品，则市场准入的风险可能会增加。差异化的农产品市场可能消失或被替代，借款人必须对所从事的农产品市场有透彻的了解，同时拥有良好的农产品营销和分销技能，才能在差异化的农产品市场中取得成功。差异化农产品和契约生产的增长也可能对商品市场和商品生产商产生重要影响。随着契约和差异化农产品生产的增长，开放准入商品市场可能日益成为剩余市场。因此，那些参与这些市场的人可能会受到价格波动性增加的影响，下行价格风险可能大于上行风险。

农产品供应链管理中风险转移工具的成功使用取决于有效估计所涉风险程度的能力。保险公司和投资银行可以根据风险计算和估计损失影响，评估保险契约和风险挂钩金融工具的隐含风险状况。这些信息还可能有助于制定参数化保险契约，使用"触发因素"（地震震级、海平面上升或波浪高度、降雨等）来客观地表明何时必须承保损害，这些因素对于农产品供应链的各个环节都影响巨大。

10.4 农产品供应链的自然灾害风险管理

10.4.1 概念界定与研究范围

考虑生产经济和环境可持续性，风险管理的技术选择可能更可取。例如，提供补贴大宗农作物保险，将大宗农作物生产扩大到边缘生产地点；提供农业补贴保险，以鼓励将大宗农作物生产扩大到边际生产地点。但是，提供补贴大宗农作物保险往往可促进更高水平的生产集约化，因此可能加剧负外部性，保险市场的私营部门创新需要寻找新的工具和替代方案。在粮食生产方面，收益合约的期货交易与期货和商品价格期权相结合，促进了更广泛的保险契约的发展，包括大宗农作物收入保险和收入保证。目前各国正在提供复杂的风险管理替代方案，促使各种形式的大宗农作物保险与传统的远期定价、期货和期权的对冲、契约或类似工具相结合。牲畜的契约生产，包括阈值或最低价格契约，特别在猪肉行业越来越普遍，得到了世界各国的普遍重视和采纳，在实践中也起到了很好的作用。单位承包收入已用于特种大宗农作物和种子生产，并可能在小麦和玉米工业的商品生产中具有潜力。越来越多的农资产品投入品供应公司开始提供性能保证，将其当作其产品一揽子协议的一部分（不仅在机械和设备中，而且在基因和化学工业中也在使用）。越来越多的咨询公司开始提供更广泛的风险管理服务，管理大宗农作物和畜牧生产风险的工具和战略的数量正在迅速增加，但迄今为止，由于各种原因，我们对这些工具和安排的有效性以及在什么情况下可能有用，总体上了解得不够深入彻底，表现为知之甚少。

大自然的变化总体来看似乎是没有规律的，而基于卫星和遥感等先进的技术，尽管我们的预测技术已经比千百年前不知先进了多少倍，但是冰雹、降雨、霜冻、干旱等类似自然现象所代表的自然力量，往往无法避免地会造成相关人员的伤亡，并带来巨大的经济损失。当这些灾害导致巨大的损失时，这些灾害被视为自然灾害，而当它们影响到人口稠密地区时，损失尤其巨大。然而迄今为止，世界上许多发展中国家或者地区几乎没有办法采取有效的预防措施来减轻灾害的影响，当地保险市场也无法满足风险融资要求。因此，从现象上看，全球的自然灾害造成的人员伤亡绝大部分由世界上最贫穷的国家或者地区承担来承担，这是不均衡的现象。很多地方由于缺乏运作良好的保险市场，灾后恢复工作有赖于其他资金来源，如慈善捐款或者红十字会，同时地方政府往往会介入，以协助恢复灾后重建的进程，但这种援助往往会减少从事预防和保险的动力，本地民众产生观望与被动等待的循环心理。此外，对于灾后筹资的巨大缺口，人们往往不得不挪用公共资本预算中的资金加以填补，从客观上扰乱了长期发展投资，似乎可以理解为饮鸩止渴，但是现实问题的迫切性让任何政治家或者政府也没有更好的选择，尤其是面对农村、农民和农业等三农问题的时候。

10.4.2　自然灾害后生鲜农产品供应链的应急管理

地震等自然灾害发生后，余震、泥石流等地质灾害发生概率增加。生鲜农产品企业物流节点受到严重冲击，进而使灾区生鲜农产品价格大幅波动。目标在于，通过整合与风险管理相关的各种研究流来提出风险分析框架。本节从保险角度量化了生鲜农产品行业因各种自然灾害而发生的供应链物流风险，并进一步探讨了应急管理。该方法有助于企业管理者评估和确认物流节点的位置，恢复供应链运行，保持供应链价格均衡。

自然灾害在人员伤亡、基础设施被毁、生态破坏和社交网络中断方面的负面影响日益频繁和大规模。四十多年前的唐山地震和 2008 年的汶川大地震说明了这些灾害对人类福祉的严重和广泛的影响。大多数灾难的近因是"自然力量"，然而主要由经济力量驱动的人类决策大大加剧了这些自然灾害，特别是供应和消费市场商品的生产，如消费电子产品，农产品和其他维持正常生活的基本生鲜农产品。作为生活必需品，各种生鲜农产品具有需求不定、卖季短、寿命短等特点。每个生鲜农产品供应链都容易受到各种风险的影响。这是因为高效的生鲜农产品供应链通常没有过剩的库存来应对自然灾害后的价格波及冲击。此外，由于市场和生鲜农产品供应链运作的普遍性，局部自然灾害引起的价格连锁反应日益具有全国性的间接影响。弹性是指企业在面对变化和不确定性时生存、适应和成长的能力（Fiksel，2006）。因此，供应链风险的定量定义可以表示为供应链风险 =（事件的概率）× 事件的业务影响（或严重性）（Brindley，2004）。在 2008 年 5 月 12 日汶川地震之后的商业环境中，管理人员越来越意识到这些危机事件可能造成的潜在破坏。国内外很多专家和学者直接将注意力集中在供应链的脆弱性上，并断言公司需要对其脆弱性、弹性和安全性进行更系统的分析（Elkins 等，2005；Sheffi 等，2005；Snyder 等，2006）。

尽管汶川地震后生鲜农产品供应链亟须建立自然灾害韧性，但目前供应链文献提供的评估和规划自然灾害的指导有限。因此，本节的主要目标是提出一种紧急管理方法来解决供应链中的灾难性风险。这种方法应帮助管理人员识别其供应链中的关键物流节点，系统地衡量每个关键位置遭受自然灾害的风险，然后在选定的关键物流节点上采取具有成本效益的对策。本文主要包括一个概念框架，重点是制定一种紧急管理办法，以应对自然灾害；描述和分析合适的应急管理方法；提供结论性建议和对未来的研究展望。

10.4.3　风险分析的概念框架

图 10-1 突出了基于 Knemeyer 等人工作的风险分析概念框架的主要组成部分。该框架将风险评估和风险认知联系起来，以便制定风险管理战略，最终必须评估其有效性。在这个概念框架中，风险评估被定义为通过使用频率数据或基于专家判断、情景和主观概率，对潜在风险的可能性和后果进行的评估。该框架内的风险感知侧重于风险的心理和情感方面，这些方面已被证明对行为有巨大的影响。基于风险评估和风险感知的相互作用，风险管理策略包括旨

在防止事故发生的行动，减少事件发生的影响，并为权宜之计的恢复提供方向（Cohen，2007）。要审查的主要组成部分是自然灾害发生后的风险评估和分析、风险感知、风险管理策略和评估。

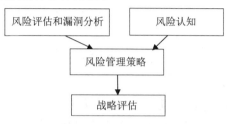

图 10-1　风险分析的概念框架

（1）风险评估与分析。自然灾害发生后的风险评估和分析涉及通过使用频率数据或基于专家判断、情景和主观概率来评估潜在风险的可能性和后果。在风险评估和分析中，至关重要的是要确定应考虑哪些物流节点和威胁，并确定何时以及如何使用可用信息来量化已识别威胁的概率以及事件的潜在后果。

评估生鲜农产品供应链中断影响的一种方法是模拟。仿真适用于模拟生鲜农产品供应链复杂环境中中断对成本和服务的影响。估计自然灾害影响的另一种方法基于优化。文献中也有估计自然灾害发生可能性的方法。然而，这些方法传统上只估计单一类型自然灾害事件的风险。在实践中，有必要采用应急管理方法来评估每个生鲜农产品供应链位置的多种自然灾害的综合风险。

（2）风险感知。地震后进一步发生自然灾害的概率相对较高，但对此类事件发生概率的估计本质上是模棱两可的。在这种环境下，重要的是要了解管理人员将如何构建这些风险，以便确定如何有效地规划关于这些风险的决策方法。风险在决策中的重要性是通过它在理论和管理意识形态中的地位以及对风险评估和管理的日益关注而确立的。

研究人员得出了相互矛盾的发现，即管理人员是否会给予与自然灾害相关的概率和后果太少或过多的关注。人们的行为和信仰之间要有一致性，这种一致性可以通过调整信念而不是改变行为来实现。因此，管理者很可能接受自然灾害影响生鲜农产品供应链的风险，并认为这种选择没有那么大的风险。然而，由于这种选择最终被证明是昂贵的，基于信念和现实之间的差异，任何紧急管理方法都应该使管理者能够利用无偏见的信息为他们提供决策方向。

（3）风险管理策略和评估。策略指一套可以影响决策和行为的指导方针。对于生鲜农产品供应链管理者来说，已经出现的重要考虑因素是制定自然灾害风险管理策略。制定针对这些潜在风险的成熟的紧急管理策略应是当务之急。在风险分析和管理层对风险进行感知的基础上，可以形成自然灾害风险管理策略，重点确定风险规避、缓解和应急管理的适当水平。保险公司不断寻找有关自然灾害的模式，从而为管理人员提供参考，以寻求应对这些类型风险的方法。虽然这种方法没有具体为管理人员提供某些结果，但它确实提供了有价值的信息，因为管理人员在其生鲜农产品供应链中就自然灾害风险的避免、缓解和接受做出了艰难的决策。

有多种方法可以评估，但应选择适当的对策，以减轻自然灾害破坏对生鲜农产品供应链的潜在影响。每个生鲜农产品供应链在选择对策时都与整合冗余相关联。虽然成本高昂，但当安全性是所考虑的关键风险因素时，这种分层方法是合适的。

为协助管理决策而制定的任何管理方法都必须在某种程度上发挥作用。应当认识到，在自然灾害风险指标和绩效参数方面可能存在几种不同的选择。这一阶段的目标应当是连贯一致的评价指标，将自然灾害风险和业绩计量结合起来。

10.4.4 生鲜农产品供应链的应急管理方法

基本风险分析框架的目标是建立生鲜农产品供应链中灾害应急管理的方法。开始，重新评估生鲜农产品供应链关键物流节点的自然灾害风险，采取替代对策应对潜在的自然灾害，最后选择最具成本效益的对策来实施。此外，拟议方法的重点是修改现有的生鲜农产品供应链，而不是设计新的生鲜农产品供应链。

（1）重新评估关键物流节点和威胁。具体方法的第一步是重新评估关键的生鲜农产品供应链物流节点。如果其运营中断会导致生鲜农产品供应链中货物流动的重大中断，则其位置至关重要。选择关键物流节点的主要标准是管理判断。代表可产货物的单一来源或作为当地主要市场主要配送中心的物流节点是关键物流节点的示例。因此，关键物流节点可以是工厂、农场、仓库、运输终端、中转等，但关键地点未必由生鲜农产品供应链中的焦点公司拥有或经营。在自然灾害发生后重新评估这些关键物流节点的有用方法是前面描述的中断分析网络方法（Wu等，2007）。一旦重新评估了关键物流节点，就应该列出对每个地点的潜在威胁。潜在威胁也可能来自公共机构，如当地应急管理机构、保险公司等。

（2）估计可能性与损失。

①估计概率：由于余震和泥石流很可能在地震发生后很长一段时间内发

生，因此所提出的应急管理方法应估计生鲜农产品供应链中不同关键物流节点可能发生的自然灾害的综合风险。公司可以从外部来源获取此类数据。

保险公司通常从专门从事大型重大灾害模拟模型设计和操作的风险评估公司获取估计值。每个模拟模型都专注于特定类型的灾难，并能够将风险估计精确到特定的建筑物。因此，目前有模拟模型可用于估计严重地震、雷暴、飓风等风险。使用重大灾害的灾难模拟建模可以更精确地比较多个建筑物面临的相对风险。此外，通过这种类型的模拟建模，人们可以进行大规模复制并进行"假设"分析，以了解假设的变化如何影响估计。最终，可以将特定建筑物中不同灾难发生的概率组合成一个总体估计，即建筑物将受到所考虑的任何类型的灾难的袭击。

大多数自然灾害模拟模型使用历史数据作为输入，具体由四个模块组成。在第一个模块中，使用来自政府和私人来源的输入来生成影响自然灾害强度和面积的变量的概率分布，具体包括一个季节中预期的自然灾害数量、规模、中心、最大半径、频率等。这些概率分布成为模拟器的输入。第二个模块局部强度计算中，考虑当地地理场的影响、与河流和山脉的距离以及相对于焦点中心的位置，以估计自然灾害在不同物流节点的可能影响。在第三个模块损坏估计中，这些数据与来自关键物流节点的暴露数据相结合，以创建每个位置的损坏估计。这些估计值作为概率分布函数出现。第四个模块保险损失计算旨在估计保险公司的总风险敞口。

一旦定义了每个地点每种自然灾害的损害概率分布，公司就可以参考累积概率生成点估计值。分界点可能会因管理判断而有所不同。在单独的步骤中，对在特定关键位置考虑的所有自然灾害的概率分布进行复杂处理，以生成该关键位置的总体概率分布。例如，可以决定哪个关键位置容易受到余震、泥石流和洪水等的影响（这些影响分别用 A、B、C 来表示），然后对关键位置这三种自然灾害的概率分布进行卷积，以生成关键位置对这三种自然灾害的总体暴露的单一分布（图 10-2）。

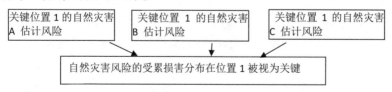

图 10-2　每个位置的自然灾害风险卷积逻辑

②估计可见损失：一旦确定了自然灾害风险的每个关键位置面临的实际

情况，就有必要估计自然灾害造成的损失。应该考虑到设施对生鲜农产品供应链的总体影响。因此，与自然灾害相关的损失包括对收入和成本的影响，以及无形资产，如市场份额和客户信任的潜在损失。以下是可能受自然灾害影响的几种来源与可能性：

人力资源：死亡、受伤、疾病、绑架等。

产品/库存：盗窃、损坏、污染、销售损失、缺货等。

实物资产：工厂、仓库、设备、车辆等。

公共基础设施：电力、水、天然气公用事业、桥梁、港口、道路等。

信息：数据丢失、访问、接近功能等。

金融：盗窃、伪造、股价等。

上面列表中的一些项目比其他项目更容易量化。例如，盗窃或损坏的设备应该是可以量化的。销售损失或缺货的影响具有重要的无形组成部分，应该更难以量化。为了估计自然灾害的影响，管理人员应先关注可量化的项目，然后对定性项目进行调整，特别是如果其影响足够重要，足以大大增加特定关键地点的估计损失。

③估计负载点数：潜在损失（EV）定义为在关键位置发生自然灾害的概率估计值与同一关键位置的估计损失的乘积。$EV_i = E_iV_i$，EV 是关键位置发生自然灾害时损失的预期值；E_i 是自然灾害影响关键位置 i 的概率估计值；V_i 是自然灾害发生在关键位置 i 时发生的损失估计值。

（3）评估和选择关键物流节点的应对措施。

①评估替代措施。为了避免自然灾害风险，准备一个管理矩阵是有用的（图 10-3），该矩阵基于 Hallikas 等（2004）所提可用的类似图表。自然灾害管理矩阵共同显示了自然灾害的概率估计（水平轴）和公司每个关键物流节点（垂直轴）的估计损失风险。水平轴中的值是通过将某个位置的自然灾害概率估计值与所考虑的所有关键物流节点的公司平均风险进行比较获得的。图 10-3 中每个位置的值将高于或低于平均值。值得注意的是，一个关键地点可能受到一种以上自然灾害的潜在影响。在这种情况下，由于每类自然灾害的估计损失不同，因此应将每个关键地点的最高估计损失列入汇总表。最需要关注的关键物流节点通过落在矩阵的右上象限内而变得可见（反映与自然灾害相关的高估计损失和高总体概率的物流节点）。同时，它还指出了对生鲜农产品供应链网络最有利的物流节点。此外，矩阵应有助于重新确定这些活动最适当的重点（降低风险概率与减少估计损失）。矩阵是将管理注意力集中在最高优先级的关键物流节点上的一种方式，而对特定关键地点采取的行动应以风险、估

计损失和对策成本为基础。

在消耗性供应链环境中，自然灾害管理矩阵也有助于交换企业关键物流节点的自然灾害风险信息。消费品供应链的其他成员可能有机会与焦点公司合作，以减轻特定地点的风险敞口。例如，供应商可以发展出一种能力，以快速响应从自然灾害风险较高的生产设施到产能过剩的替代设施的交付所需的转移。

概率估计

	降低	平均　高等	
高等 可以接受 降低	损失缓解	风险和损失缓解	估 计 损 失
	风险和损失接受	风险缓解	

图 10-3　Hallikas 灾难管理矩阵

②选择关键措施。管理者可以选择几种对策来管理其生鲜农产品供应链中关键物流节点的自然灾害风险。

显然，通过选择其中任何一个对策，公司都可能从优化配置，实现更高成本的配置。这类似于选择冗余的情况，如生产设施的无特征结构可能会减少其暴露于地震的机会。此备选方案不同于前一个，因为它旨在降低概率关键位置将受到自然灾害的影响。最后，如果考虑关键位置风险太大，管理层可能会选择打开其他地方的替代设施。

对于正在考虑的每一项对策，重要的是要确定对策的成本，如其对关键地点发生自然灾害的可能性的影响（E_i）以及发生自然灾害时估计损失的影响（V_i）。例如，如果建造非经济型建筑是为了保护关键设施免受地震影响，公司必须考虑建筑成本与风险降低和建筑物价值增加的影响，如果关键位置受到 E_i 其他自然灾害的影响，这将增加损失，即 V_i 上升。必须指出的是，EV 成本和变化都应按年计算，以便随后的计算单位保持一致。每种替代对策对自然灾害总体概率的影响可以从内部专家那里了解，前面描述的概率估计方法之一或提供数据的风险评估公司获得 E_i。这些个人或公司应该能够重新运行适当的灾难模拟模型，以包括所考虑的每个对策的影响，然后估计一个新的 E_i。两个估计值之间的差异是 ΔE_i。

虽然减少与关键地点的自然灾害相关的风险或估计损失是有益的，但并非每种风险都应该得到缓解。在某些情况下，缓解的成本将大于自然灾害本身的影响（ΔE_i）。一般而言，建议管理层主要关注自然灾害管理矩阵右上象限中的物流节点。

（4）管理者的因素。高管工作者在生鲜农产品供应链自然灾害风险管理中发挥着重要作用。只有制定适当的政策来征聘和激励执行小组，拟议的概念框架才能转化为紧急管理办法。实施团队应该是跨职能的，因为自然灾害的后果跨越了生鲜农产品供应链。如果设施在自然灾害中丢失，则会影响生鲜农产品供应链运营、资金流动，也可能影响信息流。它还可能影响与客户和供应商的关系。因此，需要广泛的职能专门知识来预见潜在的自然灾害风险并评估其可能的后果。

一些可能的考虑因素包括：①获得新数据的周期性；②涉及的风险类型；③生鲜农产品供应链的任何结构性变化，包括兼并、收购或形成新的生鲜农产品供应链。某些类型的风险，如地震发生的可能性相当稳定，而对于其他类型的风险，如洪水和飓风（随季节变化），需要定期重新审视可能性估计。此外，该团队可能需要寻求具有特定自然灾害事件主题知识的外部专家。

10.4.5　研究小结

在本节中，我们提出了一种紧急管理方法，以帮助管理者在自然灾害发生后避免或降低其生鲜农产品供应链中的风险。该方法可帮助管理人员确定受自然灾害风险影响的关键物流节点，然后估计潜在自然灾害的发生概率和财务影响。此外，该方法还为管理人员提供了信息，有助于制定和选择适当的对策，以减轻自然灾害对可假设供应链的潜在影响。其重点主要集中在地震后的应急管理和未来潜在的自然灾害上，而这最好地重构了生鲜农产品供应链的物流节点，恢复了价格平衡。将模型扩展到其他自然灾害和供应链是我们未来可能的研究领域。

10.5　农产品供应链的农业保险分析

从有记录的长达几千年的文明史看，农业一直是全世界经济和社会发展的基础和主要贡献者。与此同时，初级大宗农产品生产的数量和质量——农业产业的基石极易受到天气和其他自然风险的影响。农业行业的重要性和初级生产的可变性相结合，使政府和相关企业都注意到了风险缓解策略。中国最常见的自然灾害是冰雹、降雨、霜冻、干旱、洪水、泥石流、塌方和地震等，由于气候变化和人类的影响活动，这些事件的发生频率和严重程度正在逐年上升，许多万年一遇、千年一遇和百年一遇的灾害在这二十年频繁出现。在国家层面可以做很多工作，如通过消除上述潜在问题来减轻自然灾害对经济的影响。然而，即使是最好的风险管理方法也会留下残余风险缺口，这些风险缺口可能受益于各种风险融资安排的承保范围。农业保险已在全球范围内发展成为减少天气和自然灾害对初级大宗农业生产的负面影响的主要风险管理工具，并且具有吸引力，主要的优点在于：①比临时援助等其他替代办法更好地对农民进行援助；②基于适当设计、符合国际贸易协定的政府支持农业的标准；③可以刺激行业内大宗农作物和牲畜产业管理的改进；④巩固了扩大当地农业产业所需的债权人信心；⑤可以作为平台，将政府与部门保险和再保险业之间的合作安排结合起来；⑥可以作为催化剂，促进农业部门内的其他风险管理举措。

　　世界上的发达国家，如加拿大、美国和日本等许多国家在农业保险方面有着悠久的历史。另外，西班牙和印度等国家已经运营农业保险计划一段时间，同时智利、土耳其和俄罗斯等国家也是开始就采用农产品风险管理策略的国家。中国已经将农业保险纳入国家的农业政策框架，无论农业保险计划的成熟程度如何，其成功在很大程度上取决于农产品供应链上面的主要利益相关者。虽然农业保险值得关注，但任何寻求发展农业保险的国家都必须认识到，农产品供应链的所有利益相关者为实现其全部利益都需要有持续努力和奉献精神。

　　越是发达的地区越重视用农业保险带来的益处反哺农业，促进农业的进一步发展，这似乎已经成为良性的循环。但是欠发达地区，如中国的中西部地区，目前在农业保险方面依然存在着较大的困境，在进一步发展上存在较多的障碍。在经济欠发达地区，由于历史性原因，尽管已经出现了较大的进步，但是总体上来说，政府决策者、保险公司管理人员，甚至农业和传统保险专家，在农业保险健康发展所需的所有职能和业务方面都缺乏足够的知识。从整个农产品供应链管理相关的保险系统看，无论是否得到补贴，都是基于有限的数据，而因为精算专门知识不足，缺乏透明度以及研究、协调和知情审查资金额相对不足，其通常无法得到充分的许可和监管。当然，当地基层政府承认农业保险对于农业部门的潜在价值，按照国家的要求确立了农业保险在国家农业政策中的重要地位，然而具体到中西部等地区，由于经济、政治等各种主客观原因，基层政府内部没有明显的战略计划来改善当前的环境，有的只是按照国家和上级的要求形成的纸面文件和口号，很少能看到落实下去的实际。仅仅因为保险是不能强迫的，要尊重和完全按照农民的要求，这样的理由在资源的巨大浪费和三农的健康发展面前无疑是苍白的和无力的，需要进一步整顿。

目前农产品供应链管理相关保险方面形势极不稳定，不能作为进一步发展的有效平台，而这也是生产者混淆的根源。尽管存在诸多问题，然而农业保险已被世界上发达国家和我国的发达地区证明有效，相关经验可以作为欠发达地区农产品供应链管理保险发展的参考。在此基础上，根据自己地区的实际情况，欠发达地区可以制定相应的行动指南。各个保险公司虽然在农业保险方面的经验水平不同，但都渴望为不断扩大的农产品供应链管理学习和开发有效的保险产品。需要着重说的是，农产品供应链的所有主要利益相关者都需要承认，在不久的将来需要付出巨大的努力和承诺，以实现农产品供应链的长期利益。

与此相对应的是，在缺乏有效的保险市场的情况下，政府往往成为灾后恢复工作的实际资助者，这也是国际通行的做法，但这种做法本身需要规范，政府的救助是短期的和暂时的，并且其不能既当裁判员又当运动员。长期看来，基层政府可以鼓励当地保险业通过保险池参与风险融资安排，而这些保险池反过来又可以涵盖再保险和资本市场的更高风险缺口，由于资本市场的进一步发展，基层政府已经开始考虑如何制定这种类型的国际风险融资计划。

10.6 政府推动农产品供应链保险分析

农业部门有几个独特的属性，为政府推动农产品供应链保险提供了理由。第一，粮食生产是所有经济体的基本组成部分，也是社会稳定的基石和老百姓安居乐业的基本条件，但是由于天气和自然灾害的影响，粮食生产本身就存在风险，重大自然灾害还有可能使农民颗粒无收、负债累累，更有很大的可能性返贫。包括中国在内的许多国家将稳定的农业视为国家稳定经济增长和提高公民福祉的先决条件，中国在世界上首先提出精准脱贫等政策，积极支持和发展服务三农的实践活动，为人民谋福利，做出了很好的表率，起到了优秀的带头作用。

传统上，世界各国政府通过拨付特别财政援助干预农业，以应对重大灾害引起的投入短缺。农产品歉收等诸多问题困扰着世界各国的农业和农村发展，是造成农民贫困和农村与农业落后的主要因素。通过国际贸易协定和财政能力有限的国家政府做大量工作，相关干预措施正变得越来越严格。世界各国把农业保险视为一种积极的技术健全机制，而其可以起到多方面的促进作用，其中包括稳定农业相关主体的生产和收入，鼓励农产品供应链上面的生产者主动管理其风险，推广最佳农业现代化生产与管理技术，并更有效地瞄准政府资源的促进作用，而不是临时补助或者救援。

第二，农业风险高度相关，这意味着它们经常同时影响许多个体农场，沿农产品供应链传递风险。例如，农产品销售价格下跌同时影响着大多数农场，当牛或生猪等牲畜产品的销售价格较低时，这些畜牧产品养殖端的生产者通常都蒙受巨大损失；小麦价格的下降趋势往往与许多其他谷物和油籽商品价格的类似下跌相吻合，干旱、雨量过剩和霜冻等极端天气危险可能普遍存在，同时影响许多大宗农产品生产质量和数量。许多投保农民的风险积累的这种可能性与其他形式的风险（如房屋火灾或车辆事故）形成鲜明对比。因为大部分投保车辆同时受到影响的可能性或者不存在的可能性很小，并且可能产生此类损失的特定事件（如战争或冲突）通常被排除在保险单之外。

第三，作为初级生产者的从事养殖或者种植的农民是农业保险的主要接受者，由于国际贸易和互联网的发展，从电子商务的角度分析，他们正在从事一项具有全球竞争力的低利润的工作，而这项工作迫切需要农业保险，才能负担得起高昂的成本。在高度相关的风险环境中，许多大宗农产品养殖或者种植生产者可能同时受到负面影响，随着时间的推移和地理位置扩大损失的影响是一个重要的均衡点。在全国各地区、大宗农作物和农场在好的生产年份收取的溢价，需要产生足够的回报，以弥补不良生产年份的损失。然而，私人保险和再保险公司内部的金融资本也是在竞争激烈的环境（供需）中产生的，经理人受到股东的压力，要求在短期内产生利润。这通常意味着保险费在重大亏损年后需要大幅增加，以收回对生产商的保险金。另外，保费的大幅增加可能会使保险对生产者失去吸引力，降低生产者的参与度，从而使保险在提供的保护中变得多余，或者在短期内对保险公司来说在财务上不可行。此外，保险公司不愿意投资于重要的基础设施，这些设施包括销售网络、研究、数据收集和管理系统等，没有这些设施，无法支持全国性地理网络的实施。这些基础设施的投资与运行，需要当地政府的积极参与和促进。

第四，传统的做法是政府进行临时拨款资助，而这可能会与正常的农业商业保险活动出现竞争。通常的商业性农业保险计划，旨在鼓励农业生产者管理自身风险，而这可能会随着政府临时性拨款援助的继续，而产生负面影响。然而，与此同时，国家的整个农业保险计划需要时间来发展，特别是要覆盖所有大宗农作物的农业养殖或者种植，其中一些执行结果客观上可能更难为其他农场提供保险。为了有效地执行整个步骤，涉及计划的农业保险举措和政府临时的拨款援助都需要纳入国家农业计划，并在申请中联系起来。

第五，现代高效农业生产具有高度的技术性和专业性，并依赖于每个生产者采用的管理技术，涉及专业面非常广泛的、跨专业的知识，如大宗农作物播种日期、施肥、水和粪便管理、牲畜饲料和遗传学等方面的生产相关技术，也包括国际贸易商品以及不断变化的消费者需求和食品安全问题考量。因此，农产品供应链的农业保险虽然在概念上看起来很简单，但也是专业的和技术性的。承保准备金、损失调整技术、计划设计参数和人力资源等方面通常需要独特的解决方案或者专业知识，而这些解决方案或者专业知识不容易适应其他保险市场，具有一定的局限性和针对性。尤其在发展中国家或者欠发达地区的农产品供应链中，农业保险部门往往处于不同的发展阶段，且需要发展地方网络，使农业保险长期可行。为了有效地发展农产品供应链中的相关主体，需要利用农业保险制度，在透明的学习环境中为供应链管理中的所有利益相关者普及当地的专业知识。

由于现代农业生产的复杂性和专业性，农业产品和服务行业正在发生重大变化，其中一个变化是金融服务业和风险管理服务业的整合。保险公司一直是风险和融资市场的重要参与者，但不是综合提供商。相反，人寿保险公司的投资部门一直是抵押贷款的重要提供者，而特种大宗农作物和意外伤害保险公司一直是风险管理市场的主要参与者。但风险是影响向特定客户提供的融资方案的条款和利率的关键问题，贷款人要求采取各种风险管理策略，如购买农大宗农作物保险，作为提供信贷的条件是很常见的。近些年来，大宗农产品供应链的投入品供应商和产品购买者向市场引入了新的风险管理工具，包括大宗农产品投入品供应公司的价格、产量和业绩保证以及粮食和畜牧业生产的净收入契约。这些新的工具和安排正在推动风险管理服务行业、金融产品行业和实际产品投入供应和产品加工行业日益一体化。

减轻和管理风险的策略，从农产品供应链管理的视角，无论是针对农民合作社、家庭农场、农业综合企业还是金融机构，都可以分为资产管理策略或财务管理策略。资产管理战略将包括管理农民合作社、家庭农场、农业综合企业或贷款人投资组合的经典多样化方法；保护农民合作社、家庭农场、农业综合企业或金融机构利润率的定价或对冲方法；保险计划旨在减轻农民合作社、家庭农场、农业综合企业资产的损失风险，同时为金融机构提供信用分析、贷款担保和抵押品，以减轻金融机构信贷和其他金融资产的损失。减少农民合作社、家庭农场、农业综合企业及贷款人风险缺口的收入管理战略，一直是风险管理历史评估以及风险管理工具和市场演变的重点。事实上，即使不是不可能，通过传统的收入管理战略来减轻一些战略风险可能也很困难。面对现代农业的快速发展，针对大宗农产品供应链管理问题，制定创新的风险管理财务战略可能变得越来越重要，因为许多公司将无法增加其股本基础并保持更高的股权融资头寸，也许这是减轻战略风险损失缺口的唯一可用策略。

不同国家在大宗农作物和牲畜保险方面的经验表明，如果政府与工业企业合作，它可以改变目前的方法，以支持增长、多样化和增加农业增值活动的目标。特别是，项目需要一种更具商业性的风险管理方法——这种方法将侧重于通过积极鼓励风险缓解、适应和考虑农场的未来潜力来提高农民合作社、家庭农场、农业综合企业的收入。但是，特别是在治理强有力的条件下，当保险公司在补贴土地保险领域的地位和作用被重新分配时，有时对政府来说可能存在潜在的危险，补贴保险有可能从天气和自然风险管理工具转变为管理农业企业流动性风险的金融工具。应鼓励农民合作社、家庭农场、农业综合企业的生产者在管理其业务风险方面发挥更积极的作用，这不仅包括评估和减轻农民合作社、家庭农场、农业综合企业的所有收入风险，还包括寻求抓住新的生产和市场机会。希望多样化生产新的、可能有利可图的大宗农作物的农民合作社、家庭农场、农业综合企业的生产者能够完全相信，他们将在风险保护方面得到帮助。当农民合作社、家庭农场、农业综合企业的生产者选择使用私人风险管理工具来帮助减轻农业收入风险时，这本身就是一个巨大的进步，也缓解了政府的压力，具有长期的可持续性。当然，各国政府与农产品供应链上的利益相关者合作，在制定新的风险管理办法方面还有很多工作要做。

10.7　本章小结

将农业、农村和农民放在首位，符合中国在内的所有发展中国家的国家愿景。世界各国政府和工业界密切合作共同向前迈进，将拟议的所有要素结合起来，为三农发展打下良好的基础。以对环境负责的方式生产安全农产品，必须满足并超过各种市场的质量规格，以及贯穿整个农产品供应链与价值链的创新，以便投资者和消费者对今天和未来取得成功的生产能力充满信心。

在不同类型的风险转移工具之间进行选择时，需要考虑以下几个问题，包括道德风险、逆向选择和基差风险。①当被保险人在签订风险转移契约后忽视预防措施并过度报告损失时，就会发生道德风险。②当承保方利用有关被保险人风险缺口的内部知识，从发行风险转移保单的公司获得更优惠的条件时，就会发生逆向选择。③当保险契约中的计量基础与保险事件造成的实际损失有很大差异时，就会发生基差风险。所有这些因素都将影响不同风险转移工具的适用性。

因此，政府发挥积极的作用可以改进各种风险管理方法。例如，灾难性风险管理主要通过减轻或转移风险（例如保险）来管理重大灾害风险。建立国家保险池，以便在需要时获得强制性保险单的支持，当地保险公司可以作为全国销售代理商，支持当地市场参与。这将要求政府在风险缓解方面采取严格的措施，如执行有效的财产登记和建筑法规。此外，政府还可以将几个地区的风险缺口结合起来，而这可以通过汇集整个大的地区的重大灾害风险缺口来实现，以便提供风险分散，同时让当地主要保险公司参与区域保险市场的发展。它还可能提供规模经济，以承担与国际金融机构合作的融资安排风险。

尽管大宗农产品供应链有其特殊性，其保险也具有特殊性，但是市场上有各种各样的风险转移工具，所有这些工具都是为了满足某些企业的合法业务需求而开发的，没有理由认为，在所有情况下只有一种农业供应链的保险契约文书最适合，所有工具都有其优点和缺点。就期权而言，主要缺点是前期成本；就期货而言，当产出和价格不确定性时，它们很难使用，因此不能将期货用于不确定的生产，这同样适用于场外交易策略。此外，期货有很大的"或有现金需求"：那些使用它们的人需要随时获得现金。从实际的角度来看，似乎最好使用基于期权的策略作为农民合作社、家庭农场、农业综合企业的起点，具体可能是通过场外交易市场或嵌入实物或金融交易。一旦这些农民合作社、家庭农场、农业综合企业积累了技能并加强了与银行的联系，就可以考虑从现金流量、业务和管理的角度来考虑更难处理的工具。

参考文献

[1] 张春蔚. 网络电视难谋无米之炊, 彩电厂家如何炮制高清概念 [N]. 南方都市报, 2009-04-08(C12-13).

[2] 陈宏, 韩轶. 间接经济效益的波及效应和摄动效应分析 [J]. 管理科学学报, 2002, 5(4): 68-76.

[3] 常良峰, 卢震, 黄小原. 供应链渠道协调中的 Stackelberg 主从对策 [J]. 控制与决策, 2003, 18(6): 651-655.

[4] 赵泉年, 熊榆, 林娅, 等. 多个零售商库存竞争下的易逝品回购合同研究 [J]. 系统工程, 2004, 22(8): 39-42.

[5] 于辉, 陈剑, 于刚. 回购契约下供应链对突发事件的协调应对 [J]. 系统工程理论与实践, 2005(8): 38-43.

[6] 于辉, 陈剑, 于刚. 协调供应链如何应对突发事件 [J]. 系统工程理论与实践, 2005, 25(7): 9-16.

[7] 刘斌, 刘思峰, 陈剑. 不确定需求下供应链渠道协调的数量折扣研究 [J]. 南京航空航天大学学报, 2005, 37(2): 256-261.

[8] 王艳, 高成修. 一种带有生产费用扰动的供应链协调问题 [J]. 数学杂志, 2005, 25(5): 583-590.

[9] 彭作和, 田澎, 黄新荣. 一个考虑累进制数量折扣的单约束多商品订货模型 [J]. 工业工程与管理, 2006, 10(5): 75-78.

[10] 彭作和, 田澎. 基于完全信息的供应链数量折扣契约设计 [J]. 管理工程学报, 2006, 20(2): 114-116.

[11] 王虹, 胡劲松. 三级供应链应对突发事件的协调机制研究 [J]. 青岛大学学报（自然科学版）, 2006, 19(3): 71-76.

[12] 钟磊钢, 胡勇, 张翠华. 一类供应商管理库存供应链协调策略研究 [J]. 中国管理科学, 2006, 14(6): 92-97.

[13] 雷东, 高成修, 李建斌. 需求和生产成本同时发生扰动时的供应链协调 [J]. 系统

工程理论与实践, 2006, 9(9): 51-59.

[14] 陈安, 李铭禄. 干扰管理、危机管理和应急管理概念辨析 [J]. 应急管理汇刊, 2006, 1(1): 8-9.

[15] 于辉, 陈剑, 于刚. 批发价契约下的供应链应对突发事件 [J]. 系统工程理论与实践, 2006, 8(8): 33-41.

[16] 陈夫华, 高成修. 基于收入共享合同的多阶段供应链协调 [J]. 武汉大学学报: 理学版, 2006, 52(3): 291-295.

[17] 张贵磊, 刘志学. 主导型供应链的 Stackelberg 利润分配博弈 [J]. 系统工程, 2007, 24(11): 19-23.

[18] 谢庆华, 黄培清. Internet 环境下混合市场渠道协调的数量折扣模型 [J]. 系统工程理论与实践, 2007, 8(8): 1-11.

[19] 晏妮娜, 黄小原, 刘兵. 电子市场环境中供应链双源渠道主从对策模型 [J]. 中国管理科学, 2007, 15(3):98-102.

[20] 胡劲松, 王虹. 三级供应链应对突发事件的价格折扣契约研究 [J]. 中国管理科学, 2007, 15(3): 103-107.

[21] 曹二保, 赖明勇 利益共享合约下供应链对突发事件的协调应对 [J].武汉科技大学学报（自然科学版), 2007, 10(5): 557-560.

[22] 于辉, 陈剑. 需求依赖于价格的供应链应对突发事件 [J]. 系统工程理论与实践, 2007, 3(3): 36-41.

[23] 赵志刚, 李向阳, 刘秀芝. 面向模糊随机需求更新的供应链回购契约响应方法研究 [J]. 中国管理科学, 2007, 15(3): 47-55.

[24] 于辉, 陈剑. 突发事件下何时启动应急预案 [J]. 系统工程理论与实践, 2007, 8(8): 27-32.

[25] 盛方正, 季建华, 周娜. 信息不对称时发生突发事件供应链的协调 [J]. 工业工程与管理, 2008, 13(4): 6-10.

[26] 盛方正, 季建华, 周娜 基于供应链管理的应急预案启动时间研究 [J]. 工业工程与管理, 2008, 6(6): 1-5.

[27] 肖勇波, 陈剑, 徐小林. 到岸价格商务模式下涉及远距离运输的时鲜产品供应链协调 [J]. 系统工程理论与实践, 2008, 28(2): 19-25.

[28] 肖玉明, 汪贤裕. 基于回购契约的供应链协调与风险分担分析 [J]. 控制与决策, 2008, 23(8): 905-909.

[29] 曹宗宏, 周永务. 价格和库存量影响需求的供应链量折扣定价模型 [J]. 系统工程学报, 2008, 23(1): 67-73.

[30] 安恰, 骆建文. 基于价格折扣的易腐物品供应链库存的协作控制研究 [J]. 管理工程学报, 2008, 21(4): 80-84.

[31] 张钦红, 骆建文. 不对称信息下易腐物品供应链最优数量折扣合同研究 [J]. 系统工程理论与实践, 2008, 27(12): 23-28.

[32] 陈云, 王浣尘, 沈惠璋. 互联网环境下双渠道零售商的定价策略研究 [J]. 管理工程学报, 2008, 22(1): 34-39.

[33] 胡本勇, 王性玉, 彭其渊. 基于双向期权的供应链柔性契约模型 [J]. 管理工程学报, 2009, 22(4): 79-84.

[34] 汪贤裕, 肖玉明. 基于返回策略与风险分担的供应链协调分析 [J]. 管理科学学报, 2009 (3): 65-70.

[35] 马成, 周永务. 期权契约下应对突发事件的供应链协调 [J]. 合肥工业大学学报（自然科学版）2009, 32(3): 430-434.

[36] 滕春贤, 胡引霞, 周艳山. 具有随机需求的供应链网络均衡应对突发事件 [J]. 系统工程理论与实践, 2009, 29(3): 16-20.

[37] 肖剑, 但斌, 张旭梅. 双渠道供应链电子渠道与零售商合作策略研究 [J]. 系统工程学报, 2009, 24(6): 673-679.

[38] 陈军, 但斌. 基于实体损耗控制的生鲜农产品供应链协调 [J]. 系统工程理论与实践, 2009, 29(3): 54-62.

[39] 王玉燕. 回购契约下闭环供应链对突发事件的协调应对 [J]. 运筹与管理, 2009 (6): 46-52.

[40] 王玉燕. 收益共享契约下闭环供应链应对突发事件的协调分析 [J]. 中国管理科学, 2009, 17(6): 78-83.

[41] 徐贤浩, 聂思玥. 零售商主导的短生命周期产品供应链订货策略 [J]. 管理科学学报. 2009(4): 83-93.

[42] 王虹, 倪卫涛, 周晶. 非对称信息下双渠道供应链的定价决策 [J]. 管理学报, 2010, 7(2): 238-243.

[43] 肖剑, 但斌, 张旭梅. 双渠道供应链中制造商与零售商的服务合作定价策略 [J]. 系统工程理论与实践, 2010 (12): 2203-2211.

[44] 庞庆华. 收益共享契约下三级供应链应对突发事件的协调研究 [J]. 中国管理科

学, 2010, 18(4): 101-106.

[45] 张欢, 汪贤裕. 虚拟第三方控制下供应链对突发事件的协调研究 [J]. 中国管理科学, 2010, 18(1): 66-71.

[46] 曹二保, 赖明勇. 需求和成本同时扰动时多零售商供应链协调 [J]. 系统工程理论与实践, 2010 (10): 1753-1761.

[47] 林略, 杨书萍, 但斌. 收益共享契约下鲜活农产品三级供应链协调 [J]. 系统工程学报, 2010, 25(4): 485-491.

[48] 盛昭瀚, 徐峰. 地区差异化背景下制造商双渠道定价策略研究 [J]. 管理科学学报, 2010, 13(6): 1-10.

[49] 曹二保, 赖明勇. 成本和需求同时扰动时供应链协调合约研究 [J]. 管理科学学报, 2010, 13(7): 9-15.

[50] 齐二石, 杨道箭, 刘亮. 基于顾客战略行为的供应链两部定价契约 [J]. 计算机集成制造系统, 2010, 16(4): 828-833.

[51] 徐广业, 但斌, 肖剑. 基于改进收益共享契约的双渠道供应链协调研究 [J]. 中国管理科学, 2010, 18(6): 59-64.

[52] 于丽萍, 葛汝刚, 黄小原. 商业信用——广告合作的供应链两部定价契约协调 [J]. 工业工程与管理, 2010, 15(2): 41-45.

[53] 李培勤. 两种供应商主导程度下的私人电子市场双重 Stackelberg 博弈 [J]. 管理工程学报, 2011, 25(1): 221-227.

[54] 姚珣, 唐小我, 吴晓志. 非线性需求函数下需求与成本同时扰动时的供应链协调研究 [J]. 西南民族大学学报: 人文社会科学版, 2011 (8): 115-121.

[55] 邢伟, 汪寿阳, 赵秋红, 等. 考虑渠道公平的双渠道供应链均衡策略 [J]. 系统工程理论与实践, 2011, 31(7): 1249-1256.

[56] 王婧, 陈旭. 考虑流通损耗和期权合同的生鲜农产品供应链管理策略研究 [J]. 预测, 2011, 30(5): 42-47.

[57] 林略, 杨书萍, 但斌. 时间约束下鲜活农产品三级供应链协调 [J]. 中国管理科学, 2011, 19(3): 55-62.

[58] 高波, 石书生, 韦诗韵. 需求和价格时间敏感下供应链应对突发事件 [J]. 控制与决策, 2011, 26(9): 1363-1366.

[59] 周伟刚, 高成修, 冯倩倩. 双渠道供应链协调及价值扰动 [J]. 数学杂志, 2011, 31(3): 525-531.

[60] 王素娟, 胡奇英. 3C 零售商商业模式研究: 促销与贸易方式交互影响 [J]. 管理科学学报, 2011, 14(4): 1-11.

[61] 张汉江, 李娜, 李立. 考虑促销效果不确定的供应链促销费用分摊模型 [J]. 系统工程, 2011, 29(7): 49-53.

[62] 周永务, 王圣东. 随机需求下单制造商两零售商合作广告协调模型 [J]. 系统工程学报, 2011, 26(2): 203-210.

[63] 慕银平, 唐小我, 牛扬. 不同折扣券发放模式下的供应链定价与协调策略 [J]. 中国管理科学, 2011, 19(6): 48-56.

[64] 李新然, 牟宗玉, 黎高. VMI 模式下考虑促销努力的销量回扣契约模型研究 [J]. 中国管理科学, 2012, 20(4): 86-94.

[65] 徐兵, 张小平. 基于二次订货与回购的供应链网络应对需求扰动 [J]. 系统工程学报, 2012, 27(5): 668-678.

[66] 吴忠和, 陈宏, 赵千, 等. 两零售商竞争下多因素同时扰动的供应链协调研究 [J]. 中国管理科学, 2012, 20(2): 62-67.

[67] 陈剑. 低碳供应链管理研究 [J]. 系统管理学报, 2012, 21(6):721-728.

[68] 赵正佳. 考虑汇率变化和运输成本分担的跨国供应链数量折扣契约 [J]. 管理学报, 2012, 9(6): 913-919.

[69] 马慧民, 叶春明, 张爽, 等. 考虑价格折扣的三级供应链协同计划问题研究 [J]. 系统工程学报, 2012, 27(1): 52-60.

[70] 颜永新, 徐晓燕. 零售商双渠道适应性及协调研究 [J]. 系统管理学报, 2012, 21(5): 602-608.

[71] 黄松, 杨超, 张曦. 双渠道供应链中定价与合作广告决策模型 [J]. 计算机集成制造系统, 2012, 17(12): 2683-2692.

[72] 吴忠和, 陈宏, 赵千, 等. 需求和零售商购买成本同时扰动的供应链应急协调 [J]. 中国管理科学, 2012, 20(6): 110-117.

[73] 但斌, 徐广业, 张旭梅. 电子商务环境下双渠道供应链协调的补偿策略研究 [J]. 管理工程学报, 2012, 26(1): 125-130.

[74] 徐广业, 但斌. 电子商务环境下双渠道供应链协调的价格折扣模型 [J]. 系统工程学报, 2012, 27(3): 344-350.

[75] 禹爱民, 刘丽文. 随机需求和联合促销下双渠道供应链的竞争与协调 [J]. 管理工程学报, 2012, 26(1): 151-155.

[76] 唐秋生, 牛婷婷, 马先婷. 基于 Stackelberg 理论的 MeRCRM 型闭环供应链批量折扣协调机制与定价策略 [J]. 管理工程学报, 2012, 26(4): 182-191.

[77] 徐兵, 吴明. 双渠道闭环供应链的三种回收模式的建模分析 [J]. 数学的实践与认识, 2012, 24(11): 10-19.

[78] 丁正平, 刘业政. 存在搭便车时双渠道供应链的收益共享契约 [J]. 系统工程学报, 2013, 28(3): 370-376.

[79] 赵海霞, 艾兴政, 唐小我. 制造商规模不经济的链与链竞争两部定价合同 [J]. 管理科学学报, 2013, 16(2): 60-70.

[80] 但斌, 徐广业. 随机需求下双渠道供应链协调的收益共享契约 [J]. 系统工程学报, 2013, 28(4): 514-521.

[81] 曾敏刚, 王旭亮. 需求不确定的双渠道供应链定价策略 [J]. 工业工程, 2013, 16(2): 67-73.

[82] 许垒, 李勇建. 考虑消费者行为的供应链混合销售渠道结构研究 [J]. 系统工程理论与实践, 2013, 33(7): 1672-1681.

[83] 许茂增, 唐飞. 基于第三方回收的双渠道闭环供应链协调机制 [J]. 计算机集成制造系统, 2013, 19(8): 2083-2089.

[84] 刘慧慧, 黄涛, 雷明. 废旧电器电子产品双渠道回收模型及政府补贴作用研究 [J]. 中国管理科学, 2013, 21(2): 123-131.

[85] 张盼, 熊中楷, 郭年. 基于价格和服务竞争的零售商双渠道策略 [J]. 工业工程, 2013, 15(6): 57-62.

[86] 赵金实, 段永瑞, 王世进, 等. 不同主导权位置情况下零售商双渠道策略的绩效对比研究 [J]. 管理工程学报, 2013, 27(1): 171-177.

[87] 肖旦, 周永务. 数量折扣契约下制造商与零售商库存合作联盟的稳定性 [J]. 运筹与管理, 2013, 22(2): 20-26.

[88] 赵海霞, 艾兴政, 滕颖, 等. 基于制造商规模不经济的链与链竞争数量折扣合同选择 [J]. 管理工程学报, 2013 (4): 110-118.

[89] 吴忠和, 陈宏, 赵千. 需求和生产成本同时扰动下供应链期权契约应对突发事件 [J]. 中国管理科学, 2013, 21(4): 98-104.

[90] 周建中, 陈秀宏. 非对称信息下市场需求与生产成本同时发生扰动时的供应链决策 [J]. 中国管理科学, 2013, 21(3): 61-70.

[91] 王银河, 王旭. 需求和回收努力扰动下闭环供应链定价与协调 [J]. 计算机应用

研究, 2013, 30(7): 1975-1978.

[92] 李新然, 牟宗玉. 需求扰动下闭环供应链的收益费用共享契约研究 [J]. 中国管理科学, 2013, 21(6): 88-96.

[93] 黄松, 杨超, 杨珺, 需求和成本同时扰动下双渠道供应链定价与生产决策 [J]. 系统工程理论与实践, 2013, 33(1): 1-11.

[94] 但斌, 伏红勇, 徐广业, 等. 考虑天气与努力水平共同影响产量及质量的农产品供应链协调 [J]. 系统工程理论与实践, 2013, 33(9): 2229-2238.

[95] 张辉. 零售商双渠道供应链定价决策及协调性研究 [J]. 科技与管理, 2013, 15(4): 45-50.

[96] 张智勇, 李华娟, 杨磊, 等. 基于微分博弈的双渠道广告合作协调策略研究 [J]. 控制与决策, 2014, 29(5): 873-879.

[97] 曹二保, 郑健哲, 马玉洁, 等. 双渠道供应链应对需求扰动的协调机制研究 [J]. 管理学报, 2014, 11(2): 267-273.

[98] 徐峰, 侯云章, 高俊. 电子商务背景下制造商渠道定价与再制造策略研究 [J]. 管理科学, 2014, 27(2): 74-81.

[99] 李友东, 赵道致, 夏良杰. 低碳供应链纵向减排合作下的政府补贴策略 [J]. 运筹与管理, 2014(4):1-11.

[100] 王旭, 高攀, 景熠. 两零售商竞争的闭环供应链应对突发事件 [J]. 计算机集成制造系统, 2014, 20(2): 430.

[101] 刘洋, 马永开. 基于滑动价格保值条款的供应链汇率风险管理 [J]. 技术经济, 2014, 33(8):93-98.

[102] 吴忠和, 陈宏, 赵千, 等. 时间约束下鲜活农产品供应链应急协调契约 [J]. 系统管理学报, 2014, 23(1): 49-56.

[103] 李友东, 赵道致, 夏良杰. 低碳供应链纵向减排合作下的政府补贴策略 [J]. 运筹与管理, 2014(4):1-11.

[104] 吴晓志, 陈宏, 张俊. 考虑服务竞争的O2O供应链决策与协调 [J]. 控制与决策, 2015, 30(8):1453-1461.

[105] 赵正佳. 需求不确定且依赖于价格下全球供应链数量折扣及其组合契约 [J]. 管理工程学报, 2015, 29(3):90-99.

[106] 刘洋, 马永开. 考虑损失厌恶的跨国供应链汇率风险分担契约 [J]. 系统工程, 2015(1):94-102.

[107] 倪得兵，梁旭晔，唐小我. 相关双边汇率波动与供应链中汇率风险传导 [J]. 管理科学学报，2015, 18(10):1-13.

[108] 刘会民，侯建，于辉. 装配式跨国供应链供应侧汇率波动的中断管理分析 [J]. 系统科学与数学，2016, 36(12):2325-2340.

[109] 于辉，侯建. 跨国供应链汇率波动风险的中断管理策略分析 [J]. 系统工程学报，2017, 32(1):114-124.

[110] 王勇，龙超. 碳交易政策下三级供应链双领域减排合作 [J]. 系统管理学报，2019, 28(4):763-770.

[111] 王道平，王婷婷，张博卿. 基于微分博弈的供应链合作减排和政府补贴策略 [J]. 控制与决策，2019,34 (8): 1733-1744.

[112] 许明辉. 供应链中的应急管理 [D]. 武汉：武汉大学，2005.

[113] 迈克尔·波特. 竞争优势 [M]. 陈小悦，译. 北京：华夏出版社，1997.

[114] 仇保兴. 小企业集群研究 [M]. 上海：复旦大学出版社，1999.

[115] 马士华，林勇，陈志祥. 供应链管理 [M]. 北京：机械工业出版社，2000.

[116] 刘元高，刘耀儒.Mathematica 4.0 实用教程 [M]. 北京：国防工业出版社，2000.

[117] 李安贵，张志宏，孟艳，等. 模糊数学及其应用 [M]. 北京：冶金工业出版社，2003.

[118] 宁晓秋. 模糊数学原理与方法 [M]. 徐州：中国矿业大学出版社，2004.

[119] 大卫·辛奇 - 利维，菲利普·卡明斯基，伊迪丝·辛奇 - 利维. 供应链设计与管理：概念、战略与案例研究 [M]. 季建华，邵晓峰，译. 北京：中国财政经济出版社,2004.

[120] 姜启源. 数学模型 [M]. 北京：高等教育出版社，2005.

[121] 苏尼尔·乔普拉，彼得·迈因德尔. 供应链管理 (第三版)[M]. 陈荣秋，译. 北京：中国人民大学出版社,2008.

[122] AI X, CHEN J, MA J. Contracting with demand uncertainty under supply chain competition [J]. Annals of Operations Research, 2012, 201(1): 17-38.

[123] ANDERSON M G, KATZ P B. Strategic Sourcing.[J]. International Journal of Logistics Management, 1998, 9(1): 1-13.

[124] AXSATER S. Optimizing of order-up-to-S policies in two-echelon inventory systems with periodic review [J]. Naval Res Logistics, 1993, 40(5): 245-253.

[125] BAGHALIAN A, REZAPOUR S, FARAHANI R Z. Robust supply chain network design with service level against disruptions and demand uncertainties: A real-life case [J]. European Journal of Operational Research, 2013, 227(1): 199-215.

[126] BARNES-SCHUSTER D, BASSOK Y, ANUPINDI R. Coordination and flexibility in supply contracts with options [J]. Manufacturing & Service Operations Management, 2002, 4(3): 171-207.

[127] BURKE G J, CARRILLO J, VAKHARIA A J. Heuristics for sourcing from multiple suppliers with alternative quantity discounts [J]. European Journal of Operational Research, 2008, 186(1): 317-329.

[128] CACHON G P, KÖK A G. Competing manufacturers in a retail supply chain: On contractual form and coordination [J]. Management Science, 2010, 56(3): 571-589.

[129] CACHON G P, LARIVIERE M A. Contracting to assure supply: How to share demand forecasts in a supply chain [J]. Management science, 2001, 47(5): 629-646.

[130] CACHON G P, LARIVIERE M A. Supply chain coordination with revenue-sharing contracts: strengths and limitations [J]. Management science, 2005, 51(1): 30-44.

[131] CACHON G P. Supply chain coordination with contracts [J]. Handbooks in operations research and management science, 2003, 11(2): 227-339.

[132] CAI G G. Channel selection and coordination in dual-channel supply chains [J]. Journal of Retailing, 2010, 86(1): 22-36.

[133] CAO E, MA Y, WAN C, et al. Contracting with asymmetric cost information in a dual-channel supply chain[J]. Operations Research Letters, 2013, 41(4): 410-414.

[134] CAO E, WAN C, LAI M. Coordination of a supply chain with one manufacturer and multiple competing retailers under simultaneous demand and cost disruptions [J]. International Journal of Production Economics, 2013, 141(1): 425-433.

[135] CAO E. Coordination of dual-channel supply chains under demand disruptions management decisions[J]. International Journal of Production Research, 2014, 52(23):7114-7131.

[136] CAUSEN J, HANSEN J, LARSEN J, LARSEN A. Disruption management [J]. OR/MS Today, 2001, 28(5): 40-43.

[137] CHEN F, DREZNER Z, RYAN J K, David Simchi-Levi. Quantifying the bullwhip effect in a simple supply chain: The impact of forecasting, Delay times, and

information [J]. Management Science, 2000, 46(3):436-443.

[138] CHEN F. Decentralized supply chains subject to information delays [J]. Management Science. 1999,45(8): 1076-1090.

[139] CHEN HONG, LI LI, WANG JIN-FA. Quantifying the Ripple Effect in the Supply Chain and Generaly Describing the Bullwhip effect[J]. Proceedings of 2004 international conference on management science & engineering, 2004, 26(4): 967-972.

[140] CHEN J, ZHANG H, SUN Y. Implementing coordination contracts in a manufacturer Stackelberg dual-channel supply chain[J]. Omega, 2012, 40(5): 571-583.

[141] CHEN J. Returns with wholesale-price-discount contract in a newsvendor problem [J]. International Journal of Production Economics, 2011, 130(1): 104-111.

[142] CHEN K Y, KAYA M, ÖZER Ö. Dual sales channel management with service competition [J]. Manufacturing & Service Operations Management, 2008, 10(4): 654-675.

[143] CHEN K, XIAO T. Demand disruption and coordination of the supply chain with a dominant retailer [J]. European Journal of Operational Research, 2009, 197(1): 225-234.

[144] CHIANG W K. Product availability in competitive and cooperative dual-channel distribution with stock-out based substitution [J]. European Journal of Operational Research, 2010, 200(1): 111-126.

[145] CHOI T M, CHIU C H, CHAN H K. Risk management of logistics systems[J]. Transportation Research Part E Logistics & Transportation Review, 2016, 90(6):1-6.

[146] CLARK T, HAMMOND J. Reengineering channel reordering processes to improve total supply chain performance [J]. Production and Operation Management, 1997(6): 248-265.

[147] CORBETT C J, DE GROOTE X. A supplier's optimal quantity discount policy under asymmetric information [J]. Management Science, 2000, 46(3): 444-450.

[148] DAN B, XU G, LIU C. Pricing policies in a dual-channel supply chain with retail services [J]. International Journal of Production Economics, 2012, 139(1): 312-320.

[149] DEBRA ELKINS, ROBERT B, HANDFIELD, et al. Ways to guard against disruption [J]. Supply Chain Management Review, 2005(1): 46-53.

[150] DING D, CHEN J. Coordinating a three level supply chain with flexible return policies [J]. Omega, 2008, 36(5): 865-876.

[151] DU R, BANERJEE A, KIM S L. Coordination of two-echelon supply chains using wholesale price discount and credit option [J]. International Journal of Production Economics, 2013, 143(2): 327-334.

[152] EPPEN G D, LYER A V. Backup agreement in fashion buying the value of upstream flexibility [J]. Management Science, 1997, 43(3): 1469-1484.

[153] FRAMBACH RT, ROEST HCA. The impact of consumer Internet experience on channel preference and usage intentions across the different stages of the buying process [J].Journal of Interactive Marketing,2007,21(2):26 — 41.

[154] GANG YU, XIANGTONG QI. Disruption Management: Framework, Models and Applications [M]. Singapore: World Scientific Publishing Co. Pte.Ltd. 2004.

[155] GERCHAK Y, WANG Y. Revenue - Sharing vs. Wholesale - Price Contracts in Assembly Systems with Random Demand [J]. Production and Operations Management, 2004, 13(1): 23-33.

[156] GIANNOCCARO I, PONTRANDOLFO P. Supply chain coordination by revenue sharing contracts [J]. International journal of production economics, 2004, 89(2): 131-139.

[157] GIRI B C, BARDHAN S. Coordinating a supply chain under uncertain demand and random yield in presence of supply disruption[J]. International Journal of Production Research, 2015, 53(16):1-15.

[158] GRAVES S C, TOMLIN B T. Process flexibility in supply chains [J]. Management Science, 2003, 49(7): 907-919.

[159] HE Y, ZHAO X, ZHAO L, et al. Coordinating a supply chain with effort and price dependent stochastic demand [J]. Applied Mathematical Modelling, 2009, 33(6): 2777-2790.

[160] HSIEH H C, CHEN Y C, LIN H C. More Precise: Stores Recommendation under O2O Commerce [J]. International Journal of Computing and Digital Systems,2014,3(2):91-99.

[161] HU F, LIM C C, LU Z, et al. Coordination in a single-retailer two-supplier supply chain under random demand and random supply with disruption [J]. Discrete Dynamics in Nature and Society, 2013(4): 1-12.

[162] HUANG C, YU G, WANG S, et al. Disruption management for supply chain coordination with exponential demand function [J]. Acta Mathematica Scientia, 2006, 26(4): 655-669.

[163] HUANG S, YANG C, LIU H. Pricing and production decisions in a dual-channel supply chain when production costs are disrupted [J]. Economic Modelling, 2013, 30(2): 521-538.

[164] HUANG S, YANG C, ZHANG X. Pricing and production decisions in dual-channel supply chains with demand disruptions [J]. Computers & Industrial Engineering, 2012, 62(1): 70-83.

[165] JINGNA JI, ZHIYONG ZHANG, LEI YANG. Comparisons of initial carbon allowance allocation rules in an O2O retail supply chain with the cap-and-trade regulation. International Journal of Production Economics, 2017, 187(5): 68-84.

[166] KANCHANAPIBUL M, LACKA E, WANG X, et al. An empirical investigation of green purchase behaviour among the young generation[J]. Journal of Cleaner Production, 2014, 66(3): 528–536.

[167] KARAKAYA S, BAKAL İ S S. Joint quantity flexibility for multiple products in a decentralized supply chain [J]. Computers & Industrial Engineering, 2013, 64(2): 696-707.

[168] KAZAZ B, DADA M, MOSKOWITZ H. Global Production Planning under Exchange-Rate Uncertainty[J]. Management Science, 2005, 51(7):1101-1119.

[169] KEVIN CHIANG W, MONAHAN G E. Managing inventories in a two-echelon dual-channel supply chain [J]. European Journal of Operational Research, 2005, 162(2): 325-341.

[170] KLEINDORFER P R, WU D J. Integrating long-and short-term contracting via business-to-business exchanges for capital-intensive industries [J]. Management Science, 2003, 49(11): 1597-1615.

[171] KOLAY S, SHAFFER G, ORDOVER J A. All-units discounts in retail contracts [J]. Journal of Economics & Management Strategy, 2004, 13(3): 429-459.

[172] LATOUR A. A trial by fire: A blaze in Albuquerque sets-off major crisis for cell phone giants-Nokia handles supply shock with aplomb as Ericsson gets burned [N]. The Wall Street Journal, 2001-01-29(3).

[173] LEE HAU L, PADMANABHAN V, WHANG S.Information Distortion in a Supply Chain: The Bullwhip Effect[J]. Management Science 43, 1997, 43(4): 546-558.

[174] LEE HAU L, PADMANABHAN V, WHANG S.The Bullwhip Effect in Supply Chain[J]. Sloan Management Review, 1997, 43(2):108-117.

[175] LAMBERTINI L. Coordinating static and dynamic supply chains with advertising through two-part tariffs[J]. Automatica, 2014, 50(2): 565-569.

[176] LEE H L, PADMANABHAN V, WHANG S. Information distortion in a supply chain: the bullwhip effect [J]. Management science, 2004, 50(12): 1875-1886.

[177] LEE H L, PADMANABHAN V, WHANG S. The bullwhip effect in supply chains [J]. Sloan management review, 1997, 38(3): 93-102.

[178] LEI D, LI J, LIU Z. Supply chain contracts under demand and cost disruptions with asymmetric information [J]. International Journal of Production Economics, 2012, 139(1): 116-126.

[179] LI J, WANG S, CHENG T C E. Competition and cooperation in a single-retailer two-supplier supply chain with supply disruption [J]. International Journal of Production Economics, 2010, 124(1): 137-150.

[180] LIAN Z, DESHMUKH A. Analysis of supply contracts with quantity flexibility [J]. European Journal of Operational Research, 2009, 196(2): 526-533.

[181] LISA M HAUSER. Risk-adjusted supply chain management [J]. Supply chain Management Review, 2003(11): 64-71.

[182] LIU Y, DING C, FAN C, et al. Pricing Decision under Dual-Channel Structure considering Fairness and Free-Riding Behavior [J]. Discrete Dynamics in Nature and Society, 2014(6): 1-12.

[183] LU Y, CAO Y. A study on factors that affect users' behavioral intention to transfer usage from the offline to the online channel [J].Computers in Human Behavior. 2011,27(1):355 — 364.

[184] LYER A. Bergen M E. Quick response in manufacturer-retailer channels [J]. Management Science, 1997, 43(2): 559-570.

[185]   MA W, ZHAO Z, KE H. Dual-channel closed-loop supply chain with government consumption-subsidy [J]. European Journal of Operational Research, 2013, 226(2): 221-227.

[186]   MAHAR S, BRETTHAUER K M, VENKATARAMANAN M A. The value of virtual pooling in dual sales channel supply chains [J]. European Journal of Operational Research, 2009, 192(2): 561-575.

[187]   MATSUO, HIROFUMI. Implications of the Tohoku earthquake for Toyotas coordination mechanism: Supply chain disruption of automotive semiconductors[J]. International Journal of Production Economics, 2015, 161(4):217-227.

[188]   PADMANABHAN V, PNG I P L. Manufacturer's return policies and retail competition [J]. Marketing Science, 1997, 16(1): 81-94.

[189]   PADMANABHAN V, PNG I P L. Returns policies: Make money by making good [J]. Sloan Management Review, 1995, 37(1): 65-65.

[190]   PASTERNACK B A. Optimal pricing and return policies for perishable commodities [J]. Marketing science, 2008, 27(1): 133-140.

[191]   PAUL R KLEINDORFER, GERMAINE H SAAD. Managing disruption risks in supply chain [J]. Production and Operations Management, Spring, 2005, 14(1): 53-68.

[192]   PORTEUS, E. Responsibility tokens in supply chain management [J]. Manufacturing and Service Operations Management. 2000,2(2): 203-19.

[193]   QI X, BARD J F, YU G. Supply chain coordination with demand disruptions [J]. Omega, 2004, 32(4): 301-312

[194]   RYAN J K, SUN D, ZHAO X Y, Coordinating a Supply Chain With a Manufacturer-Owned Online Channel: A Dual Channel Model Under Price Competition [J]. IEEE Transactions, 2013, 60(2):247-259.

[195]   SETHI S P, YAN H, ZHANG H. Quantity Flexibility Contracts: Optimal Decisions with Information Updates [J]. Decision Sciences, 2004, 35(4): 691-712.

[196]   SIRIAS D, MEHRA S. Quantity discount versus lead time-dependent discount in an inter-organizational supply chain [J]. International Journal of Production Research, 2005, 43(16): 3481-3496.

[197]   SONG Y, RAY S, LI S. Structural properties of buyback contracts for price-setting

newsvendors [J]. Manufacturing & Service Operations Management, 2008, 10(1): 1-18.

[198] SPENGLER J J. Vertical integration and antitrust policy [J].Journal of Political Economy, 1950,58(4):347-352.

[199] STERMAN J D. Modeling managerial behavior: Misperceptions of feedback in a dynamic making experiment [J].management Science, 1989, 35(Z):321-339.

[200] TAYLOR T A, XIAO W. Does a manufacturer benefit from selling to a better-forecasting retailer? [J]. Management Science, 2010, 56(9): 1584-1598.

[201] TIANJUN XIAO, GANG YU, ZHAOHAN SHENG, et al. Coordinating of a supply chains with one-manufacturer and two-retailers under demand promotion and disruption management decisions [J]. Annals of Operations Research, 2005, 135(7): 87-109.

[202] TIAOJUN XIAO, XIANGTONG QI, GANG YU. Coordination of supply chain after demand disruptions when retailers compete [J]. Int. J. Production Economics, 2007, 109(8): 162-179.

[203] TIAOJUN XIAO, XIANGTONG QI. Price competition, cost and demand disruptions and coordination of a supply chain with one manufacturer and two competing retailers [J]. Omega, 2006(2): 6-13.

[204] TOMLIN B. On the value of mitigation and contingency strategies for managing supply chain disruption risks [J]. Management Science, 2006, 52(5): 639-657.

[205] TSAY A A, AGRAWAL N. Channel Conflict and Coordination in the E - Commerce Age [J]. Production and Operations Management, 2004, 13(1): 93-110.

[206] TSAY A A, LOVEJOY W S. Quantity flexibility contracts and supply chain performance [J]. Manufacturing & Service Operations Management, 1999, 1(2): 89-111.

[207] TSAY A A. The quantity flexibility contract and supplier-customer incentives [J]. Management science, 1999, 45(10): 1339-1358.

[208] TSAY AA. Managing retail channel overstock: markdown money and return policies [J]. Journal of Retailing. 2001,77(4): 457-492.

[209] TSAY AA. Risk sensitivity in distribution channel partnership: implications for manufacturer return policies [J]. Journal of Retailing. 2002,78(2): 147-160.

[210] UTA JÜTTNER, HELEN PECK, MARTIN CHRISTOPHER. Supply chain risk management: Outlining and agenda for future research [J]. International Journal of Logistics: Research and Applications, 2003(6): 197-210.

[211] WANG Q, TSAO D. Supply contract with bidirectional options: the buyer's perspective [J]. International Journal of Production Economics, 2006, 101(1): 30-52.

[212] WANG Y, ZIPKIN P. Agents' incentives under buy-back contracts in a two-stage supply chain [J]. International Journal of Production Economics, 2009, 120(2): 525-539

[213] WENG K. Channel coordination and quantity discounts [J].Management Science, 1995,1(3): 509-1522.

[214] WENG Z K, WONG R T. General models for the supplier's all - unit quantity discount policy [J]. Naval Research Logistics (NRL), 1993, 40(7): 971-991.

[215] WU D J, KLEINDORFER P R. Competitive options, supply contracting, and electronic markets [J]. Management Science, 2005, 51(3): 452-466.

[216] WU D. Coordination of competing supply chains with news-vendor and buyback contract [J]. International Journal of Production Economics, 2013, 144(1): 1-13.

[217] XANTHOPOULOS A, VLACHOS D, IAKOVOU E. Optimal newsvendor policies for dual-sourcing supply chains: A disruption risk management framework [J]. Computers & Operations Research, 2012, 39(2): 350-357.

[218] XIA Y, YANG M H, GOLANY B, et al. Real-time disruption management in a two-stage production and inventory system [J]. IIE transactions, 2004, 36(2): 111-125.

[219] XIA YUSEN, QI XIANGTONG, YU GANG. Real-time Production and Inventory Disruption Management Under the Continuous Rate EPQ Model [J]. Naval Research Logistics, 2002(3): 18-29.

[220] XIANGTONG QI, JONATHAN F Bard, GANG YU. Supply chain coordination with demand disruptions [J]. Omega, 2004, 32(4): 301-312.

[221] XIAO T, QI X, YU G. Coordination of supply chain after demand disruptions when retailers compete [J]. International Journal of Production Economics, 2007, 109(1): 162-179.

[222]   XIAO T, QI X. Price competition, cost and demand disruptions and coordination of a supply chain with one manufacturer and two competing retailers [J]. Omega, 2008, 36(5): 741-753.

[223]   XIE J, ZHOU D, WEI J C, et al. Price discount based on early order commitment in a single manufacturer–multiple retailer supply chain [J]. European Journal of Operational Research, 2010, 200(2): 368-376.

[224]   XU G, DAN B, ZHANG X, et al. Coordinating a dual-channel supply chain with risk-averse under a two-way revenue sharing contract[J]. International Journal of Production Economics, 2014, 147(4): 171-179.

[225]   XU M, GAO X. Supply chain coordination with demand disruptions under convex production cost function [J]. Wuhan University Journal of Natural Science, 2005, 10(3): 493-498.

[226]   XU M, QI X, YU G, et al. Coordinating dyadic supply chains when production costs are disrupted [J]. IIE transactions, 2006, 38(9): 765-775.

[227]   XU MING-HUI, GAO CHENG-XIU. Supply chain coordination with demand disruptions under convex production cost function [J]. Wuhan University Journal of Natural Science, 2005, 10(3): 493-498.

[228]   XU MING-HUI, QI XIANG-TONG, YU GANG, Zhang Han-qin, Gao Cheng-xiu. The Demand Disruption Management Problem for a Supply Chain System with Nonlinear Demand Functions [J]. Journal of System Science and System Engineering, 2003, 12(1): 82-97.

[229]   YAN R, PEI Z. Retail services and firm profit in a dual-channel market [J]. Journal of Retailing and Consumer Services, 2009, 16(4): 306-314.

[230]   YANG A T, ZHAO L D. Supply chain network equilibrium with revenue sharing contract under demand disruptions [J]. International Journal of Automation and Computing, 2011, 8(2): 177-184.

[231]   YAO Z, LEUNG S C H, LAI K K. Manufacturer's revenue-sharing contract and retail competition [J]. European Journal of Operational Research, 2008, 186(2): 637-651.

[232]   YOUSEFI A , PISHVAEE M S . A Fuzzy Optimization Approach to Integration of Physical and Financial Flows in a Global Supply Chain Under Exchange Rate

Uncertainty[J]. International Journal of Fuzzy Systems, 2018, 20(8):2415-2439.

[233] YU H, ZENG A Z, ZHAO L. Single or dual sourcing: decision-making in the presence of supply chain disruption risks [J]. Omega, 2009, 37(4): 788-800.

[234] YUE X, LIU J. Demand forecast sharing in a dual-channel supply chain [J]. European Journal of Operational Research, 2006, 174(1): 646-667.

[235] ZHANG W G, FU J, LI H, et al. Coordination of supply chain with a revenue-sharing contract under demand disruptions when retailers compete [J]. International Journal of Production Economics, 2012, 138(1): 68-75.

[236] ZHAO J, HUANG W V, ZHU Z. An empirical study of e-business implementation process in China[J]. Engineering Management, IEEE Transactions on, 2008, 55(1): 134-147.

[237] ZHUANG PIN, ZHAO LINDU. Supply chain coordination mechanisms under asymmetric information with retailer cost disruptions [J] Journal of Southeast University (English Edition) 2007, 12(4): 620-625.

[238] ZSIDISIN G. A, MELNYK S A, RAGATZ G L. An institutional theory perspective of business continuity planning for purchasing and supply management [J]. International Journal of Production Research, 2005, 43(16): 3401-3420.